ars vivendi

Codewort: Seidenstrumpf

Die größten Spioninnen des 19. und 20. Jahrhunderts

Ute Maucher
Gabi Pfeiffer

ars vivendi

Originalausgabe

Erste Auflage April 2010
© 2010 by ars vivendi verlag
GmbH & Co. KG, Cadolzburg
Alle Rechte vorbehalten
www.arsvivendi.com

Lektorat: Dr. Hanna Stegbauer
Redaktionelle Mitarbeit: Lena Thiem
Typografie und Gestaltung: Heike Murolo
Druck: Druckerei Uhl, Radolfzell
Printed in Germany

ISBN 978-3-89716-999-9

"Den Feind militärisch zu besiegen, ist die minderwertige Strategie.
Ihn psychologisch zu besiegen, die überlegene."
Sun Tzu: Die Kunst des Krieges

Inhalt

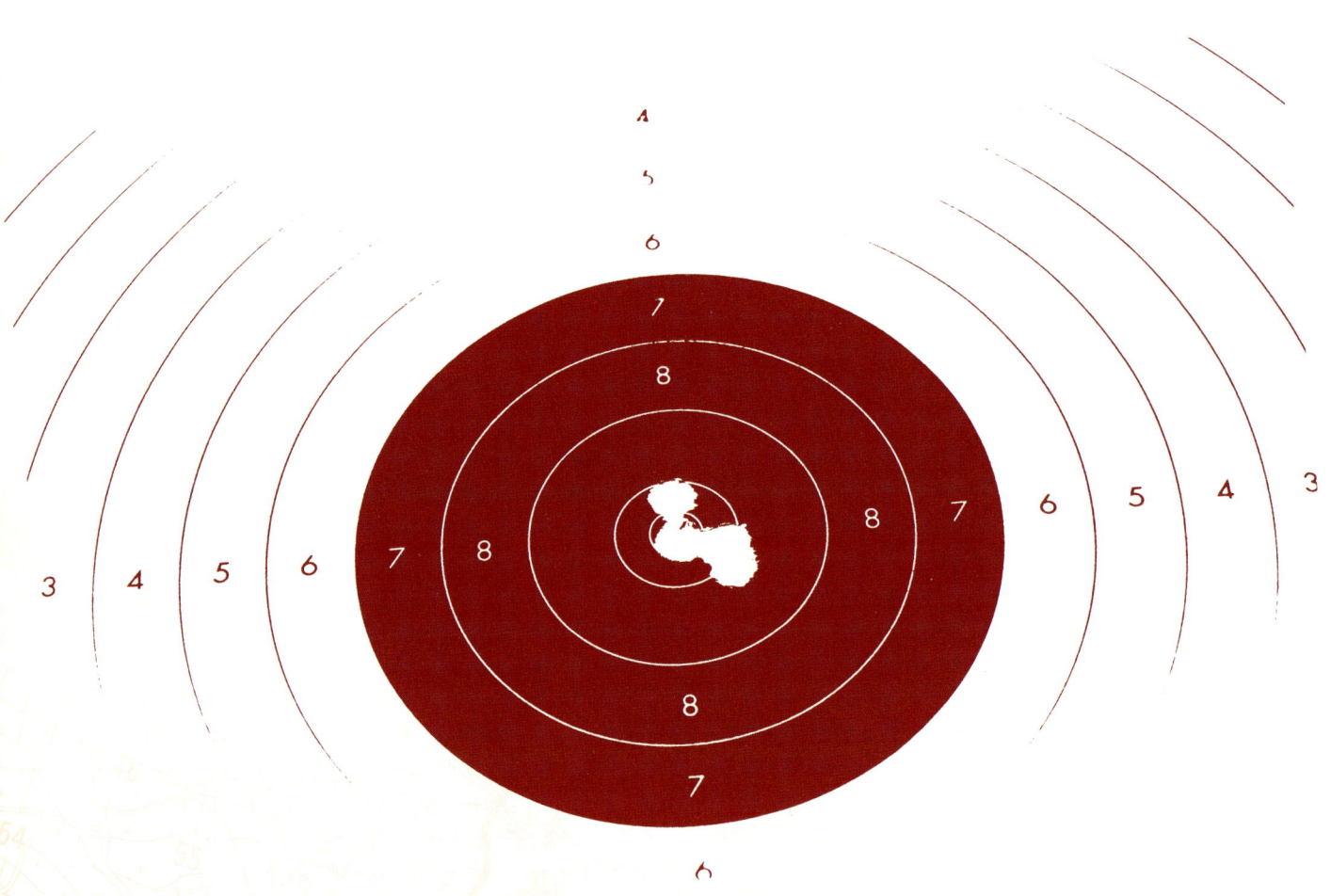

Vorwort

Spioninnen! Schon in diesem Wort schwingen Gefahr und Geheimnis mit, und vor dem geistigen Auge erstehen Szenen von erotischer Verführung und gewaltsamem Tod. Mata Hari ist der große Name, der dafür steht. Doch die weltbekannte Spionin war nicht die einzige Frau, die im Dienste ihres Vaterlandes oder schlicht für Geld ihr Leben aufs Spiel gesetzt hat. Im Ersten und Zweiten Weltkrieg und auch in den Nachkriegszeiten rekrutierten die Geheimdienste vieler Länder Freiwillige, die sie mit falschen Namen und echten Pistolen ausrüsteten. Auf fremdem Territorium oder im eigenen Land »spionierten« hunderte Frauen den Feind aus, sie schmuggelten geheime Informationen und manchmal auch Waffen und halfen Flüchtlingen über die Grenzen.

Als Spioninnen übrigens bezeichnet nur der Gegner diese wagemutigen Frauen, die eigene Nation nennt sie lieber Agentinnen und belohnt ihren risikoreichen Einsatz mit hohen militärischen Orden. Dabei ist es nicht der Wunsch nach solchen Ehren, der die in diesem Buch versammelten Spioninnen antreibt. Für die meisten zählen Abenteuerlust, politische Überzeugung und patriotische Pflicht, für einige ist Spionage die Gelegenheit zur Selbstverwirklichung und für andere eine lukrative Einnahmequelle. Viele von ihnen waren wilde Mädchen, die meisten sind gebildet und sich der Gefahr bewusst, die mit ihrer Tätigkeit verbunden ist. Ganz gleich, ob sie dann im Büro einen zweiten Durchschlag geheimer Unterlagen tippen oder die Intimität einer Liebesnacht nutzen, um Offiziere und Politiker auszuhorchen; ob sie im Polizeihauptquartier kaltschnäuzig Lügen auftischen oder an der Front in Kämpfe verwickelt werden. Sie tun einfach das Notwendige, und wenn eine über das Stilett schwärmt, das so schön leise tötet, trägt sie vielleicht nicht einmal dick auf.

Aber was ist wahr? Eine gute Spionin schlüpft in die falsche Identität wie in einen anschmiegsamen Seidenstrumpf und erfindet in brenzligen Situationen glaubhafte Ausreden, sie hinterlässt keine Spuren und schreibt kein Tagebuch. Darum sind Biografen, die das Leben dieser Frauen erforschen, auf die Erzählungen von Gefährtinnen und Familien und späte Akteneinsicht angewiesen. Viele ihrer Berichte sind politisch gefärbt oder von persönlichen Interessen geleitet. In der Welt der Lügen und Lügner bleiben bei manchen Spioninnen selbst Geburts- und Sterbedatum rätselhaft. Aber so sicher, wie Kriege ihre Lebensläufe und alle Gewissheiten durcheinanderwirbeln, so sicher ist auch, dass jede der ausgewählten Spioninnen ein außergewöhnliches Leben geführt hat. Wir wünschen spannende Begegnungen!

Ute Maucher und Gabi Pfeiffer

SIRENE DES SÜDENS

Belle Boyd

9.5.1844 - 11.6.1900

Sie ist blutjung, unerfahren und wagemutig: Belle Boyd verlässt sich ganz auf ihren Charme, wenn sie im amerikanischen Bürgerkrieg die Nordstaatler ausspioniert. Doch das gelingt nicht immer. Die Südstaaten-Schöne verbringt Monate im Gefängnis, muss nach England fliehen, tingelt schließlich mit ihrer Geschichte über amerikanische Bühnen und erzählt aus ihrem Leben.

Die junge Frau hat die Röcke ihres nachtblauen Kleides gerafft, ihr Häubchen spitzt immer wieder zwischen Bäumen und Hecken hervor. Sie läuft, nein, sie rennt. Über lehmige Wege und buckelige Wiesen, rennt um ihr Leben und für das Schlachtenglück der Südstaaten. Musketenkugeln pfeifen Belle Boyd um die Ohren. Sie durchlöchern ihr Kleid, streifen die 17-Jährige aber nicht. »Ich werde nie wieder so rennen, wie ich an diesem für mich so denkwürdigen Tag gerannt bin. Hoffnung, Furcht, die Liebe zum Leben und die Entschlossenheit, meinem Land bis zum Letzten zu dienen, wirkten zusammen und füllten mein Herz mit mehr als weiblichem Mut und liehen mir übernatürliche Kraft und die Schnelligkeit meiner Beine«, schreibt sie wenige Jahre später in ihren Memoiren.

Atemlos erreicht sie die Truppen der Konföderierten, die am 23. Mai 1862 auf Front Royal ziehen. Die kleine Stadt ist seit Monaten von Einheiten der Nordstaaten besetzt, neuerdings zieht die Union ihre Truppen im Shenandoah-Tal zusammen. Als die Konföderierten unter dem legendären General Thomas Jackson, der wegen seiner Standfestigkeit den Spitznamen »Stonewall« trägt, überraschend vorrücken, plant die Union den Rückzug und will dabei Depots anzünden und die Eisenbahnstrecke zerstören.

Belle, die stets Augen und Ohren offenhält und ungeniert mit den feindlichen Soldaten plaudert, hat davon erfahren. Die anrückende Südstaaten-Armee, ist sie überzeugt, muss die Union in einem Zug vor sich hertreiben und die geplanten Zerstörungen verhindern. Die junge Frau weiß das so sicher wie nichts anderes – und sie rennt. Außer Atem erreicht sie den Kundschafter auf einer Anhöhe und schnappt noch nach Luft, als sie »mit der Präzision eines Offiziers« berichtet. Ihre Worte machen Eindruck: Die

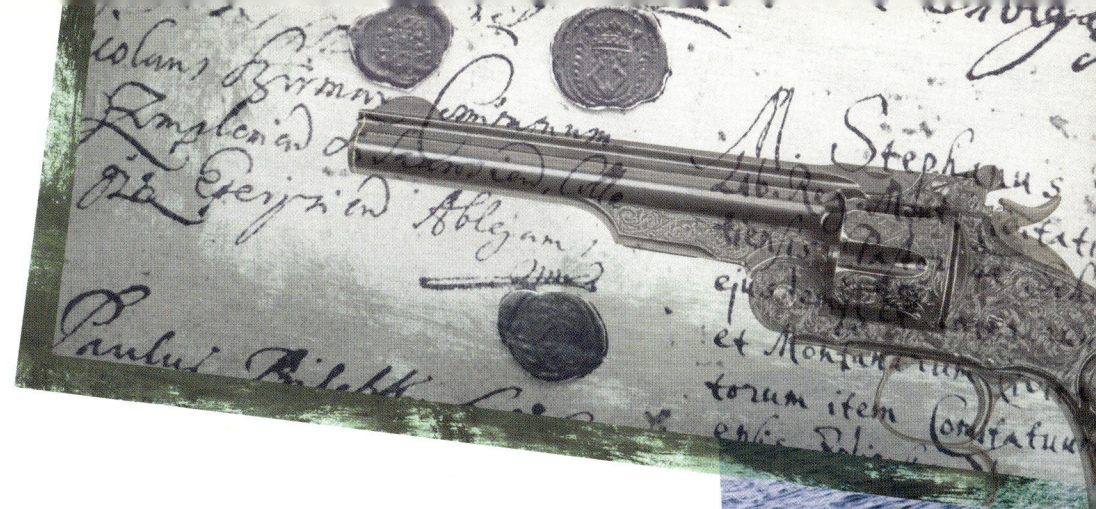

Bürgerkriegsspionin und Schauspielerin

Armee setzt ihren Angriff fort, der Süden erobert Front Royal zurück und kann das brennende Lager löschen und die Brücken retten. Später am Abend erreicht die junge Frau eine Notiz. »Miss Belle Boyd, ich danke Ihnen – in meinem Namen und dem der Armee – für den ungeheuer großen Dienst, den Sie Ihrem Land heute erwiesen haben. Eilends, ich bin Ihr Freund.« Gezeichnet von T. J. Jackson.

Es ist nicht die erste Heldentat, die Belle vollbringt, und es wird nicht ihre letzte sein. Dabei ist für sie anderes vorgesehen: ein ruhiges Eheleben an der Seite eines Farmers oder Händlers, ein Haufen Kinder und eine kommode Stellung in der kleinstädtischen Gesellschaft.

Am 9. Mai 1844 wird Belle – Isabella – geboren. Sie ist das älteste der acht Kinder von Benjamin Reed Boyd und Mary Rebecca Glenn. Vier Geschwister sterben früh, wirtschaftlich aber prosperiert die Familie. Die Nachkommen schottischer Einwanderer – 1729 in Amerika gelandet – betreiben in Martinsburg einen Laden und eine Farm. Belle ist ein so sportliches wie impulsives Kind. Als sie an einer Abendgesellschaft nicht teilnehmen darf, weil sie zu jung ist, reitet sie auf ihrem Wallach direkt ins Esszimmer. »Well«, sagt die Elfjährige naseweis, »er ist doch alt genug, oder?«

In ihren jungen Jahren kommt Belle viel herum in der wunderbaren Landschaft des Shenandoah-Tals, das zwischen den Blue Ridge- und den Allegheny Mountains liegt. Eine fruchtbare Ebene, die zu einem der Hauptschauplätze des amerikanischen Bürgerkriegs werden soll. Denn Virginia gehört zu den elf Staaten, die sich 1861 von den Vereinigten Staaten von Amerika abspalten. Hauptstreitpunkt ist die Sklavenhaltung: Im industriellen Norden verpönt, gilt sie im agrarisch geprägten Süden mit seinen großen Baumwollplantagen und riesigen Getreidefeldern als unentbehrlich.

Die Front verläuft mitten durch Virginia: Der Süden schließt sich den Konföderierten an, der Nordwesten der Union. Viele Orte im Shenandoah-Tal sind hart umkämpft: 112 Gefechte werden hier gezählt, das Örtchen Winchester wechselt in den vier Bürgerkriegsjahren 86 Mal die Seite.

Doch noch ist es nicht so weit. Belle wird mit zwölf Jahren auf das Mount Washington College geschickt, wo sie Französisch lernt, sich mit klassischer Literatur beschäftigt und musiziert. Die höheren Töchter erörtern auch die Sklavenhaltung, die durchaus üblich ist. Auch Belle hat »ein

> "Sir, wenn es eine Straftat ist, den Süden, seine Sache und seinen Präsidenten zu lieben, dann bin ich eine Kriminelle ... Ich bin in Ihrer Gewalt, machen Sie mit mir, was Sie wollen. Aber ich fürchte Sie nicht."

Mädchen«. Eliza Hopewell Corsey ist in Personalunion ihre Dienerin, Beschützerin und Vertraute. Unrechtsbewusstsein drückt ihre Herrin nicht. In einem Aufsatz schreibt Belle, die Sklaverei werde aussterben – aber diese Zeit sei noch nicht angebrochen.

Dabei haben die Vereinigten Staaten schon beim Verfassen der Unabhängigkeitserklärung 1776 über ein Verbot der Sklaverei diskutiert. Nachdem Abraham Lincoln 1860 zum Präsidenten der Vereinigten Staaten gewählt worden ist, spalten sich die Südstaaten ab. »Ich habe mir damals nicht träumen lassen, wie schnell meine Jugend vom Fluch des Bürgerkriegs hinweggefegt würde«, schreibt Belle Boyd in ihren Erinnerungen. Den Winter davor hat sie noch in Washington verbracht, ist ins Theater gegangen und hat auf vielen Bällen getanzt. Als Gast im Hause von Kriegsminister Floyd hat sie viel über die politische Situation erfahren.

Im April 1861 beginnt mit dem Angriff auf Fort Sumter der Krieg. Belles Vater meldet sich freiwillig, Mitte des Jahres schwappen die ersten Gefechte in das Shenandoah-Tal, und am 4. Juli dringen Nordstaatler in das Heim der Boyds ein. Belle soll eine Flagge der Konföderierten in ihrem Zimmer aufgehängt haben. Ein Disput entwickelt sich, sie verliert die Fassung: »Meine Empörung wuchs. Mein Blut kochte buchstäblich in meinen Adern, ich zog meine Pistole – und schoss.« Belle fühlt sich im Recht. Darf sie nicht im eigenen Haus ihr eigenes Land preisen? Und muss nicht auch ein Nordstaatler den Ehrenkodex des Südens achten, der Frauen besondere Ehrerbietung und Schutz garantiert? Sie hat keine Gewissensbisse, auch nicht, als der Mann stirbt.

Sie wird verhaftet – und wenig später freigelassen. »Belle Boyd hat völlig richtig gehandelt«, heißt es zur Erklärung. Möglicherweise will der Norden damit verhindern, dass das Geschehene öffentlich wird und einen politischen Skandal verursacht. Die Grenzstaaten Maryland, Kentucky, Delaware und Missouri sollen um jeden Preis in der Union gehalten werden.

Die heißblütige Belle, die nun scharf bewacht wird, macht die Sache des Südens zu ihrer Mission. Sie meldet sich in einem Camp der Konföderierten als Kurierin und lernt beim Chef des Geheimdienstes höchstselbst das Spionage-Handwerk. Neben geheimen Nachrichten an die Generäle schmuggelt sie auch Pistolen und Säbel, Munition und Chinin, das als Malaria-Medikament unverzichtbar ist, durch die feindlichen Linien. Der Ruf einer unerschrockenen Kämpferin eilt ihr voraus.

Sie ist nicht schön – ihr Gesicht ist lang, die Nase groß und das Kinn kräftig – aber charmant, besitzt ein einnehmendes Wesen und eine magnetische Anziehungskraft. Immer wieder gelingt es der hochgewachsenen Frau mit der zur Sanduhr geschnürten Taille, feindliche Soldaten und eigene Generäle für sich einzunehmen.

Wie auch anders? Belle Boyd ist für die eigene Sache entflammt. Als sie zu ihrer Großmutter in deren Hotel in Front Royal verfrachtet wird, horcht sie Unionssoldaten aus. Stundenlang vergräbt sie sich zwischen Hemden und Mänteln, ignoriert den Geruch von Mottenkugeln und lauscht mit dem Ohr an einem Loch im Fußboden. Was die Offiziere und ein Journalist ein Stockwerk tiefer beraten, notiert sie und reitet mitten in der Nacht ins 24 Kilometer entfernte Strasburg. Möglich, dass es sich um eine geplante Falle für Stonewall Jackson handelt …

Ihren Ruf als »la belle rebelle« erwirbt sich Belle Boyd dann wenig später mit dem bemerkenswerten Lauf über Stock und Stein. Der Ruhm ist ein zweischneidiges Schwert, denn der Union gilt sie nun als »böswilliger Feind des Staatenbundes«. Als Front Royal wieder an die Nordstaaten fällt, wird Belle unter Arrest gestellt. Was sie nicht daran hindert, weiter Lageberichte zu schreiben und Informationen über geplante Manöver zu sammeln. Doch ein Brief an Stonewall Jackson fällt ausgerechnet einem als Südstaaten-Soldat verkleideten Spion der Gegenseite in die Hände.

Belle wird festgenommen und Ende Juli ins Gefängnis nach Washington D.C. gebracht. Hunderte Soldaten eskortieren ihre Kutsche, aus Angst, die Konföderierten könnten einen Befreiungsangriff starten. Auf dem Weg muss Belle, nachdem sie mit einem Nordstaaten-General schweigsam von schönstem Porzellan zu Abend gegessen hat, in seinem Zelt übernachten. Allein natürlich und schwer bewacht, so viel ist man der Ehre einer Frau im damaligen Amerika schuldig.

Deprimiert zieht sie in das Old Capitol Gefängnis ein. An seiner Stelle residiert heute der Oberste Gerichtshof der USA, 1862 allerdings wartet die Haftanstalt mit bröckeligen Wänden, geborstenen Fensterbrettern und eintöniger Kost aus Kartoffeln, Bohnen und Schweinefleisch auf. Belle verschafft sich dort sofort Respekt. Als die Kriminalpolizei sie zu einem Schuldeingeständnis überreden will, fordert sie lautstark eine Anklageschrift. »Sir, wenn es eine Straftat ist, den Süden, seine Sache und seinen Präsidenten zu lieben, dann bin ich eine Kriminelle«, zitiert die Biografin Ruth Scarborough ihre Rede. »Ich bin in Ihrer Gewalt, machen Sie mit mir, was sie wollen. Aber ich fürchte Sie nicht.«

Aus den Reihen der Mitgefangenen, ausschließlich Männer, schlägt Belle eine Welle der Sympathie entgegen. Sie wird mit Obst verwöhnt, bekommt Süßigkeiten zugesteckt und kleine Flaggen der Konföderierten. Weil das Reden untereinander strikt verboten ist, Singen aber erlaubt, stimmt Belle mit ihrem eingängigen Alt oft die Lieder des Südens an, *Dixie* zum Beispiel und *Maryland, mein Maryland*. Die Tage im Gefängnis sind dennoch lang und eintönig, die Wachen mitunter brutal. Einer der Soldaten schlägt Belle mit der Muskete und bricht ihr dabei den Daumen.

Schon nach vier Wochen kommt sie jedoch im Rahmen eines Gefangenenaustauschs frei, sie reist mit dem Schiff nach Richmond. Ihre Ankunft in der Hauptstadt der Konföderation gerät zum Triumphzug: Eine Kompanie tritt für sie an, das feinste Hotel ist reserviert, und die Stadtkapelle spielt ein Ständchen. In Martinsburg, das zwischenzeitlich wieder vom

Süden erobert worden ist, besucht sie General Jackson und darf ihm als Ehren-Adjutant dienen. Außerdem wird Belle mit einem schicken Reitkostüm aus grauem Uniformstoff ausstaffiert, am samtbesetzten Kragen trägt sie die Abzeichen eines Hauptmanns und auf dem Kopf einen kleinen Hut mit großer Feder.

Auf Geheiß des väterlichen Generals aber verschwindet sie aus den umkämpften Gebieten, besucht das Frühjahr hindurch Verwandte in den Südstaaten. Die politische Lage ist weiterhin angespannt. Am 1. Januar 1863 haben die Nordstaaten ihre Sklaven freigelassen, sie errichten eine Seeblockade. Das ist fatal für die Konföderierten, denn nur über den Atlantik können sie Baumwolle, Getreide und andere Produkte exportieren und im Gegenzug Waffen, Munition und Medizin einkaufen. Das Blatt wendet sich: Konföderierten-General Lee verliert mit Gettysburg eine der blutigsten Schlachten des gesamten Krieges, die Union nimmt Vicksburg in Mississippi und Chattanooga in Tennessee ein.

Als Belle nach Hause zurückkehrt, wird sie von der Union wieder verhaftet und diesmal ins Carroll-Gefängnis in Washington geworfen. Enge, Hitze, Langeweile – Belle verliert nicht nur den Appetit, sondern auch allen Mut. »Es gab Zeiten, in denen ich wünschte, dass meine Seele frei wäre und denen entschweben könnte, die mich gefangen hielten.« Unterdessen wird ihr Fall nach Kriegsrecht verhandelt und die 19-Jährige zu Zwangsarbeit verurteilt, die Strafe aber – wahrscheinlich von Präsident Lincoln oder seinem Kriegsminister selbst – abgemildert: Belle wird in den Süden verbannt. Rückkehr ausgeschlossen.

Am 1. Dezember 1863 verlässt sie das Gefängnis und fasst neue Pläne: Sollte sie nicht nach Europa gehen? Sie besteigt am 8. Mai die »Greyhound«, eines jener schnellen Dampfschiffe, die in mondhellen Nächten die Seeblockade durchbrechen. Doch bereits in der zweiten Nacht wird der Blockade Runner von der Union aufgebracht. Ein Glück, dass sich Leutnant Sam Wylde Hardinge gleich in die junge Frau verliebt. Schon am zweiten Abend zitiert er romantische Zeilen von Byron und Shakespeare, macht ihr nach wenigen Tagen gemeinsamer Reise einen Heiratsantrag. Die stolze, unabhängige Belle nimmt an: »Ich konnte nicht anders, als anzuerkennen, dass ihm mein Herz gehört.« Obwohl er ein Offizier

der Nordstaaten ist, obwohl »Mrs. Lewis« längst als die Südstaaten-Spionin Belle Boyd enttarnt ist.

Als Hardinge ihre Freilassung erreichen will, wird er selbst festgenommen. Belle setzt kurzerhand im Juni 1864 nach Kanada über. Sie besucht exilierte Südstaatenfamilien in Montreal und schaut sich – beschattet von Unionsagenten – die Niagarafälle an. Schließlich reist sie nach London. Sam Hardinge folgt ihr, nachdem er aus der Armee entlassen ist. Am 25. August heiratet das Paar mit allem Pomp in der Royal Chapel St. James, in der schon Queen Victoria den Bund fürs Leben geschlossen hatte.

Die beiden verleben einen flitternden Monat in Liverpool, dann reist der Ehemann wieder nach Amerika. Warum? Eine offene Frage. Der frühere Unionsoffizier wird in Baltimore von der eigenen Truppe als Deserteur festgesetzt und vegetiert in verschiedenen Gefängnissen unter schlimmen Bedingungen dahin, bis er im Februar 1865 entlassen wird. Möglicherweise hat Belle dies erreicht – durch eine plumpe Erpressung. »Ich höre, dass Sie beginnen könnten, milde über den Fall von S. Wylde Hardinge nachzudenken, wenn ich mein druckfertiges Buch nicht veröffentliche«, schreibt sie Ende Januar an Präsident Abraham Lincoln. »Ich denke, es wäre gut für Sie und mich, zu einer endgültigen Vereinbarung zu kommen.« Der Brief wird 80 Jahre nach Lincolns Ermordung in seiner versiegelten Korrespondenz gefunden.

Das Schicksal von Hardinge bleibt ungeklärt: Manche Quellen behaupten, er sei auf dem Weg nach England mit seinem Schiff untergegangen. Anderen zufolge ist er im März in Liverpool eingetroffen und danach verschwunden. Sicher ist: Die gerade 21-jährige Belle sitzt im Frühjahr 1865 schwanger und allein in London. Im Mai erscheinen ihre Erinnerungen *Belle Boyd in Camp and Prison*, doch die Erlöse sind viel geringer als erwartet. Die Tochter wird geboren – und ein Einkommen muss her. Belle Boyd erobert die Bühne. Im Juni 1866 gibt sie ihr Debut im Theater Royal in Manchester. Sie spielt die Hauptrolle in der Burleske *The Lady of the Lyons* offensichtlich so gut, dass ihre Vergangenheit kaum erwähnenswert ist.

Der Krieg in den Vereinigten Staaten ist zu diesem Zeitpunkt faktisch schon zu Ende. Und als US-Präsident Andrew Johnson im selben Jahr eine Amnestie ausruft, kehrt Belle Boyd in die Staaten zurück. Unter dem Künstlernamen Nina Benjamin tritt sie in St. Louis auf, tourt durch New York, Cincinnati und Houston. Eine kurze Karriere: 1869 heiratet sie den britischen Geschäftsmann John S. Hammond und bekommt drei Kinder. Die Ehe ist unglücklich und wird nach 15 Jahren geschieden.

Schon ein Jahr später findet Belle Boyd ein neues Glück. Selbst 41 Jahre alt, heiratet sie den erst 24-jährigen Nathaniel Rue High. Um Geld zu verdienen, tingelt sie mit einer dramatisierten Rezitation ihrer Erlebnisse als Spionin durch die Lande. Stets endet der Abend mit ihrem flammenden Appell: »Ein Gott, eine Flagge, ein Volk für immer!«

»Unsere Belle!«, schwärmen die Veteranen. Doch die Erinnerung an den Bürgerkrieg verblasst, die Geschichte Belle Boyds wird nur noch in zweitklassigen Häusern aufgeführt. Die – in den Augen ihrer Zeit – alte

Schauspielerin lockt immer weniger Publikum in ihre Vorstellungen, 1895 meldet die Zeitung *Macon Telegraph* in Georgia sogar, dass sie verhaftet worden ist: Belle Boyd hat sich mit ihren Töchtern in einem Hotel eingemietet, kann aber die Kosten nicht aufbringen. Und während ihre wahre Geschichte in Vergessenheit gerät, leben die Legenden: »Belle Boyd war die prachtvollste, mutigste, treueste kleine Frau, die ich je gesehen habe«, sagt ein alter Veteran, um ihr dann gleich zwei Kinder anzudichten, mit denen sie als junge Witwe im indianischen Gebiet zurückgelassen worden sei. Danach hätte sie einen Häuptling geheiratet und später dessen Bruder …

Verbürgt ist, dass Belle Boyd am 9. Juni 1900 auf Lesereise in Kilbourn, Wisconsin, eintrifft. Doch am Morgen des 11. Juni erleidet die berühmteste Spionin des amerikanischen Bürgerkriegs eine Herzattacke. Gerade 56 Jahre alt, stirbt sie, noch bevor der Arzt eintrifft.

G. P.

Belle
Boyd

CODEWORT APRIKOSE

Johanna Brandt

18.11.1876 - 23.1.1964

Eine Pfarrerstochter, denkt man, sollte sanftmütig sein und gottesfürchtig. Doch Johanna Brandt ist eine südafrikanische Rebellin: Als die Briten ihre Heimatstadt Pretoria besetzen, hält sie mit anderen Frauen den Kontakt zur Befreiungsarmee der Buren, spioniert feindliche Truppen aus und schmuggelt geheime Informationen an die Exilregierung in Holland.

Der Krieg ist schuld. Er reißt Johanna und ihre Mutter Maria Magdalena van Warmelo aus einem Leben voller Annehmlichkeiten. Seit 1895 leben die Südafrikanerinnen auf dem Landgut Harmonie in einem Vorort von Pretoria. Die Büsche auf dem Gelände sind gelichtet, in großen Gärten wächst Gemüse, und sogar Weintrauben ernten sie reichlich. Die Pfarrerswitwe und ihre heranwachsende Tochter führen ein offenes Haus, unter ihren vielen Gästen sind auch der Generalkonsul der Niederlande und andere Diplomaten.

Die politische Lage ist seit langem angespannt. Während die südafrikanische Republik Transvaal und der Oranje-Freistaat zu gleichberechtigten Mitgliedern der Staatengemeinschaft werden möchten, will Großbritannien die Republiken seinem Kolonialreich einverleiben. Im Oktober 1899 fallen die ersten Schüsse, Anfang des Jahres 1900 verstärken die Briten ihre Truppen und rücken mit 60 000 Mann immer näher an Pretoria heran.

Am 25. Mai können die Frauen von Harmonie aus beobachten, wie sich die Truppen der Buren zurückziehen. Nur neun Tage später pfeifen ihnen die ersten Bombensplitter um die Ohren. Dem stundenlangen Beschuss zum Trotz bleiben die Farm und ihre Bewohner unversehrt.

Doch die Stadt wird eine andere: Zu tausenden strömen schwarze und farbige Bewohner durch die Straßen und laufen auf den Gehsteigen, während ihre »weißen Brüder« in der Mitte gehen müssen. Eine verkehrte Welt: Unter der Buren-Regierung brauchte jeder Farbige einen Pass, nachts galt für die nicht-weiße Bevölkerung ein Ausgangsverbot. Johanna sieht – ganz ein Kind ihrer Zeit und ihrer Herkunft – in solcher Benachteiligung kein Unrecht. Die Niederländer, die 1652 an der Südspitze Afrikas landeten und das Land Zug um Zug besiedelten, dezimierten die ursprüngliche Bevölkerung in Kriegen und setzten die Überlebenden als Sklaven auf ihren

Das "Petticoat-Kommando" von Südafrika

Farmen ein. Erst 1834 schafften die Briten, an die die Kapkolonie 1806 gefallen war, die Sklaverei ab.

Das ändert wenig an der Einstellung der Buren. Noch um die Wende zum 20. Jahrhundert bedienen sie sich am liebsten »rohen Materials«, wenn sie Hausbedienstete oder Farmarbeiter suchen, »mit Ehrfurcht und Respekt, den sie im Naturzustand dem weißen Mann« entgegenbringen.

Nachdem die Briten Pretoria am 5. Juni 1900 erobert haben, gibt es aber Wichtigeres. Johanna, eine junge Frau mit melancholischen Augen und sorgsam getürmten Haaren, zeigt Flagge. Sie befestigt den Vierkleur – die Flagge Transvaals – an ihrem Hut und ersetzt ihn später gezwungenermaßen durch ein schwarzes Trauerband. Die 22-Jährige leidet schwer: Für alles und jedes muss sie eine Erlaubnis einholen. Fürs Fahrradfahren, für spätes Ausgehen und die kleine Colt-Pistole, die die Frauen auf Harmonie zu ihrem Schutz behalten dürfen. Dabei ist die Farm von allen Seiten bewacht. Im Osten grenzt die berittene Polizei an, im Süden die Montmorency Scouts und im Norden das Büro des Kommandeurs. In unmittelbarer Nähe befindet sich das Kriegsministerium und nur eine Straße entfernt residieren die Leibgarde und der britische Oberbefehlshaber, Lord Herbert Kitchener.

Gibt es einen Ort, der sich besser als Spionage-Zentrum eignen würde, als diesen, mitten im Herz des Feindes? So weit denken Mutter und Tochter anfangs gar nicht. Sicher, die Zensur der Post ist lästig. Manche Briefe kommen nie an, in anderen sind ganze Sätze geschwärzt und viele Zeilen mit der Schere bis zur Unkenntlichkeit verstümmelt. Johanna ärgert sich darüber so sehr, dass sie dem Leiter der Zensurstelle persönlich einen Besuch abstattet. Der Brite antwortet sarkastisch auf ihre Beschwerde: »Ich genieße Ihre Briefe sehr, Fräulein van Warmelo. Sie entschädigen mich für meine Mühe.« Und Johanna, die innerlich vor Wut kocht, antwortet liebenswürdig: »Wie außerordentlich nett von Ihnen! Ich könnte selbst kommen, wenn ich Ihnen nicht zuviel Ärger bereite.«

Ihre Briefe nach Europa – viele von ihnen sind an Johannas Verlobten Louis Brandt in den Niederlanden gerichtet – bringt sie fortan einmal pro Woche zu ihm. Außerdem experimentiert die angehende Spionin bereits mit Zitronenwasser. Was sie damit schreibt, wird erst sichtbar, wenn Sonnenlicht darauf fällt oder die Bogen vorsichtig mit dem Bügeleisen erwärmt

werden. Neben ihrem offiziellen Tagebuch wird Hansie, wie Johanna liebevoll genannt wird, bald auch ein geheimes »weißes« Tagebuch führen, in dem sie ihre wahren Gedanken und die geheimen Aktivitäten festhält.

Sie lässt keinen Zweifel aufkommen, dass ihre ganze Sympathie den Buren gehört. Ihre Brüder Dietlof und Fritz haben sich mit der Rebellen-Armee in die Berge zurückgezogen, Willem wird im Februar 1900 gefangen genommen. Auch die Frauen wollen sich dem Dienst für ihr Land nicht entziehen. Sie schmuggeln Berichte über die Lage in Pretoria auf der Innenseite von »weißen« Umschlägen in die Niederlande, wo Präsident Steyn eine Exilregierung etabliert hat. Sie verstecken die geheimen Papiere in Walnüssen, nähen sie ins Futter von Taschen ein oder füllen die untere Hälfte von Kakao-Päckchen damit.

Die Nachrichten sind brisant. Da sind zunächst die Augenzeugenberichte über die grausigen Erfahrungen, die Johanna im Internierungslager macht. Sie arbeitet als Krankenschwester in Camp Irene, einem von etwa 50 sogenannten Konzentrationslagern, in denen die Briten vor allem Frauen und Kinder gefangen halten. Eine entsetzlich logische Politik: Nachdem bis zu 85 000 Männer freiwillig der Burenarmee beigetreten sind und die Briten mit Guerilla-Einsätzen attackieren, versorgen ihre Ehefrauen die Farmen. Die Kolonialmacht reagiert mit einer Strategie der verbrannten Erde. Felder werden angesteckt, Obstbäume gefällt, das Vieh geschlachtet und die Familien in die Lager gesteckt.

Über 120 000 Menschen vegetieren dort unter unhaltbaren Bedingungen. Im Camp Irene hausen in einem Sechs-Mann-Zelt bis zu 23 Menschen. Sie liegen auf dem blanken Boden und haben teilweise nicht einmal Decken, um sich gegen Stürme und die bittere Kälte des Winters 1901 zu schützen. Es gibt zu wenig Nahrung für alle und nicht genug Medizin. Nach offiziellen Angaben sterben 20 000 – nur die Kräftigsten überleben. Fast zynisch schreibt Johanna vom »Survival of the fittest« und gibt damit ihrer tiefen Verzweiflung Ausdruck. Nachdem in einer Nacht fünf Kinder gestorben sind, fährt sie direkt zum Büro des Militärgouverneurs in Pretoria und klagt die Zustände an.

Als sie krank wird, kehrt Johanna auf Harmonie zurück. Dort arbeitet ihre Mutter – angeworben von dem »Geheimen Komitee« der Widerstandskämpfer – seit dem Winter 1901 als Spionin und weiht Hansie ein. Für die Frauen gehört das Organisieren von »Eskorten« für Soldaten, die in die Stadt hinein und hinaus wollen, bald ebenso zum Alltag wie das Schmuggeln von Sprengstoff. Mit Dynamit sollen die Untergrundkämpfer in der Stadt Züge in die Luft jagen, Gleise und Brücken beschädigen. Die Kuriere sind unglaublich erfinderisch: Zünder werden beispielsweise in einem hohlen Hammerstiel versteckt und Schnüre zieren, zu roten Rosen gewickelt, einen französischen Hut. Hansie wagt sich mit einem Päckchen – getarnt als Medikament gegen Bauchschmerzen und Salbe für

rissige Hände – sogar ins Haus des Gouverneurs. »Es wäre ein Spaß, ihn mit einem Pfund Dynamit in den Händen zu besuchen«, denkt sie. Neben purem Übermut treibt sie die Überlegung an, dass kein Beschatter mit solcher Chuzpe rechnen und sie festhalten und durchsuchen würde.

Gesagt, getan. Dass Johanna bei solchen Manövern niemals geschnappt wird, betrachtet sie selbst als Wunder, denn sie zeigt sich »völlig unbekümmert gegenüber den Gefahren«. Dies könnte ein Erbteil ihrer Mutter sein, die als junges Mädchen zu den rund 14 000 Buren gehörte, die nach der Übernahme der Kapkolonie durch die Briten mit dem »Großen Treck« ins wilde Landesinnere aufbrachen und es urbar machten. Dort gründeten sie 1842 den Oranje-Freistaat und 1852 die Südafrikanische Republik Transvaal.

Bei allem Wagemut bleibt die Mutter vorsichtig. Kein Grenzgänger – weder Soldat noch Kurier – soll auf Harmonie Unterschlupf finden. Nicht einmal für eine Nacht! Eine weise Entscheidung, denn die Aufgaben für die Spioninnen werden komplizierter. Die van-Warmelo-Frauen beschaffen einen geheimen Eisenbahnfahrplan der Briten, der detaillierte Informationen über die Militärzüge und ihre Ladung an Proviant, Kleidung und Munition auflistet. Jedes Signal, sogar das Tuten einer Lok, hat eine Bedeutung.

Ein Verbündeter nimmt das Buch mit, die Sorgen aber bleiben. Was, wenn die Frauen auf Harmonie auffliegen? Die Gefahr wächst: Rund um Pretoria errichten die Briten Wachposten, an denen Kuriere und Soldaten kaum vorbeikommen. In der Stadt untergraben unterdessen »Handsuppers« – Händehochhalter, wie Johanna sie verächtlich nennt – die Moral. Drei Sorten Überläufer zählt sie: Die, die sich vom Aufgeben ein schnelleres Kriegsende versprechen. Andere, die nach langem Kampf müde und hoffnungslos sind und sich nur Frieden wünschen – gleich, wer als Sieger vom Feld geht. Und schließlich Verräter, die andere aus Geldgier verkaufen. Die Namen dieser »Judas-Buren« kursieren auf schwarzen Listen, und wann immer einer von ihnen den Buren in die Hände fällt, wird er mitleidlos erschossen.

Kaum besser ist das Schicksal des Geheimen Komitees, das den illegalen Widerstand organisiert. Willem Botha, nach einem Blitzschlag von Kopfschmerzattacken geplagt, wird am 8. September 1901 als Erster festgenommen. Der Krüppel Willem Bosch, der als Sekretär aktiv ist, und der alte, gebrechliche Herr Els folgen, dann werden zwei weitere Mitglieder des Komitees und fünf Helfershelfer gefasst. Die Haft ist hart, die Kreuzverhöre sind scharf. 16 Tage dauert die Folter, bei schlechter Ernährung in lausigen Zellen. Trotzdem schweigen die Männer eisern, getreu der Devise des Secret Service: »Denke schnell, handle entschieden, ruhig, vorausschauend und ohne Furcht. Sprich so wenig wie möglich.« Bis ein junger Mann – dem seine Exekution für den nächsten Morgen angekündigt worden ist und dessen Vater, Schwester und Verlobte zum Abschied in die

"Gottes Hand liegt schwer auf uns. Sein Ohr ist taub gegen unsere Schreie und unser Flehen. Ich kann nicht schreiben, meine Seele ist zerschmettert von der Sorge, von Leiden und Sünde um mich herum."

Zelle geführt werden – nicht mehr standhält. Dafür hat Johanna keinerlei Verständnis: Patrioten sollten lieber in den Tod gehen als zu gestehen. »Denn was ist er jetzt?«, notiert sie im »weißen« Tagebuch. »Ein Verräter, o Gott, ein Verräter seines Landes und seines Volkes.«

Die Verschwörer werden nach Bermuda verschifft, ihre Familien in den berüchtigten Konzentrationslagern interniert. Und Pretoria? Der Widerstand in der Stadt ist ohne Führung. Doch Johanna van Warmelo hat eine Idee: »Das Erste, was ich morgen machen werde …«, ist, ein neues Komitee zu gründen. Eines aus fünf Frauen. Am 15. Oktober 1901 treffen sie sich zum ersten Mal und beschließen – gebunden durch den »heiligen Eid von Treue und Verschwiegenheit« –, für die Sache der Buren und die Unabhängigkeit zu wirken.

Einst wichtige Vorsätze werfen die van Warmelos über Bord. Bald ist klar, dass Captain J. J. Naudé als Kopf des Widerstands in Pretoria nur auf Harmonie sicher wäre. Schon einmal ist auf dem Landgut heißes Badewasser bereitgehalten worden, am 17. Dezember dann erscheint der Captain wirklich. Er trägt die Uniform eines englischen Offiziers und ist bis an die Zähne bewaffnet.

Für ihn und seinen Begleiter tischen die Frauen mächtig auf: selbstgebackenes Brot, Butter, Schinken und Eier, Konserven, Zwieback und Obst. Über allem schwebt der Duft von heißem Kaffee, im Hintergrund spielt Johanna Klavier. Ein Signal an die britischen Wachen von gegenüber, dass Gäste im Haus sind und man ungestört bleiben will. Nach dem ausgedehnten Mahl betten sich die beiden Kämpfer auf die Sofas, schmauchen Pfeife und rufen ihren Gastgeberinnen die Gefahr ins Gedächtnis. 1500 englische Pfund haben die Briten auf Naudé ausgesetzt, und ohne Schießerei würde sich der Captain niemals ergeben. Auch Mutter und Tochter droht Zuchthaus, wenn nicht gar Schlimmeres.

Doch es ist, als hätte Naudé, der seinen Verfolgern mehrfach um Haaresbreite entkommen ist, in den Wind gesprochen. »Es ist nicht das erste Mal, dass Buren-Frauen Seite an Seite mit ihren Männern kämpfen«, ruft Hansie und bietet sich als Sekretärin an. Für Gespräche bleibt wenig Zeit: Tagsüber verstecken sich die Männer im Haus, die Frauen stellen Kontakte zum Widerstand her und besorgen das Nötigste. Lange Unterhosen, Hemden, Seife, Salz und Watte. Der Abschied wenige Nächte später gerät kurz und konspirativ. »Alles ist in Ordnung: Das Militärcamp ist ruhig, der Oberfeldwebel in seiner Blechhütte«, meldet Johanna. »Auf Wiedersehen, Captain. Gott schütze Sie.«

Kurz darauf entdecken die van Warmelos, dass sie verdächtigt werden und das Militär Harmonie scharf beobachtet. Beherzt schreiten sie zur Gegenwehr: Sie laden Freunde und Bekannte zu Obstparties, geben musikalische Abende für junge Leute und bitten auch die Konsuln ins Haus. Überhaupt haben sie jede Menge zu tun, denn Aprikosen, Feigen, Pfirsiche, Zwetschgen und Äpfel sind reif – und nichts darf verkommen.

Bei der Arbeit kreisen ihre Gedanken stets um das Schicksal der Widerstandskämpfer. Selbst die sonst so aufgeräumte Johanna ist betrübt. Zumal ihre Mutter fordert, unter diesen Umständen dürfe Naudé niemals wieder auf die Farm kommen. »Liebe Mutter, lass es uns riskieren«, bittet Hansie. Vorkehrungen sind ja getroffen: Der Captain soll sich mit dem Codewort »Aprikose« zu erkennen geben. Zudem warnt ein Stück Holz auf einem Zaunpfahl nächtliche Besucher, falls Harmonie nicht mehr sicher ist.

Schon im Januar 1902 durchsuchen Engländer das ganze Haus. Ergebnislos allerdings. Dann, am 9. Februar, klopft es mitten in der Nacht ans Schlafzimmerfenster. »Wer ist da?«, wispert Johanna. »Aprikose!« Die Männer bleiben zwei Tage, bereiten den Diebstahl frischer englischer Pferde vor und geben wichtige Informationen weiter. »Kürzlich haben wir dem Feind viel Munition abgenommen. Kein Bedarf an Nahrung, aber Kleidung sehr dürftig. Regierende bei guter Gesundheit, Bürger voll Mutes. […] General Botha ist im Ermelo Distrikt mit 1000 Männern, de la Rey zwischen Klerksdorf und Rustenburg mit 1500, Beyers nahe Pietersberg, 1000 Männer […]. Der Feind wird täglich geplündert. Viel Obst. Unsere Verluste, wie üblich, wunderbar klein«, heißt es in einem der »weißen« Umschläge, die an die Exilregierung gehen.

Auf Harmonie werden Naudé und sein Kamerad ins Schlafzimmer verbannt und sollen – im Notfall – blitzschnell in einem engen Versteck unter den Bodendielen verschwinden. Ein falscher Alarm bringt die angespannten Nerven fast zum Zerreißen. Vor allem Johanna ist angegriffen. Ihre Kraft und ihr Vertrauen schwinden, in einer Sturmnacht notiert sie: »Ich fühle mich, als würde ich verrückt bei dem Gedanken, dass tausende und abertausende Frauen und zarte, kleine Kinder diesen wütenden Mächten ausgesetzt sind. Gottes Hand liegt schwer auf uns. Sein Ohr ist taub gegen unsere Schreie und unser Flehen. Ich kann nicht schreiben, meine Seele ist zerschmettert von der Sorge, von Leiden und Sünde um mich herum.«

Noch kann sich die 25-Jährige trösten, sie hofft auf eine Zukunft in Ruhe und Frieden. Doch Lügen und Gerüchte drehen sich in ihrem Kopf und Herz wie Spiralen, sie kann nicht schlafen. Wenn ihr doch die Augen zufallen, erwacht sie wenig später, von Kopf bis Fuß zitternd, aus fürchterlichen Alpträumen. Aus schwarzen Wassern und reißenden Strudeln, gedrosselt von einer Schlange oder verfolgt von einem Irren.

Johanna braucht einen Tapetenwechsel, fühlt ihre Mutter. Sie quartiert die junge Spionin auf einem Ozeandampfer in Richtung London ein. Als am 12. April die Buren-Führer nach Pretoria kommen, scheint das Kriegsende nahe. Die Buren hoffen auf einen »würdigen Frieden« – doch der Vertrag, den sie Ende Mai unterzeichnen, besiegelt eine komplette Niederlage. Johanna umschifft zu diesem Zeitpunkt gerade Teneriffa und sucht verzweifelt nach Worten für ihre Gefühle: »Geist und Hände sind machtlos.«

Mit jeder Seemeile aber gewinnt sie Abstand und wendet sich einem neuen Leben zu, dem mit Louis Brandt. Als Theologiestudenten hatte ihn Johanna fünf Jahre zuvor bei ihrer Weltreise kennengelernt, nun heiraten sie Ende August 1902. Und endlich schläft die erschöpfte Hansie, in den Flitterwochen in der Schweiz, daheim in den Niederlanden.

Nach 15 Monaten jedoch fasst sich Johanna Brandt ein Herz: »Was mache ich hier? Südafrika ruft.« Ihr Gatte lässt sich anstecken und bricht mit ihr ins Unbekannte auf. Zurück in Südafrika sind die Pfarrersleute für ganz Transvaal zuständig, Johanna bringt im Lauf der nächsten zehn Jahre sieben Kinder zur Welt und gründet eine Webschule. Dass sie ihr »weißes« Tagebuch wiederfindet, versteht sie als Fingerzeig und schreibt ihre Erfahrungen mit dem »Petticoat-Kommando« auf. Eine kurzweilige Erzählung, die voll von politischen Anspielungen ist und trotz ungebrochener Parteinahme für die Buren eine Ahnung davon vermittelt, was Frauen erreichen können, wenn sie sich ein Ziel setzen.

Die Spionin hat ihre Meriten da längst abgeholt. »Für geleistete Dienste im jüngsten Krieg« hat der geliebte Präsident ihr mit unleserlicher Handschrift auf seinem Foto gedankt, die Königin der Niederlande hat zur Hochzeit gratuliert, und Captain Naudé schwärmt in seinen Memoiren, er könnte sich an jedes kleinste Detail der Aufopferung und ihres Enthusiasmus erinnern: »Das Werk dieser Frauen übersteigt jeden möglichen Ausdruck von Anerkennung.« Doch Johanna Brandt, die später als Schriftstellerin reüssiert und als Prophetin bekannt wird, warnt mit der Erfahrung einer Mittdreißigerin: »Kein Schmerz der ganzen Welt lässt sich mit dem vergleichen, als Patriot geboren zu sein; aber ein Patriot im Exil – der Himmel schütze mich vor der Tragödie eines solchen Schicksals!« Sie bleibt in Südafrika, bis sie am 23. Januar 1964 stirbt.

G. P.

Johanna
Brandt

VOR GOTT UND IN ALLE EWIGKEIT

Edith Cavell

4.12.1865 - 12.10.1915

Politik ist Edith Cavell so fremd wie die Lust am Abenteuer. Die englische Krankenschwester hat sich ganz dem Dienst am Nächsten verschrieben, sie lebt sittenstreng und pflichtbesessen in Brüssel. Doch im Ersten Weltkrieg hilft sie Soldaten bei der Flucht. Die Deutschen klagen sie als Spionin an, befinden sie des Hochverrats für schuldig und verurteilen sie zum Tode.

Es ist diese Nacht, die letzte in ihrem Leben. Edith Cavell fröstelt. Die Engländerin, immer schon schlank, ist im Oktober 1915 abgemagert und bleich. Wie viele Stunden werden ihr noch bleiben? Schon am nächsten Morgen wollen die Deutschen die Strafe vollstrecken: Tod durch Erschießen.

Edith Cavell betet in ihrer Zelle, und sie schreibt ihre letzten Worte. Ein paar Zeilen ins Gebetbuch, das ihre Mutter erhalten soll. Einen Brief an Elizabeth Wilkins, die mit ihr die Krankenschwesternschule in Brüssel aufgebaut hat. Eine Uhr für die Eingangshalle der neuen Schule soll gekauft werden, verfügt sie, und auch um ihr Testament soll sich die Assistentin kümmern. Sie schließt: »In Liebe für euch alle. Ich fürchte mich nicht, sondern bin sehr glücklich.«

Soll man das glauben? Die 49-Jährige hat ein bewegtes Leben hinter sich – und hätte noch so viel Arbeit vor sich: Der Erste Weltkrieg tobt, sogar in den afrikanischen Kolonien wird gekämpft. Als 1917 auch die Vereinigten Staaten eintreten, versinkt die Welt in Kanonendonner und Blut. 17 Millionen Menschen sterben in diesem grausamen Krieg.

Das neutrale Belgien haben die Truppen des Deutschen Reiches gleich im August 1914 überrannt und besetzt. In Lüttich schießt die »dicke Bertha« die Forts sturmreif, in Mons schlägt die britische Armee 1914 ihre erste Schlacht, und in Ypern setzen die Deutschen im April 1915 erstmals Chlorgas ein. In den Schützengräben sterben dadurch 5000 französische Soldaten, 10 000 werden verletzt. Im Sommer 1917 werden die Angreifer auch Senfgas ausprobieren. Bei Kriegsende ist die Stadt Ypern fast vollständig zerstört, allein in diesem Frontabschnitt werden 500 000 Tote gezählt.

Vieles davon mag Edith Cavell schon 1915 ahnen. Die Krankenschwestern, die sie in ihrer Schule in Brüssel ausbildet, werden in den kommenden Jahren mehr denn je gebraucht, an der Front und in den Städten.

Krankenschwester und Märtyrerin

An raues Klima ist Edith von klein auf gewöhnt. Am 4. Dezember 1865 wird sie im englischen Swardeston bei Norwich geboren, 20 Meilen von der Nordseeküste entfernt. Die Familie lebt in einem schmucken Ziegelhaus gleich neben dem Friedhof. Ediths Vater, Reverend Frederick Cavell, schaut grimmig aus seinem Backenbart heraus, er predigt Hölle und Fegefeuer und glaubt an ewiges Leiden auf Erden. Wäre da nicht seine junge Frau Louisa Sophia mit ihrem warmherzigen Wesen, die vier Kinder – Florence, Edith, Lilian und Jack – hätten keine schöne Jugend. Dabei ist das Landleben idyllisch. Die Geschwister streifen durch Wälder und Wiesen, sehen dem Schmied zu und malen im Sommer mit Wasserfarben. Die begabte Edith, die geduldig ist und ein bisschen schüchtern, darf sich bilden. Das schmale Mädchen mit den grauen Augen besucht verschiedene Schulen, zuletzt Miss Margaret Gibsons Schule für junge Damen in Petersborough. Hier lernen 24 junge Frauen Geschichte, Literatur und Sprachen.

Französisch fasziniert Edith, vermutlich mehr, als es jemals ein junger Mann könnte. Sie findet tatsächlich keinen Bräutigam und ist 25 Jahre alt, als sie eine Stelle als Gouvernante bei einem Brüsseler Anwalt annimmt. Fünf Jahre lang erzieht sie dessen Kinder und erfreut sich an der kosmopolitischen Atmosphäre der rührigen Hauptstadt. Als aber ihr Vater krank wird, kehrt sie 1895 ins abgelegene Heimatdorf zurück und pflegt ihn bis zum Tod. Sie findet Gefallen an dieser unmittelbaren Fürsorge. Sie will den neuen Beruf der Krankenschwester – den Florence Nightingale 1860 aus dem Krimkrieg mitgebracht hat – ergreifen und wird mit 30 Jahren noch einmal zur Lernenden. Sechs Monate Probezeit leistet Edith Cavell im London Hospital im East End ab, das an die Arbeiterviertel der Docks grenzt. Auf den Fluren riecht es nach Karbol und ranzigem Essen, in den Zimmern sammelt sich der »Abschaum« von London: die Alten, die Armen, die Verrückten.

Die Helferinnen teilen sich zu viert ein ungeheiztes Zimmer, sie schrubben die Böden und polieren Türklinken – und sie sehen viele Patienten sterben. Die, die nach Arbeitsunfällen mit zerquetschten Gliedern schreien. Andere, die die grobschlächtigen Operationen nicht überleben, und natürlich junge Mütter im Kindbett. »Das Training war hart, die Aufgabe undankbar und der Verdienst unerheblich – wenn es überhaupt einen gab«, fasst Cavells Biograf Adolph A. Hoehling zusammen. Aber nach damaliger Auffassung soll der Dienst am Nächsten gut für das Seelenheil der Pflegenden sein.

Edith lernt schnell und beflissen. Als in Maidstone eine Typhus-Epidemie ausbricht, wird sie mit einigen Schwestern 1897 dorthin entsendet und ihre Arbeit als »hervorragend« gelobt. Schon 1901 ist sie Nachtwache im St. Pancras Krankenhaus und bald darauf stellvertretende Oberin in Shoreditch, das immerhin 750 Betten hat und ihr die Aufsicht über 120 Schwestern anvertraut.

Zu dieser Zeit hat Edith Cavell die Pflichterfüllung zu ihrer Religion gemacht. Zeitgenossen schildern sie als eine »ruhige, oftmals strenge und humorlose Person«, den Armen und Hilfsbedürftigen aber öffnet sie ihr Herz. Sie gibt Decken, Wärmflaschen und die ersten Kleider für Neugeborene aus – unter der einzigen Bedingung, dass alles sauber zurückgegeben wird. Als Perfektionistin treibt sie ihre Profession voran und entwickelt ein viertes Jahr in der Schwesternausbildung, das der Mutterschaft gewidmet ist. Sie führt zudem Hausbesuche bei frisch Entbundenen und ihren Säuglingen ein, eine Praxis, die bald Standard wird im Königreich.

Es muss wie eine Krönung für sie gewesen sein, als sie der ebenso brillante wie aufbrausende Chirurg Antonie Depage ruft. Er will in Brüssel, ihrer geliebten Stadt, eine Schwesternschule eröffnen und hat schon eine Häuserreihe in der Rue de la Culture gemietet. Das Berkendael Medical Institute ist eine halbe Stunde Fußweg vom Zentrum entfernt und soll mit allen Abteilungen, von der Entbindungsstation bis zur Psychiatrie, ausgestattet werden.

Vielleicht denkt Edith Cavell auch daran zurück, als sie sich auf die schmale Gefängnispritsche legt. Auf wenigen Quadratmetern hat sie die vergangenen zehn Wochen verbracht. Ein Tisch, das Bett tagsüber zusammengeklappt, ein harter Stuhl mit geradem Rücken, ein Regal für Becher und Teller, das Waschbecken. Alles so ordentlich, wie sie es gewohnt ist. Nun ruht sie, ihre Gedanken schweifen. An Schlaf ist nicht zu denken in dieser letzten Nacht.

Nach ihrer Ankunft in Brüssel, erinnert sich Edith Cavell, hat sie 1907 erfahrene Krankenschwestern aus Holland, Frankreich, Deutschland und der Schweiz in den Mitarbeiterstab geholt. Die Frauen werden mit eigener Tracht ausgestattet: schmal geschnittene blaue Baumwollkleider mit weißem Kragen, hohe Schürzen und ausladende Hauben – optisch sind die Schwestern das Gegenteil der Nonnen, denen bis dahin die Krankenpflege oblag. Ein weiteres Novum ist, dass Edith Cavell über tröstende Worte und lindernde Wickel hinaus auf die Naturwissenschaft setzt. Sie vermittelt neueste medizinische Erkenntnisse über Hygiene, kennt die Anatomie so gut wie der berühmte Lehrbuchautor Henry Gray und malt im Unterricht oft kleine Illustrationen an die Tafel. Wenn es ihre Zeit erlaubt, assistiert sie bei schwierigen Operationen.

Schon 1908 beginnen die ersten belgischen Hospitäler, die Nonnen durch »englisch ausgebildete« Schwestern zu ersetzen. Zwei Jahre später gibt Edith Cavell ein Journal heraus, um die professionelle Neugier auch andernorts zu stillen. 1912 arbeiten ihre Schülerinnen bereits in drei Krankenhäusern, Privatkliniken und drei Dutzend Grundschulen und Kindergärten. Trotz dieses Erfolgs drücken die rastlose Leiterin der vorbildhaften Schule große Sorgen: Oft hat sie kaum genug Geld, um das Essen für die Schwestern zu kaufen.

Bei einem Urlaub in England will sie ausspannen, doch sie muss den Besuch bei ihrer Mutter abbrechen: es ist Krieg. Die britische Staatsbürgerin reist sofort nach Belgien zurück. Sie erreicht Brüssel am 3. August 1914, einen Tag später erklärt auch Großbritannien dem Deutschen Reich den Krieg. Zwei Wochen später flieht die belgische Regierung nach Antwerpen, am 19. August ergibt sich Brüssel ohne Widerstand.

Deutsche Einheiten strömen in die Stadt. Viele Soldaten sind zu müde, um zu essen, manche schlafen auf den Gehsteigen ein. Andere denken, sie seien in Paris. Cavell berichtet davon in ihrem Journal *Nursing Mirror* und schildert zwiespältige Gefühle »zwischen Mitleid für diese armen Männer, die so weit von ihrem Land und ihrem Volk entfernt waren und unter Erschöpfung und den Strapazen einer anstrengenden Kampagne litten, und dem Hass auf einen grausamen und rachsüchtigen Feind.«

Obwohl die Nachrichten über Massaker an belgischen Zivilisten schon zu ihr gedrungen sein müssen, bereitet Cavell ihr Institut darauf vor, deutsche Soldaten aufzunehmen: mehr Betten, mehr Bandagen und Medizin, längere Schichten für die Schwestern. Doch das Deutsche Reich holt seine Verwundeten heim. Ein Glück, vielleicht. Denn selbst die duldsame Edith Cavell ist aufgewühlt: »Ich habe Leiden, Armut und menschliches Elend in den Slums von London gesehen. Aber nichts von dem verletzt mich so, wie zu sehen, wie das stolze, aufgeschlossene und glückliche Volk der Belgier gedemütigt und seiner Männer beraubt wird, wie ihre Häuser von feindlichen Soldaten gestürmt und ihre Geschäfte ruiniert werden.«

Vielleicht lässt sie sich deshalb nicht lange bitten, als Louise Thuliez an ihre Tür klopft. Die resolute Lehrerin aus Lille gehört zum belgischen Widerstand, der englischen Soldaten und jungen Belgiern zur Flucht verhilft und sie ins neutrale Holland schmuggelt. Die Männer finden zunächst Aufnahme und Versteck im mittelalterlichen Chateau de Bellignies nahe Mons, wo sie mit Essen und zivilen Kleidern versorgt und dann über die Zwischenstation Brüssel nach Haecht geführt werden. Von dort sind es noch 50 Kilometer bis zur grünen Grenze …

Das Berkendael Medical Institute eignet sich hervorragend als Unterschlupf. Es gibt jede Menge Zimmer und eine große Küche, notfalls auch

einen Fluchtweg durch den Garten. Beim ständigen Kommen und Gehen der Patienten fallen ein paar junge Männer mehr kaum auf. Die redliche Edith Cavell nimmt – für den guten Zweck – schnell Verhaltensweisen an, die auch Spione auszeichnen. Sie konspiriert mit den Mitgliedern des Fluchtrings und tauscht geheime Nachrichten aus. Wahrscheinlich hält sie gefälschte Papiere für die Flüchtlinge bereit, sicher ist, dass sie ihnen jeweils 25 Francs mit auf den Weg gibt und sie im Morgengrauen selbst aus dem Haus führt.

Cavell und ihre Schwestern lassen sich Tricks einfallen, um ihre »Patienten« zu tarnen. Die Gesunden unter ihnen maskieren sich mit Bandagen und falschem Gips, müssen mit Hinweis auf eine – vorgetäuschte – Kriegsverletzung am Hals nicht einmal sprechen. An schönen Tagen schlurfen sie über den Gehsteig, die Schwestern bringen den »Kranken« Brot und Suppe. Dass alles so leicht und einfach scheint, birgt jedoch Gefahr. Oft halten sich gleich mehrere Flüchtlinge in der Klinik auf, manche bleiben eine ganze Woche lang. Die jungen Männer scherzen mit den gleichaltrigen Schwestern und betrinken sich im Café Chez Jules gegenüber. An Heiligabend spielt ein englischer Offizier sogar den Weihnachtsmann für 50 belgische Kinder, und am Ende singen alle zusammen *God Save the King*.

Edith Cavell, so scheint es, wird zunehmend sorgloser. Dabei setzt sie nicht nur ihr eigenes, sondern auch das Leben ihrer Schwestern aufs Spiel: Niemand, so lassen die Besatzer unter Androhung der Todesstrafe wissen, dürfe englische oder französische Soldaten verstecken. Doch die Schulleiterin schlägt die Warnungen in den Wind. Im Mai taucht der erste deutsche Detektiv auf, und im Juni begehren – offensichtlich verkleidete – Deutsche Unterkunft im Institut. In dieser angespannten und bedrohlichen Situation kündigt Prinzessin Marie de Croy, die treibende Kraft des Fluchtrings, weitere 30 Flüchtlinge an.

Die Oberin des Berkendael ist ständig in Anspannung und gönnt sich außer bei Spaziergängen mit ihren Hunden Jack und dem struppigen Don keine Ruhe. Der Druck lässt sie vorzeitig altern. Jaqueline van Til, eine ihrer Schwestern, beschreibt Edith Cavell als eine Frau mit »dünnen, fast blutleeren Lippen«, einem feinen, dennoch starken Kinn und aufrechtem Gang. Sie ist eine strenge Leiterin: Wer in ihr dunkles Büro gebeten wird, sieht das leuchtende Gesicht unter der weißen Haube – und wird nach zwei, längstens drei Sätzen entlassen. Nach den kargen Mahlzeiten, die schweigend eingenommen werden, verabschiedet sie ihre Schwestern mit einem Kopfnicken.

Ein Ritual, das Edith Cavell nicht mehr oft wiederholen wird. Kurz nachdem im Juli neun Engländer angekommen sind, findet im Haus eine Razzia statt. Die Soldaten springen über die Gartenmauer und verbergen sich in einem leerstehenden Haus, während die Deutschen Cavells Büro auf den Kopf stellen. Die geheimen Papiere, die in einem Wassertank versteckt sind, finden sie nicht.

Auf diese Warnung gibt die Verschwörerin so wenig wie auf die guten Ratschläge ihrer Vertrauten Elizabeth Wilkins, doch nach England zurückzukehren. Die Schlinge zieht sich vom anderen Ende her zu: Am 1. August werden die Lehrerin Louise Thuliez und der Architekt Philippe Baucq festgenommen, in dessen Haus 4000 Exemplare der Untergrundzeitschriften *La libre Belgique* und *Mot du soldat* sowie geheime Korrespondenz gefunden werden, darunter ein Brief der Oberin.

Ihr Schicksal ist damit besiegelt: Am Nachmittag des 5. August werden Edith Cavell und Elizabeth Wilkins mit vorgehaltenem Revolver abgeholt. Während ihre Assistentin beim Verhör alle Vorwürfe abstreitet und gehen darf, brechen bei Edith Cavell alle Dämme. Statt sich mit einer gewagten Lüge herauszuwinden, unterzeichnet sie ein volles Geständnis und nennt die Namen der Beteiligten. In der Folge werden 34 Menschen, die meisten gewöhnliche Marktfrauen, Bergleute, Café-Betreiber, Anwälte und Apotheker aus der Nähe von Mons, verhaftet und vor Gericht gestellt.

Wo Edith Cavell abgeblieben ist, bleibt über Wochen unklar. Erst als der amerikanische Gesandte in Brüssel, Brand Whitlock, auf diplomatischem Wege nachhakt, erhält er am 12. September Antwort: Sie wird im Militärgefängnis von St. Gilles festgehalten. »Wenigstens ist das Ende gekommen«, gesteht Edith Cavell ihrer Assistentin, die sie wenig später aufsucht. »Ich kann nicht einmal sagen, dass es mir leid tut. Dieses endlose Warten, diese Unsicherheit waren eine große Belastung. Ich habe meine Pflicht getan. Nun sollen sie mit mir machen, was sie wollen.«

Ein Exempel zu statuieren, ist die Absicht von General von Sauberzweig. Der neue Militärgouverneur in Brüssel ist ein Mann von blendendem Aussehen und gilt als »Apostel des Kriegsrechts«. Auch der Ankläger, Kriegsgerichtsrat Dr. Stoeber, setzt auf »abschreckende Beispiele«. Am 7. Oktober findet die erste Verhandlung gegen die Fluchthelfer statt. Zwar sitzen fünf Richter am Tisch, doch die Urteile sind bereits vorgefertigt; von Sauberzweig muss nur noch unterschreiben.

Mit dem Verteidiger, der ihr zugeteilt ist, hat Edith Cavell noch kein Wort gewechselt, als sie zur Aussage vortritt. Bleich ist sie und ausgezehrt, hält sich aber gerade. »Sie sprach ohne Furcht, zwar leise, doch ihr entschlossener Blick bemeisterte die Schwäche ihrer Stimme«, erinnert sich ihr Anwalt Sadi Kirschen später. »Stolz und ruhig befleißigte sie sich vor allem der Wahrheit, der Quäker-Aufrichtigkeit, der Wahrheit um der Wahrheit willen.«

Durch ihre Offenheit raubt die Frau, die – wie Whitlock im Oktober an den Botschafter in London meldet – »tatsächlich unter dem Verdacht der Spionage verhaftet wurde«, ihrer Verteidigung jede Chance, ein milderes Urteil zu erreichen. Die Krankenschwester gibt zu, auch englischen Soldaten geholfen zu haben. Die Männer seien in Lebensgefahr gewesen. Welche Informationen sie mit sich außer Landes nahmen, sagt sie nicht. Aber es dürfte auch Edith Cavell bekannt gewesen sein, dass Flüchtlinge aus dem besetzten Frankreich bei der Ankunft in Großbritannien bohrende Fragen des englischen Geheimdienstes beantworten mussten. Dass sie die Dankesbriefe der Soldaten erwähnt, ist womöglich ein fataler Fehler.

In seinem Plädoyer belastet Kriegsgerichtsrat Stoeber Edith Cavell schwer. Spionage kann er ihr zwar nicht nachweisen, das Berkendael

Medical Institute aber sei das Zentrum des Fluchthilferings gewesen. Alle Aktivitäten dort erfüllten die Kriterien des Hochverrats und seien nach Paragraf 58 des deutschen Militärrechts mit der Todesstrafe zu ahnden.

Das Urteil soll drei Tage später verkündet werden. Edith Cavell ahnt Schlimmes und schreibt einen langen Abschiedsbrief an ihre »Mädchen«. »Es ist ein trauriger Augenblick für mich«, beginnt sie ihre Bilanz. Nach einem kurzen Rückblick macht sie den Zurückbleibenden Mut für die Arbeit in der neuen Schule und mahnt: »Ich habe Euch nahegelegt, dass nur Aufopferung wahre Glückseligkeit verheißt und das Bewusstsein, vor Gott und Euch selbst, Eure Pflicht mit ganzem Herzen erfüllt zu haben, Euch zum Trost in den schwierigsten Augenblicken des Lebens und angesichts des Todes gereichen werde.«

Ein Trost, den sie nun selbst benötigt. Am Montag, gegen vier Uhr nachmittags, werden die Urteile verlesen. Sieben der 35 Angeklagten sollen sterben, Edith Cavell und der Architekt Baucq sogar binnen eines Tages hingerichtet werden. 20 Fluchthelfer werden zu Zwangsarbeit verurteilt, acht Personen freigesprochen.

Die englische Krankenschwester nimmt das Urteil ruhig und äußerlich gelassen auf. Ein deutscher Pater steht ihr zur Seite, gegen halb neun Uhr abends besucht sie ein englischer Seelsorger in ihrer Zelle. Er hat alles Nötige für die letzte Ölung bei sich. »Ich fürchte und schwinde nicht. Ich habe den Tod so oft gesehen, dass er mir nicht fremd oder beängstigend erscheint«, sagt Edith Cavell und fügt den Satz an, der sie berühmt macht: »Patriotismus ist nicht genug. Ich darf nicht Hass noch Bitternis gegenüber irgendjemandem empfinden.«

Unterdessen beginnt ein verzweifelter Rettungsversuch, an dem Elizabeth Wilkins, der spanische Botschafter und der US-Gesandte Whitlock beteiligt sind. Der Amerikaner verfasst ein Gnadengesuch für Edith Cavell, eine flehentliche Bitte an den Verbindungsmann zum deutschen Militär, die Strafe für diese »Dienerin der Menschlichkeit« abzumildern. Doch nicht einmal die Aufwartung der Diplomaten und der Gedanke an das internationale Aufsehen und die Ächtung, die die Exekution einer Krankenschwester nach sich ziehen könnte, bewegt die Machthaber. Die Fürsprecher Edith Cavells geben auf. Zurück in der Gesandtschaft bieten sie den englischen Schwestern, die bang auf eine bessere Nachricht gewartet haben, Sherry an. Schlafen können sie nicht.

Edith Cavell wird um fünf Uhr früh geholt. Sie lehnt den Tee ab, den man ihr anbietet, und sitzt sehr aufrecht zwischen zwei Soldaten in dem Wagen, der sie eine Stunde später nach Tir National bringt. Auf der Schießbahn des Militärs wird sie neben dem Architekten Baucq an einen Pfosten gebunden. Das Hinrichtungskommando legt an – Edith Cavell wird von vier Kugeln getroffen. Eine streift ihr Herz, sie stirbt augenblicklich. Es ist sieben Uhr morgens am 12. Oktober 1915. Ihre Leiche wird, nachdem ein Arzt den Tod festgestellt hat, sofort und nur wenige Meter entfernt beerdigt. Am selben Tag plakatieren die Besatzer in Brüssel: »Das Urteil ist vollstreckt.«

Mit dem, was danach passiert, haben die Deutschen nicht gerechnet. »Edith Cavell in Brüssel erschossen«, meldet die *New York Times* am 18. Oktober auf der ersten Seite. Vier Tage darauf titelt die *New York Tribune*: »Miss Cavell eilig erschossen, während Whitlock sich für ihr Leben einsetzt.« Zeichnungen erscheinen, die die hingestreckte Edith Cavell in ihrem Blute zeigen und mitleidlose Soldaten mit Pickelhaube dazu stellen. Unterzeile: »Das größte Verbrechen der Barbaren«.

Um Edith Cavell herum weben sich binnen kurzer Zeit Gerüchte. Es heißt beispielsweise, dass die Krankenschwester von einem Offizier mit »Fangschuss« getötet worden sei – so brutal wie entwürdigend. Oder dass Engländer und Amerikaner sich bewusst zu spät für ihre Rettung eingesetzt hätten, weil man eine Märtyrerin brauchte. Eine gute Seele, eine untadelige und aufopferungsvolle Frau wie Edith Cavell. Der Verdacht wiegt schwer, denn tatsächlich löst ihre Exekution eine Welle der Entrüstung aus. Bald schon appellieren – obwohl auch andere Nationen Spione und Agenten hinrichten lassen – Amerikaner an US-Präsident Wilson, in den Krieg einzugreifen. In England heften sich junge Mädchen Trauerflore an die Ärmel, an einem einzigen Tag melden sich 10 000 junge Männer freiwillig zum Kriegseinsatz.

Die Moral steigt, das Ansehen der Deutschen schwindet. Endlich habe die deutsche Nation »die Heuchelei aufgegeben, dass sie das Völkerrecht respektiert«, kommentiert etwa der *Amsterdam Telegraaf*.

Edith Cavells Geschichte wird zur Legende, und England holt die berühmte Tochter 1919 schließlich heim. Der Minenräumer HMS Rowena bringt ihre sterblichen Überreste nach Dover, am 15. Mai wird ihrer in Westminster Abbey gedacht, und an Edith Cavells Grab in Norwich stehen King George V. und eine betroffen blickende Queen Mary.

Edith Cavell ist unvergessen. Die Schwesternschule in Brüssel trägt ihren Namen, London hat ihr in der Nähe des Trafalgar Square ein Denkmal gesetzt. Strahlend ist ihre Figur aus hellem Stein gemeißelt, streng und aufrecht. Wie hatte es die *New York Times* mit der Emphase der damaligen Zeit formuliert? »Sie hatte den Glauben bewahrt, sie strauchelte nicht. Sie war mehr als andere mit der Gelegenheit gesegnet, Zeugnis abzulegen. Kein Erschießungskommando kann diese Dinge morden.«

G. P.

BERÜHMT UND BERÜCHTIGT

Mata Hari

7.8.1876 - 15.10.1917

"Ich wollte
leben wie ein
bunter Schmet-
terling in der
Sonne."

»Ich werde einmal berühmt sein … oder berüchtigt. Am Ende werde ich auf dem Schafott sterben.«

Wenn die Zeit und die folgenden Ereignisse die Erinnerungen der Schwestern Louise und Laura Balkstra nicht getrübt haben, sagte Margaretha MacLeod-Zelle ihre Zukunft sehr genau vorher. Weit entfernt von Indonesien und ihrem Leben als Offiziersgattin in den Kolonien wird sie Jahre später als Mata Hari für ihre exotischen Tanzdarbietungen in Europa gefeiert werden und schließlich als größte Spionin aller Zeiten weltweit berüchtigt sein. Nur im Detail irrte sich die Holländerin. Ihr abenteuerliches Leben endet nicht unter dem Fallbeil, sondern vor einem Exekutionskommando.

Greta, wie sie von ihren Bekannten genannt wird, ist 23 Jahre alt, als sie 1899 scherzhaft die ebenso selbstbewusste wie düstere Vorhersage trifft. Seit zwei Jahren lebt sie nun in Holländisch-Ostindien, doch der Rausch, den sie anfangs ob der fremden Gerüche, des sonnigen, schwülwarmen Wetters, all der aufregend neuen Eindrücke empfand, ist längst der Ernüchterung gewichen. Gerade hat sie ihren zweijährigen Sohn Norman begraben und um das Leben ihrer ebenfalls schwer erkrankten einjährigen Tochter Jeanne Louise bangen müssen.

Schon vor dem Tod des vom Vater über alles geliebten Sohnes war ihre Ehe mit Rudolf MacLeod eine Katastrophe. Eben noch im siebten Himmel über die vermeintlich gute Partie, findet sich die 19-jährige Braut schon gleich nach den Flitterwochen in einer Ehehölle wieder. Gatte Rudolf, Spross einer seit Generationen in Holland ansässigen schottischen Familie und doppelt so alt wie Greta, entpuppt sich nicht als der galante Offizier, den sie sich erträumt hat. 17 Jahre in der Kolonialarmee haben bei ihm Spuren hinterlassen: seine Umgangsformen sind ungeschliffen, der Ton rau. Er ist dem Alkohol und dem Glücksspiel zugeneigt, körperlich angeschlagen. Sollte dies Greta vor der Hochzeit entgangen sein, dann wohl nicht nur deshalb, weil sie jung und die Zeit der vorehelichen Bekanntschaft sehr kurz war. Sechs Tage nach der ersten Begegnung verlobt sich das Paar, drei Monate später ist es verheiratet.

Statussymbol und Sündenbock

Ohne Mitgift und mit dem Makel der geschiedenen Ehe ihrer Eltern behaftet, sind Gretas Chancen auf dem Heiratsmarkt denkbar schlecht. Als sie Rudolfs Bekanntschaftsanzeige in der Zeitung sieht, nimmt die junge, attraktive Frau deshalb ihr Schicksal selbst in die Hand. Sie antwortet darauf und legt dem Brief auch gleich ein Foto bei. Greta weiß um ihre Reize und geizt nicht damit. Sie hat wenig zu verlieren und viel zu gewinnen. Das Leben bei den Verwandten in Den Haag, die sie nach dem Tod der Mutter bei sich aufgenommen haben, ist ihr zu beschaulich. Weder möchte sie von deren Barmherzigkeit und Güte abhängig sein, noch denkt sie daran, ihren Lebensunterhalt als Erzieherin zu verdienen. Entsprechende Pläne der Familie sind mit ihrem Rauswurf aus dem Ausbildungsinternat gescheitert. Vermutlich ist sie wegen einer Affäre mit dem 51-jährigen, verheirateten Leiter der Einrichtung geflogen.

Greta sehnt sich nach einem Leben, wie sie es 13 Jahre lang, bis zum Bankrott des Vaters, kannte. Bevor der Hutmacher und Kaufmann seine Frau mit Greta und den drei jüngeren Brüdern in bescheidenen finanziellen Verhältnissen sitzen ließ, hat Adam Zelle der Tochter jeden Wunsch erfüllt, sie mit Geschenken überhäuft. Greta kennt das Gefühl, schöne, ausgefallene Kleider zu tragen, damit aufzufallen, dafür bewundert und darum beneidet zu werden. Wenn Zelle der »Baron« war, wie man den Lebemann – von ihm durchaus gerne gehört – ob seines großspurigen Auftretens nannte, dann war M'Greet seine Prinzessin. Eine Prinzessin, die mit Rudolf MacLeod ganz entschieden den falschen Prinzen geküsst hat.

Mit dem Geld, von dem der Offizier sowieso immer zu wenig hat, geizt er bei den Ausgaben für Frau und Kinder. Der Mann, der selbst außereheliche Verhältnisse pflegt, ist rasend eifersüchtig. Jeden bewundernden Blick, den seine junge Ehefrau erntet, macht er ihr wie vieles andere zum Vorwurf: Ehebruch, Verschwendungssucht, Oberflächlichkeit und Dummheit. Er demütigt sie in aller Öffentlichkeit, zweifelt an ihren Fähigkeiten als Mutter und lässt in Briefen an seine Schwester unverblümt wissen: »Wenn ich diese Hündin loswerden könnte, wäre ich glücklich. Manchmal kann ich es nicht ertragen, diese Kreatur um mich zu haben; aber was kann ich tun, um sie loszuwerden? Ob mit oder ohne Skandal ist mir egal.«

Greta mag ihre Fähigkeit, aus Rudolf einen pflegeleichten Ehemann zu machen, überschätzt haben. Er dagegen hat das Mädchen, das so leicht

zu haben war, wohl unterschätzt. Im Rosenkrieg ist sie eine würdige Gegnerin. Seine Eifersucht hält sie nicht davon ab, mit anderen Männern zu flirten, und sie verhehlt nicht, dass sie nur die einmal zu erwartende Witwenrente von einer Scheidung abhält. Greta ist zutiefst unglücklich, aber sie gibt nicht klein bei. Noch nicht.

In Briefen an ihren Vater beschwert sich Greta, von Rudolf geschlagen und bespuckt zu werden. Sie deutet an, dass er sie und die Kinder mit Syphilis angesteckt habe. Vor allem scheinen sie jedoch seine beleidigenden Worte zu verletzen, mit denen er ihr zu verstehen gibt, dass er sie langweilig und körperlich nicht mehr attraktiv findet. An den Vater schreibt Greta: »Ich bin so schön; wie kann es sein, dass ich so einen alten Mann zu ertragen habe, der so kaputt ist? Er sagt, dass er mich nur wegen meines hübschen Köpfchens geheiratet hat, aber jetzt, da er genug davon gesehen hat, kann ich abhauen … als wäre ich eine Prostituierte.« Bald wird sie es sein.

Eine Rückkehr in die Heimat bringt keine Wendung zum Besseren. Wenige Monate nach der Ankunft des Paares in Amsterdam verschwindet Rudolf wortlos mit dem Töchterchen, das sie Non nennen. Greta beantragt die Scheidung, eine Trennung wird gewährt, Kind und Unterhalt werden ihr zugesprochen. Allerdings denkt Rudolf überhaupt nicht daran, der finanziellen Verpflichtung nachzukommen. Im Gegenteil. Durch Anzeigen in verschiedenen Zeitungen lässt er die Geschäftswelt wissen, dass er keine Verantwortung mehr für Madame MacLeod trage und davor warne, dieser Kredit einzuräumen.

In ihrer Not bietet sich die 26-Jährige in Freudenhäusern an, was sie möglicherweise weniger Überwindung kostet, als zu Rudolf nett zu sein. Doch selbst dazu ringt sie sich durch. Für kurze Zeit kehrt Greta 1902 noch einmal zurück, um ihn dann endgültig zu verlassen. Ohne die Tochter. Rudolf hat erreicht, was er wollte: Greta wird Non nie mehr wiedersehen. Im April 1906 wird die Ehe geschieden, Rudolf erhält das Sorgerecht für Non. Als Scheidungsgrund hat er Gretas Tätigkeit als Prostituierte genannt. Was ihr Exmann von ihr hält, ist Greta MacLeod-Zelle zu diesem Zeitpunkt vermutlich schon herzlich egal. Denn sie hat sich inzwischen neu erfunden. Sie ist jetzt Mata Hari, und der liegt die Männerwelt Europas zu Füßen.

Die Geburtsstunde der Mata Hari schlägt in Paris. Obwohl ihr Versuch, dort als Aktmodell Arbeit zu finden, im Jahr zuvor mangels Interesse an der großgewachsenen Holländerin gescheitert ist, kehrt Greta Anfang 1904 dorthin zurück. Sie dürfte schon im fernen Indonesien von der Stadt der Liebe geträumt haben, über die im Jahr der Weltausstellung 1900 so viel in den Zeitungen zu lesen war. Und sie scheint nun zur rechten Zeit am rechten Ort zu sein. Die Bewohner der Stadt sind weltoffen, interessiert an fremden Kulturen, aufgeschlossen für technische Neuerungen und Experimente in der Kunst. Sie sind reif für eine Mata Hari.

Es braucht nur den Reitzirkus-Besitzer Ernst Molier, um Greta auf die Sprünge zu helfen. Er rät ihr zu einer Karriere als Tänzerin. Erfahrungen oder gar eine Ausbildung hat Greta nicht, dafür scheint sie ein sicheres Gespür zu besitzen, was beim Publikum ankommt, vor allem beim männlichen. Sie kreiert einen neuen, bis dahin in den Salons und Tanztheatern unbekannten Stil.

Nach einem ersten, als Sensation gefeierten Auftritt als »Lady Gresha MacLeod« im exklusiven Kreis und intimen Rahmen von Madame Kiréevskys Salon präsentiert sie ihre »Heiligen Tänze« bald einem größeren Publikum unter dem Künstlernamen Mata Hari – »Auge der Morgenröte«. Emile Guimet hat sie dazu in sein Museum für orientalische Kunst eingeladen, wo Blumengirlanden, Kerzenschein und eine Bronzestatue des tanzenden Gottes Shiva Mata Haris Choreografie zusätzliche Mystik verleihen. Zu asiatisch angehauchten Melodien führt sie ihre Tempeltänze auf, auf deren Höhepunkt auch der letzte der durchsichtigen Schleier fällt, die Teil ihres phantasievollen Kostüms sind. Am Ende wird sie für einen kurzen Moment nicht mehr tragen als lange Ohrgehänge und klimpernde Armbänder, schmale Reifen um Oberarme und Fußknöchel, golden schimmernden Kopfschmuck und einen mit Schmucksteinen besetzten Büstenhalter.

Publikum und Kritiker sind hingerissen von der »so raubtierhaften, ungeheuer weiblichen« Tänzerin und ihrem gewagten Stil. Paris hat einen neuen Liebling. Und der perfektioniert seine Rolle immer mehr. Ihre von fernöstlicher Kultur inspirierten, aber frei erfundenen Tänze unterfüttert sie mit religiösem Inhalt, den sie in einfachen Worten erklärt. Gerne glaubt man dem exotischen Wesen auch die passende Biografie. War die dunkelhaarige Frau mit den braunen Augen und dem dunklen Teint anfangs noch die Witwe eines schottischen Offiziers, der in Ostindien stationiert war, so ist sie später die Tochter einer indischen Tempeltänzerin, die nach dem Tod der Mutter von Priestern aufgezogen, zur Tempeltänzerin ausgebildet und schließlich von einem schottischen Lord aus dieser Versklavung gerettet wurde.

Bei aller Phantasie schätzt Greta die tänzerischen Fähigkeiten Mata Haris realistisch ein. Später bekennt sie: »Ich konnte nie gut tanzen. Die Leute kamen, weil ich die Einzige war, die sich traute, sich in der Öffentlichkeit nackt zu zeigen.« Und: »Mit jedem Schleier, den ich ablegte, stieg mein Erfolg.« Und dieser ist immens. Bereits 1905 hat Mata Hari über 30 Auftritte. 1906 tanzt sie in Madrid und Berlin. Im Sturm erobert Mata Hari Wien, wo sie erstmals komplett nackt tanzt und eine Zeitung begeistert vermeldet: »Isadora Duncan ist tot.« Mata Hari sticht die amerikanische Tänzerin glatt aus. In Monaco ist Mata Hari in *Der König von Lahore* auf der Opernbühne zu sehen. Danach schwärmt Komponist Jules Massenet im Chor mit Kollege Giacomo Puccini.

Für einen Auftritt im Olympia-Theater in Paris werden Mata Hari unglaubliche 10 000 Franc geboten. Sie verdient enorme Summen – und gibt noch größere aus. Dank Mata Hari kann Greta endlich in Luxus leben. Denn es ist nicht nur ein Muss, diese Frau tanzen zu sehen. Mata Hari ist auch ein Statussymbol, das für eine Nacht oder geraume Zeit zu besitzen sich die begüterten Herren aus besten Kreisen etwas kosten lassen. In Spanien hat sie ein Verhältnis mit dem französischen Botschafter Jules

Cambon, in Deutschland ist sie die Langzeitgeliebte von Offizier Alfred Kiepert. In Berlin mietet der verheiratete Mann eine Wohnung für sie, zeigt sich auch öffentlich mit ihr, bis es seiner ungarischen Ehefrau zu viel wird. Das Ende der Beziehung versüßt er Mata Hari mit 300 000 Mark.

In Frankreich muss Madame Rousseau ihren gutaussehenden Gatten Xavier und sein Vermögen mit der Kurtisane teilen. Der erfolgreiche Börsenmakler bringt die Gespielin erst in einem reich mit Personal, Reitpferden und teurem Mobiliar ausgestatteten Landschlösschen, später in einem herrschaftlichen Haus in Neuilly-sur-Seine unter. Auch dort ist alles vom Feinsten, wenn auch nicht von Dauer. Rousseau steht vor dem Ruin. Er hat sich verspekuliert, sein Geld und wohl auch große Teile des Kiepert'schen Abschiedsgeschenks an der Börse verzockt. Mata Hari braucht lukrative Auftritte oder einen neuen Sponsor, will Greta weiter im gewohnten Luxus leben.

Ende 1911 und Anfang 1912 kann Mata Hari noch einmal großen Erfolg und ein ansehnliches Honorar für zwei Engagements an der Mailänder Scala verbuchen. Trotz größter Anstrengungen muss Greta aber feststellen, dass Mata Hari immer weniger gefragt ist. Ihr Talent ist begrenzt, ihre Darbietung nicht mehr einzigartig. Im Fahrwasser ihres Erfolgs haben andere Darstellerinnen die Bühnen mit exotischen Tänzen überschwemmt – jüngere, darunter hübschere und vielleicht begabtere als Mata Hari. Die muss nun mit kleineren Auftritten vorliebnehmen und wenn nicht bei ihrem luxuriösen Lebensstil, so doch beim Preis für ihre Liebesdienste Abstriche machen. Sitzen ihr die Gläubiger zu sehr im Nacken, bleibt gelegentlich nur der Gang in ein »maison de rendez-vous«, eines der besseren Bordelle.

Gretas Bemühungen, sich Einnahmequellen zu erschließen, beschränken sich nicht auf Paris. Anfang 1914 knüpft sie in Berlin neue Beziehungen und nimmt alte wieder auf. Hier scheint sie noch begehrt zu sein – auch als Tänzerin. Im Mai engagiert sie das Metropol. Ab September soll Mata Hari dort für das stattliche Honorar von 48 000 Mark auftreten. Während sie jedoch ihr Programm vorbereitet und die Kostüme geschneidert werden, spielen sich auf der Weltbühne Ereignisse ab, in deren Folge dem Tanz-Star der nun zu Ende gehenden Belle Epoque eine neue Rolle zuteil wird.

In Berlin erlebt Greta den Ausbruch des Ersten Weltkriegs hautnah mit. Nach einem Abendessen mit einem hohen Polizeibeamten sieht sie den Mob, der sich durch die Straßen schiebt und »Deutschland über alles« schreit. In den Tagen, in denen Deutschland zuerst Russland und dann Frankreich den Krieg erklärt, erfährt sie, wie Toleranz in Hass und Misstrauen umschlägt, Ausländer nach ihren Worten »wie Tiere behandelt werden«. Da sie einen französischen Wohnsitz hat, sperren die Banken die Konten der Holländerin. Ihr deutscher Agent behält ihr Honorar ein, die Kostümbildnerin ihre Pelze und ihren Schmuck.

Gretas Versuch, nach Frankreich auszureisen, endet mangels Pass, mit dem sie sich als Staatsbürgerin des neutralen Holland ausweisen könnte, an der deutsch-schweizerischen Grenze. Es folgt eine kleine Odyssee mit Stationen in Berlin und Frankfurt, die sie nach Amsterdam bringt. Dort

kommt die laut ihrer brandneuen Reisedokumente 1,80 Meter große und überraschend erblondete Frau ohne Gepäck und ohne Geld schließlich an, und hier belebt sie eine alte Liebschaft wieder. Der wohlhabende Baron Edouard Willem van der Capellan ist nur zu gern bereit, für das Auskommen der Lebedame zu sorgen. In Den Haag richtet sie sich ein. Während jenseits der Grenzen der Krieg tobt, findet Greta dort Ruhe, vielleicht zu viel Ruhe für Mata Haris Geschmack. Der Besuch des deutschen Generalkonsuls Karl Krömer, wer auch immer ihn initiiert hat, dürfte im Spätjahr 1915 in jeder Beziehung willkommen gewesen sein.

Krömer rekrutiert Agenten für den deutschen Nachrichtendienst und versucht für 20 000 Franc auch Greta zu gewinnen. Die durchaus beachtliche Summe löst keine Begeisterung bei ihr aus. Erst als Krömer andeutet, dass es sich dabei nur um ein Einstiegshonorar handle, nimmt sie das Geld und drei Fläschchen mit unsichtbarer Tinte an. Damit soll H21, so lautet der ihr zugewiesene Codename, die Briefe an ihn schreiben.

In den ersten Dezembertagen geht Greta an Bord eines Schiffes, das sie nach Frankreich bringen soll. Die Fahrt führt über England, wo sie im Hafen von Folkestone erste Bekanntschaft mit dem englischen Geheimdienst macht. Möglicherweise weiß er um ihren Kontakt zu Krömer, vielleicht wird sie in Zeiten des wild grassierenden Spionagefiebers aber – wie andere Mitreisende auch – nur zufällig befragt. Sie gibt an, in Paris ihren Haushalt auflösen und Verträge mit Veranstaltern unterzeichnen zu wollen. Die selbstbewusst auftretende, mehrsprachige Dame ist den Briten suspekt. Obwohl bei einer gründlichen Durchsuchung ihres umfangreichen Gepäcks nichts Verdächtiges gefunden wird, empfehlen die Beamten, Mata Hari überwachen und zukünftig nicht nach England einreisen zu lassen. Ihr Bericht wird auch an den französischen Geheimdienst weitergeleitet.

Im Frühjahr 1916 kehrt Greta mit zehn Kisten Besitztümern aus Paris zurück nach Holland. Wie immer säumen Liebhaber Mata Haris Weg, darunter Henri de Marguérie, französischer Abgesandter in Den Haag, der belgische Offizier Marquis de Beaufort und der spanische Senator Emilio Junoy. Die folgenden Monate verbringt Greta in Den Haag, wo einem britischen Agenten zu Ohren kommt, dass sie 15 000 Franc von der deutschen Botschaft erhalten haben soll. Der englische Geheimdienst ist nun ziemlich sicher, dass sie in Frankreich für die Deutschen spioniert hat. Auf der erneuten Reise nach Paris darf sie englischen Boden nicht betreten. Gretas Visa-Antrag wird rundweg abgelehnt, und wieder werden auch die französischen Behörden informiert. Als Mata Hari an der spanisch-französischen Grenze auftaucht, wird ihr die Einreise deshalb erst einmal schwer gemacht.

Während in Verdun eine der blutigsten Schlachten der Geschichte ausgetragen wird, führt Greta im Juni 1916 in Paris ihr gewohntes Leben fort. Ihre Tage verbringt sie mit ausgedehnten Einkaufstouren, die Nächte mit wechselnden Liebhabern, darunter Jean Hallure vom Kriegsministerium und zahlreiche mehr oder weniger hochrangige Offiziere verschiedener alliierter Armeen. Spektakuläreres als das können die Beamten vom

französischen Geheimdienst, die sie beobachten, heimlich ihr Zimmer durchsuchen und ihre Korrespondenz lesen, nicht berichten. Dabei geschieht gerade etwas Einzigartiges. Vielleicht zum ersten Mal in ihrem Leben ist Greta ernsthaft verliebt. Der Angebetete heißt Vladimir de Massloff, ist 21 Jahre alt und Offizier der russischen Armee. Sie kann es sich nicht leisten, ihn exklusiv zu lieben, möchte ihm aber zumindest zeitweise auch an seinem Einsatzort nahe sein. Dazu braucht sie die Erlaubnis, nach Vittel reisen zu dürfen, das in der zum Kriegsgebiet erklärten Zone liegt. Ein Anliegen, das sie – auf wessen Vorschlag hin und von welchen Interessen auch immer geleitet – zu Georges Ladoux führt.

Ladoux ist Chef des Deuxième Bureau, des französischen Geheimdienstes. Er hat Greta beschatten lassen, ohne dabei Anhaltspunkte für eine Spionagetätigkeit zu finden. Genehmigt er deshalb die Fahrt nach Vittel? Glaubt Ladoux, der Verdacht des britischen Geheimdienstes sei unbegründet, und wirbt er deshalb die Frau, die unbestritten die Männer um den Finger wickelt, als französische Agentin an? Oder ist es so, wie er später behaupten wird, dass Greta sich als Agentin angeboten hat und er sie nur verpflichtete, um sie der Spionage für den Feind überführen zu können?

Am Ende der Unterredungen glaubt sich Greta jedenfalls in Diensten Frankreichs – für die in Aussicht gestellte astronomische Summe von einer Million Franc. Geld, das sie dringend braucht, nicht zuletzt, um den inzwischen kriegsversehrten jungen Geliebten heiraten zu können. Geld, das sie glaubt wert zu sein. Ihre Beziehungen zu höchsten deutschen Kreisen versprechen Informationen von ebenso hohem Nachrichtenwert. Mata Hari hat keine Bedenken, solche Informationen liefern zu können. Was ihr Kopfzerbrechen bereitet, ist ihre Garderobe. Mehrmals bittet sie Ladoux um einen Vorschuss, um sich für ihre Aufgabe neu einkleiden zu können. Sie wartet vergeblich darauf, macht sich aber dennoch, wie mit Ladoux vereinbart, Anfang November 1916 auf den Weg ins von den Deutschen besetzte Belgien.

Sie hat es schon bis England geschafft, wird dort jedoch für die ebenfalls der Spionage verdächtige Clara Benedix gehalten und verhaftet. Der Irrtum kann aufgeklärt werden, allerdings verweigert ihr nun – nach einer Warnung von Ladoux und Rücksprache mit dem britischen Geheimdienst – auch Holland die Einreise. Greta muss zurück nach Madrid und, da in großer Geldnot, improvisieren. Von Ladoux hat sie noch keinen Sous gesehen, womit wohl nur eines bleibt: ihm Informationen zu liefern. Der

deutsche Militärattaché in Madrid, Major Kalle, scheint eine gute Quelle. Bei einem Schäferstündchen erzählt er Mata Hari tatsächlich überaus bereitwillig von einer geplanten U-Boot-Landung in Marokko. Auch den Namen des deutschen Geheimdienstchefs in Barcelona gibt er preis. Beides meldet Mata Hari sogleich an Ladoux und – weil sie wieder einmal nichts von ihm hört – unbekümmert an den nach ihr schmachtenden Colonel Joseph Denvignes von der französischen Botschaft, der sie ermuntert, am deutschen Major dranzubleiben.

Kalle ist großzügig – sowohl mit Geld als auch mit Informationen. Er gibt Mata Hari 3500 Franc und weitere Auskünfte, unter anderem die, dass der deutsche Geheimdienst den Übermittlungscode der Franzosen geknackt habe und über deren Aktivitäten bestens unterrichtet sei. Unverzüglich gibt Greta diese Nachrichten an den entzückten Denvignes zur Weiterleitung an Ladoux. Dass sie sich auf den französischen Geheimdienst-Chef nicht verlassen kann, hat Greta bereits erfahren. Dass dieser ihr nicht traut, hört sie nun allerdings erstmals von ihrem spanischen Liebhaber Emilio Junoy. Ein französischer Geheimagent hat den Senator über seine Beziehung zu ihr befragt. Greta kann und will nicht glauben, dass Ladoux dahintersteckt.

Überzeugt, in Madrid ihre Mission erfüllt und Großes geleistet zu haben, kehrt Greta in den ersten Tagen des Jahres 1917 zurück in die französische Hauptstadt. Doch weder Lob noch Lohn erwarten sie hier für ihre Spionagedienste. Ladoux bestreitet, via Denvignes Nachrichten aus Madrid bekommen zu haben, und hält sie hin. Das bisschen Geld, das ihr Baron van der Capellan aus Holland und ihre Männerbekanntschaften in Paris zukommen lassen, reicht nicht, um ihre Schulden zu begleichen und die weiterhin hohen Ausgaben zu decken. Nicht nur ihre finanzielle Lage ist prekär. Mata Hari bemerkt, dass sie wieder vom französischen Geheimdienst überwacht wird, und beim sehnsüchtig erwarteten Treffen mit Vadim muss sie erfahren, dass seine Vorgesetzten ihn vor einer Beziehung zu der »gefährlichen Abenteurerin« und »Goldgräberin« warnen. Mata Hari sieht die dunklen Wolken, die sich über ihr zusammenbrauen. Sie will zurück nach Holland. Während sie auf die Reisegenehmigung wartet, stellen die französischen Behörden jedoch ganz andere Dokumente aus.

Die Männer, die Greta am 13. Februar 1917 in ihrem Hotelzimmer aufsuchen und sie beim Frühstück im Negligé antreffen, kommen mit einem Haftbefehl. Sie wird der versuchten Spionage, Verschwörung und des Geheimnisverrats beschuldigt. Unterzeichnet hat den Haftbefehl Captain Pierre Bouchardon von der für Spionage zuständigen Kammer des Kriegsgerichts. Noch am selben Tag sitzt Greta dem als knallharter Ermittler bekannten Untersuchungsrichter in seinem kleinen Büro gegenüber. Sein erster Eindruck von Mata Hari ist wenig schmeichelhaft: »Ich sah eine große Frau mit dicken Lippen, dunkler Haut und falschen Perlen an den Ohren, die ein Stück weit einer Wilden glich.« Und: »Schon beim ersten Verhör hatte ich das Gefühl, in Anwesenheit einer Person zu sein, die vom Feind bezahlt wird. Seither hatte ich nur einen Gedanken: sie zu entlarven.«

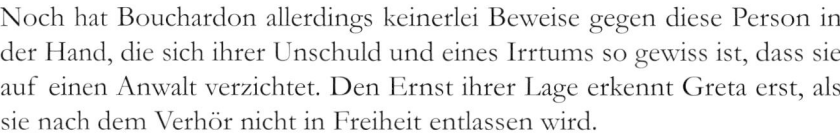

Noch hat Bouchardon allerdings keinerlei Beweise gegen diese Person in der Hand, die sich ihrer Unschuld und eines Irrtums so gewiss ist, dass sie auf einen Anwalt verzichtet. Den Ernst ihrer Lage erkennt Greta erst, als sie nach dem Verhör nicht in Freiheit entlassen wird.

Als Gefangene Nr. 721 44625 findet sich die Frau von Welt im Gefängnis Saint-Lazare wieder, in einer dunklen, feuchten, von Ungeziefer wimmelnden Zelle. Jeder Tag, den sie in dieser Umgebung, überwiegend in Einzelhaft und minimal betreut von zwei älteren Nonnen, verbringen muss, ist eine Qual. Immer häufiger und immer verzweifelter schreibt sie an Bouchardon, bittet um Freilassung und bessere Haftbedingungen. Doch der Untersuchungsrichter ist gnadenlos, obwohl oder gerade weil er keinen tragfähigen Beweis für ihre Schuld finden kann. Alles, was gegen sie spricht, sind ihr in Kriegszeiten gesellschaftlich nicht länger akzeptabler Lebenswandel und die Stimmung im kriegsmüden, an vielen Fronten geschlagenen Land. Was Armee und Regierung brauchen, ist ein Spion als Sündenbock für verlorene Schlachten, Arbeiterstreiks und Meutereien.

Bouchardon lässt sich von erfolglos verlaufenden Verhören nicht beirren. Doch erst im April bekommt er etwas auf den Tisch, das ihn seinem Ziel näher bringt: Telegramme, die seit Dezember 1916 zwischen Major Kalle in Madrid und dem Hauptquartier der deutschen Armee in Berlin unterwegs waren und von Ladoux über einen Sender am Eiffelturm abgefangen wurden. Warum Ladoux diese Telegramme erst jetzt vorlegt, ist ebenso rätselhaft wie der Code, mit dem ihr Inhalt verschlüsselt ist. Dieser Code wird in jenen Tagen eigentlich nicht mehr benutzt, weil die Deutschen wissen, dass er geknackt ist. Überraschend ist auch, wie detailreich die einen Agenten H21 betreffenden Nachrichten über Reisen, Geldforderungen und Zahlungen Auskunft geben. Unschwer lässt sich daraus auf Mata Hari schließen. Die findet Erklärungen für den Inhalt der Telegramme. Für Major Kalle, argumentiert Greta, wäre es ein Leichtes gewesen, Einzelheiten wie den in einem Telegramm genannten Namen ihres Dienstmädchens in Erfahrung zu bringen, wenn er sie – warum auch immer – in Schwierigkeiten bringen wollte. Sie gibt zu, Geld von ihm genommen zu haben, aber für nichts anderes als Sex.

Bouchardon ist unbeeindruckt – von ihren Aussagen, von ihrer an Hysterie grenzenden Verzweiflung, von ihrer immer schlechteren körperlichen Verfassung. Greta fühlt sich von aller Welt verlassen – nicht zu unrecht. Briefe von Vadim, der nichts von ihrer Verhaftung weiß, werden ihr vorenthalten, lange Zeit wird die holländische Botschaft nicht über ihr Schicksal unterrichtet. Ende Mai scheint Bouchardon sie tatsächlich gebrochen zu haben. Greta gibt den Besuch von Karl Krömer in Holland zu. Sie gesteht, zwar Geld von ihm genommen, dafür aber nie Nachrichten geliefert zu haben. Die 20 000 Franc habe sie als Entschädigung für ihre 1914 in Deutschland einbehalten Wertsachen betrachtet, die Flaschen mit unsichtbarer Tinte in den Kanal geschmissen. Schon deshalb, weil sie diese Übermittlungsmethode für unwürdig halte. Weder das Geständnis noch ihre Erklärungen oder das Fehlen konkreter Beweise, dass sie tatsächlich

Informationen an die Deutschen geliefert hat, helfen ihr. Die Telegramme, der Kontakt mit Krömer und eine Überweisung von 5000 Franc aus einer Quelle, der er nie auf den Grund geht, genügen Bouchardon, um Mata Hari vors Kriegsgericht zu bringen.

Abgemagert, mit ungewaschenen Haaren, ohne Make-up, aber erhobenen Hauptes erscheint Mata Hari am 24. Juli 1917 im Justizgebäude, wo ihr Fall unter Ausschluss der Öffentlichkeit verhandelt wird. Die sieben Richter bekommen Bouchardons Bericht zu hören und Captain Ladoux' Version der Ereignisse. Sie erfahren viel über Mata Haris extravaganten Lebenswandel, die zahlreichen Männerbekanntschaften und ihre besondere Vorliebe für Offiziere. Von den Zeugen der Verteidigung hören sie aber auch, dass Mata Hari niemals Interesse an militärischen, diplomatischen oder politischen Informationen gezeigt hat, dass ihre Gesellschaft gerade deshalb so geschätzt wurde, weil ihre Plaudereien den Krieg ausklammerten, Zerstreuung und Entspannung boten. Was die Richter nicht zu sehen bekommen, sind Beweise in irgendeiner Form, die dafür sprechen, dass Mata Hari geheime oder gar kriegsentscheidende Informationen an den Feind weitergegeben hat, und so die Einschätzung des Anklägers rechtfertigen. André Mornet behauptet: »Das Böse, das diese Frau getan hat, ist unglaublich. Sie ist vielleicht die größte Spionin aller Zeiten.«

Nach allem, was ihr in den vergangenen Monaten widerfahren ist, klingen Gretas abschließende Worte zur eigenen Verteidigung naiv: »Meine Verteidigung ist, die Wahrheit zu sprechen. Ich bin keine Französin. Ich habe das Recht, Freunde in anderen Ländern zu haben, auch solchen, die im Krieg mit Frankreich sind. Ich bin neutral. Ich zähle auf die guten Herzen der französischen Offiziere.« Vergebens. Nach 45-minütiger Beratung erklären die Richter sie am 25. Juli in allen acht Punkten der Anklage für schuldig. Sie wird zum Tode verurteilt. Berufungsverfahren und Gnadengesuche werden abgelehnt, den letzten verzweifelten Versuch des ihr in schwärmerischer Liebe treu ergebenen Anwalts verlacht Greta. Zu behaupten, sie trage das Kind des betagten Mannes unter ihrem Herzen, um als Schwangere vom Tode verschont zu werden, ist unter ihrer Würde. Im Spiel mit den Geheimdiensten hat Greta alles verloren und am Ende doch ihren Stolz zurückgewonnen.

Am kalten, nebligen Morgen des 15. Oktober 1917 wird das Todesurteil auf dem Exekutionsgelände in Vincennes vollstreckt. Weil niemand ihre Leiche beansprucht, gehen die sterblichen Überreste Gretas an ein Anatomie-Institut. Was von ihrem Besitz übrig ist, wird veräußert, um die Kosten des Verfahrens in Höhe von 335,56 Franc zu begleichen. Briefe, die Greta in der Todeszelle geschrieben hat, werden vernichtet. Einer war für Tochter Non bestimmt, die knapp zwei Jahre später im Alter von 21 Jahren stirbt, vermutlich an einem Aneurysma.

Rudolf MacLeod, der nie viel Gutes über seine geschiedene Ehefrau zu sagen wusste, erklärt nach ihrem Tod: »Was immer sie auch getan hat in ihrem Leben, das hat sie nicht verdient.« Eine Meinung, der sich andere anschließen.

Ladoux wird selbst als deutscher Spion verhaftet. Und auch Denvignes, der mit seinen Aussagen erheblich zu ihrer Verurteilung beigetragen hat, sieht sich der Spionage angeklagt. Beide werden freigesprochen, auch wenn Zweifel an ihrer Unschuld bestehen. Ankläger Mornet gibt schon bald zu, dass die Beweise im Fall Mata Hari nicht einmal genügt hätten, »um eine Katze zu bestrafen.« Und von Elsbeth Schragmüller, der Chefin der deutschen Nachrichtenstelle Antwerpen, ist überliefert: »Mata Hari war das schlechteste Pferd in meinem Stall. Sie ist wirklich umsonst erschossen worden, denn gebracht hat sie nichts, was wir nicht schon längst gewusst haben.«

Sei es, um von sich selbst oder von anderen Agenten abzulenken, sei es aus politischen Gründen oder persönlichen Empfindlichkeiten wie verschmähter Liebe oder Eifersucht: Viele Menschen und Organisationen hatten ein Interesse daran, Mata Hari auf der Anklagebank zu sehen. Nur wenige Einzelpersonen zeigten dagegen ein Interesse an Margaretha MacLeod-Zelle, der 41-jährigen Frau, die in Vincennes einen Tod starb, der Mata Hari als Legende und Inbegriff der Spionin bis heute überleben ließ.

U. M.

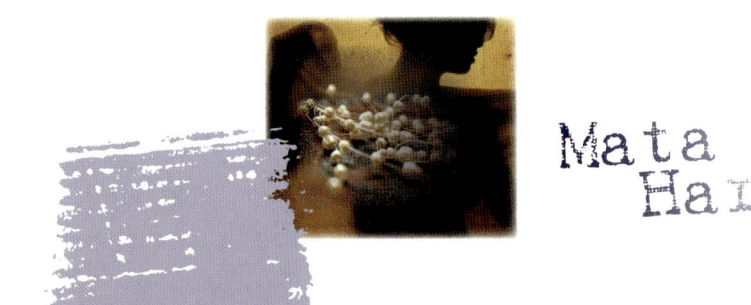

Mata
Hari

BLONDINE MIT KÖPFCHEN

Elsbeth Schragmüller

7.8.1887 - 24.2.1940

"Ich haderte mit meinem Schicksal, das mich als Frau in die Welt gestellt ..."

Es ist der Stoff, aus dem Reporterträume sind: die Enthüllung der wahren Identität einer sagenumwobenen Spionin. Zehn Jahre nach Ende des Ersten Weltkriegs glaubt die deutsche Presse endlich zu wissen, wer das von den Kriegsgegnern so gefürchtete »Fräulein Doktor« wirklich ist und wie die »Blondine von Antwerpen« letztlich endete: geistig umnachtet, morphium- und kokainsüchtig in einer Irrenanstalt.

Im Frühjahr 1929 macht die »Königin der Spionage« Schlagzeilen, und selbst seriöse Blätter unterhalten ihre Leserschaft mit immer abenteuerlicheren Geschichten über die »Leiterin des deutschen Spionagedienstes«. Aus Halbweltkreisen soll sie stammen, ein lustiges Vorkriegsleben geführt und als Bäuerin, südamerikanische Krankenschwester oder Putzfrau verkleidet im Feindesland die unglaublichsten Taten vollbracht haben – Liebschaften inklusive. Ihren Agenten, so ist zu lesen, gab sie Kokain mit auf den Weg, damit sie sich bei einer Festnahme als Schmuggler ausgeben konnten. Anordnungen verlieh sie mit einem Revolver Nachdruck, von dem sie notfalls auch Gebrauch machte.

Die Lebensgeschichte dieser ebenso hemmungslosen wie mutigen Spionin war zu gut, um wahr zu sein, kommerziell zu vielversprechend, um nicht als Roman zu erscheinen. Hans Rudolph Berndorff schrieb ihn, und wenn sie ihn gelesen hat, amüsierte sich eine Frau darüber vermutlich so wenig wie über die Lektüre der Zeitungsartikel: Elsbeth Schragmüller, die ehemalige Leiterin der Kriegsnachrichtenstelle Antwerpen. Weit davon entfernt, in einer Irrenanstalt zu vegetieren, unterrichtet die echte »Mademoiselle Docteur« an einer deutschen Universität. »Um der Wahrheit zu dienen« und aus Dankbarkeit gegenüber der Obersten Heeresleitung, »in deren Auftrag dem Vaterland gedient haben zu dürfen, ich stolz bin«, bricht sie 1929 ihr bis dahin gepflegtes Schweigen.

In *Was wir vom Weltkrieg nicht wissen* gibt die geheimnisumwitterte Doktora rer. pol. von sich und dem Geheimdienst preis, was sie preisgeben möchte. Dass sie das kaiserliche Leutnantspatent erhalten hat, der einzige weibliche Offizier in der deutschen Armee war und mit dem Eisernen Kreuz 1. Klasse ausgezeichnet wurde, verschweigt sie wie manches andere, das später

Das schreckliche
Fräulein Doktor

über sie bekannt wird. Was Elsbeth Schragmüller nicht verhehlen kann und vielleicht auch nicht möchte, sind gewisse Eigenschaften, allen voran Intelligenz. Sie besitzt analytischen Verstand und großes Kommunikationsvermögen, Klassen- und Selbstbewusstsein. Sie ist zielstrebig, rasend ehrgeizig, ungeheuer arbeitseifrig und strotzt vor Vaterlandsliebe. Geduld scheint dagegen nicht ihre Stärke zu sein.

»Bodenständig bin ich in Westfalens roter Erde«, verrät sie den Lesern. Hinter dieser recht ungenauen Ortsangabe verbirgt sich Schlüsselburg im Kreis Minden, wo die später Elsbeth genannte Elisabeth am 7. August 1887 geboren wird. Mutter Valesca entstammt einem »alten, hannoverschen Adelsgeschlecht«, Vater Carl Anton einer »alten, landeingesessenen Ritterguts- und Offiziersfamilie«. Er ist Leutnant der kaiserlichen Armee und als Amtmann in preußischen Diensten in Mengede tätig. Dort verbringt Elsbeth die ersten Jahre ihrer Kindheit.

Die Schragmüllers wohnen in einer imposanten Villa inmitten eines gepflegten Parks mit Springbrunnen und Fischteichen. Wie die zum Anwesen gehörenden Obst- und Gemüsegärten dürfte er für Elsbeth und ihre vier jüngeren Geschwister ein vortrefflicher Abenteuerspielplatz gewesen sein. Vermutlich fand man Elsbeth, eine begeisterte Reiterin, aber ebenso häufig in den Pferdeställen. Neun Jahre verbringt Elsbeth in dieser Umgebung, dann ändert sich für sie alles.

Das kleine Mädchen wird nach Münster geschickt, wo es »im still vornehmen Hause meiner ehrwürdigen Großmutter eine überaus sorgsame und gründliche Erziehung« erhält. Besonderen Wert legt die Großmama auf Fremdsprachen. Bei ihr wird französisch gesprochen, für die Enkelin engagiert sie mit Vorliebe ausländische Lehrkräfte als Erzieherinnen. Von welch großer Bedeutung die so erworbenen Sprachkenntnisse einmal sein werden, kann Elsbeth nicht ahnen. Vorerst kommen sie ihr im Umgang mit dem internationalen Publikum in den südlichen Kurbädern zugute, die sie mit der Großmutter häufig besucht.

Den letzten Schliff in Sachen Bildung und Umgangsformen erhält das junge Fräulein dann, wie damals für »höhere Töchter« üblich, in einem Mädchenpensionat. Zwei Jahre verbringt sie in einer exklusiven Einrichtung in Weimar, um sich dort in »schöngeistigem Wissen zu vervollkommnen.« Und weiß Gott, wissbegierig ist sie. Der Lernstoff, den die »weibliche

Jugend« im Pensionat geboten bekommt, ist ihr zu »oberflächlich«. Sie hat von den Mädchengymnasien gehört, die es seit kurzem in Deutschland gibt. Ein solches möchte auch die 18-Jährige besuchen, und so »ertrotzte ich mir, sehr gegen den Willen der Meinen, die Erlaubnis zur Vorbereitung auf das humanistische Abitur.«

Statt wie die Altersgenossinnen aus besseren Kreisen auf Bällen zu tanzen, büffelt Elsbeth griechische und lateinische Grammatik. Obwohl sie sich eine »leichte Auffassungsgabe« bescheinigt, fällt ihr das nicht immer leicht. Oft heißt es »Zähne zusammenbeißen«, aber mit »zäher Energie« hält sie durch. 1908 legt das Fräulein Schragmüller ihr Abitur ab – am 1893 gegründeten ersten deutschen Mädchengymnasium in Karlsruhe.

Von Karlsruhe nach Freiburg und vom Abitur zum Hochschulstudium ist es nicht weit, für eine Frau in jenen Tagen aber wohl auch nicht so naheliegend, wie dies bei Elsbeth scheinbar der Fall war. »Den großen weltgeschichtlichen Zusammenhängen und den Fragen modernstaatlicher Organisationen hatte mein besonderes Interesse gehört, und so wählte ich die Staatswissenschaften zum Spezialfach des Hochschulstudiums.« Die Studentin hört Vorlesungen an den Universitäten in Berlin, Lausanne und Freiburg. 1913 besteht sie in Freiburg das Examen mit Auszeichnung und bekommt den Doktortitel verliehen.

Hatten die Schragmüllers gehofft, dass ihre Tochter sich nun vielleicht gut verheiraten würde, so werden sie einmal mehr enttäuscht. Einer Journalistin vertraut sie in den 1930er-Jahren an: »Ich war mein ganzes Leben lang entweder das schwarze Schaf oder das Paradepferd meiner Familie.« Denn mögen die Eltern auch stolz auf den akademischen Erfolg der Tochter sein, eine Berufstätigkeit ist für sie nicht vorgesehen. Was Elsbeth nicht davon abhält, Dozentin für Staatsbürgerkunde im Berliner »Lette Verein« zu werden, einer Ausbildungsstätte für neue Frauenberufe. Darüber hinaus leistet sie Sozialarbeit für die »Zentralstelle für Volkswohlfahrt«. Im Kontakt mit der Arbeiterklasse erlebt sie dabei erstmals »die Psyche der Massen«, die Bedeutung der »inneren Politik« und die Gefahr, die durch »stete Schürung der Unzufriedenheit« vom »inneren Feind« ausgeht. Lange soll dieses Thema sie nicht beschäftigen. Der Krieg eint die Nation und hält neue Aufgaben für das Fräulein Doktor bereit.

Wie zahllose andere Berlinerinnen schleppt Elsbeth nach dem 1. August 1914 auf Bahnhöfen schwere Wassereimer an die Züge durchfahrender Truppen. Doch das genügt ihr nicht. Sie will mehr tun, hadert mit dem Schicksal, »das mich als Frau in die Welt gestellt.« Sie ärgert sich, »dass ich Staatswissenschaften und nicht Medizin studiert hatte«, und leistet »den Schwur, trotzdem meine Fähigkeiten der Niederzwingung der Feinde dienstbar zu machen.« Franziska und Klara, ihre Schwestern, haben sich zum Roten Kreuz gemeldet, Vater und Brüder sind als Kavallerieoffiziere ins Feld gezogen. Auch sie glaubt, im Feindesland am besten Dienst tun zu können – als Meldereiterin. Die Mutter ist entsetzt, Elsbeth fest entschlossen. Sie lässt sich einen so komfortablen wie schicken Reitanzug schneidern, sitzt darin bis zu acht Stunden täglich im Sattel,

um sich für die selbstgewählte Aufgabe zu wappnen. Und auch beim Ritt durch die Instanzen zeigt das Energiebündel Ausdauer.

In einem Schreiben an das Oberkommando in den Marken bittet Elsbeth darum, an die Front geschickt zu werden. Acht Tage wartet sie auf Antwort, dann wird sie persönlich vorstellig. Ohne Erfolg. Ihr Gesuch wird abgelehnt – auch beim zweiten, dritten und vierten Mal. Da ist ihr »längst klar geworden, dass man mich nicht ernst nahm, und so beschloss ich, der Behörde durch unentwegtes Wiedervorsprechen so lästig zu fallen, dass sie mir, nur um mich los zu werden, den verlangten Passierschein aushändigte.« Am 20. August 1914 hält die Nervensäge die ersehnte Genehmigung in Händen: »Frl. Elsbeth Schragmüller ist berechtigt, sich frei und ungehindert auf beide Kriegsschauplätze zu begeben. Das Oberkommando in den Marken.« Was »frei und ungehindert« im Krieg bedeutet, bekommt Elsbeth bald zu spüren.

Mit Französisch als zweiter Muttersprache glaubt sie, im besetzten Belgien der Armee des Kaisers hilfreich sein zu können. Der Weg nach Brüssel endet aber erst einmal in Aachen. Von hier geht es nur mit Militärtransporten weiter, und an der Kontrollstelle scheint sich die Prophezeiung ihres Vaters zu erfüllen, man werde sie »auf dem kürzesten Weg zurückschicken«. Kein Wagen ist bereit, die Freiwillige mitzunehmen. Der begrenzte Platz wird für Wichtigeres benötigt als eine Frau ohne Auftrag. Elsbeth ist anderer Meinung.

Entschlossen lässt sie die Kontrollstelle hinter sich, marschiert ein Stück entlang der Straße und hält dort einen der unbeladen aus Belgien kommenden Wagen an. Sie darf einsteigen, wird an der Kontrollstelle auf dem Passierschein vermerkt und kann so mit dem Wagen zurück nach Brüssel fahren. Auch das nicht ungehindert: Der Chauffeur verfährt sich im holländischen Grenzgebiet, und nur durch einen glücklichen Zufall entgehen die Insassen der Internierung. Noch ein Erlebnis macht Elsbeth die Fahrt unvergesslich: »In den Straßen Löwens sah ich dem Krieg zum ersten Male in sein grausiges Antlitz.« Besonders der Anblick eines toten, aufgedunsenen Pferdes erschüttert sie. Elsbeth betrauert »die Kreatur als Opfer des Menschenkrieges«.

Inzwischen wohlvertraut mit Behörden, wählt Elsbeth in Brüssel gleich den kleinen Dienstweg. Sie quartiert sich im selben Hotel wie der Gouverneur ein und spricht diesen am Tag nach ihrer Ankunft »äußerlich sicher, doch innerlich pochenden Herzens« ohne Umschweife an. Generalfeldmarschall Colma von der Goltz-Pascha hört sie an. »Mit feinem Verständnis und voller Güte mag er wohl einen tiefen Blick in mein Herz mit seinem

brennenden Verlangen getan haben, endlich, endlich mit zum Dienste am Vaterlande herangezogen zu werden.« Sie kann ihn überzeugen, »dass weder Abenteuerlust noch Leichtsinn mich hinausgetrieben hatte, dass es mir heilig und ernst war mit meinem Willen und Streben.«

In der Sektion VII der Kommandantur in Brüssel lernt Elsbeth das einfache Soldatenleben kennen. Für das feine Fräulein gibt es keine Sonderbehandlung. Sie muss wie alle Soldaten zum Appell antreten, sich in der Feldküche selbst bedienen und aus dem Blechnapf essen. Damit kann sie leben. Was Elsbeth viel mehr stört, sind die ihr zugeteilten Aufgaben, die nicht ganz ihren Erwartungen und Fähigkeiten entsprechen, aber dennoch »mit Feuereifer« erledigt werden. So auch diese: Für die Kriegsnachrichtenstelle Brüssel durchforstet Elsbeth Briefe belgischer Soldaten an Angehörige nach strategisch bedeutenden Informationen. Denn noch ist Antwerpen nicht erobert, und die Heeresleitung befürchtet, dass England Truppen an der belgischen Küste landen lässt.

Elsbeth arbeitet sich durch Berge von Frontbriefen, filtert aus den Schilderungen persönlicher Erlebnisse die für die Heeresleitung relevanten Nachrichten. Sie versteht zu kombinieren und ihre Erkenntnisse in knappe Berichte zu fassen, die mit dem Vermerk »Geheim« und der Unterschrift »Schragmüller« an Beseler, den Stabschef des Antwerpen belagernden Korps, weitergeleitet werden. Beeindruckt von diesen »außerordentlich sachgemäßen« Berichten und dem »strategischen Verständnis«, das sie beweisen, möchte Beseler wissen, wer dieser Leutnant Schragmüller ist. Auf die Antwort ist er nicht vorbereitet. Kein Leutnant, kein Mann – eine Frau steckt hinter dem Namen. Skandalös, schockierend, aber Beseler empfiehlt dennoch, »diese Kraft warmzuhalten«. Ein Rat, den die Nachrichtenstelle beherzigt. Elsbeth soll für sie arbeiten.

Als einzige Frau findet sich die 27-Jährige nun im Kreis älterer, gebildeter Herren. Sie darf an der Offizierstafel teilnehmen und fühlt sich alles in allem »in die eigene, gesellschaftliche Schicht zurückversetzt«. Nur einer scheint Vorbehalte zu haben: Walter Nicolai, dem als Chef der Abteilung IIIb der gesamte Nachrichtendienst der Obersten Heeresleitung unterstellt ist. Am 9. Oktober, wenige Tage vor dem Fall Antwerpens, trifft Elsbeth ihn zum ersten Mal. Er hat große Bedenken, eine Frau den Gefahren des Nachrichtendienstes auszusetzen. »Nur mit Aufbietung aller in mir schlummernden Kräfte gelang es mir endlich, seine Einwilligung zu erhalten.« Nicolai wird diese Entscheidung nie bereuen.

In Lille wird Elsbeth mit den Aufgaben des Nachrichtendienstes vertraut gemacht. Und nun ist es an ihr, überrascht zu sein. Glaubte sie bislang, die Stelle versorge Presse und Öffentlichkeit mit Nachrichten von der Front, erfährt sie nun von deren Geheimdiensttätigkeit. »Über Spionage«, bekennt sie, »hatte ich vorher noch nicht viel nachgesonnen und darüber

denn auch eine mehr als naiv-laienhafte Vorstellung. ›Spione‹ dachte ich mir als moralisch und wirtschaftlich ganz untergeordnete Subjekte …«

Mit dem ihr eigenen Eifer und Ehrgeiz versucht Elsbeth, sich schnellstmöglich größtmögliches Wissen anzueignen. Täglich lernt sie dazu: in Konferenzen, an der Front, auf den häufigen Dienstreisen ins besetzte Gebiet und in die Heimat, wo sie wohl Agentenschulen in Lörrach und Baden-Baden besucht. Beherrscht von dem Gefühl, niemals genug Erfahrung und Wissen zu besitzen, freut sie sich, wenn ihre Meinung von den männlichen Kollegen gefragt und gehört wird: »Die Befriedigung hierüber war doppelter und dreifacher Ansporn zu Höchstleistungen, die nur mit zähester Energie, mit Aufbietung aller geistigen und körperlichen Kräfte, mit restloser Hingabe meiner ganzen Persönlichkeit an die Sache erreicht werden konnten.« Der Einsatz wird belohnt: Anfang 1915 wird Elsbeth Schragmüller Leiterin der mit dem Nachrichtendienst gegen Frankreich beauftragten Sektion der Kriegsnachrichtenstelle Antwerpen.

Elsbeths Arbeits- und Wohnort ist ein unscheinbares Haus in der Rue Pépinière. Schon bald sollen sich viele Gerüchte und Spekulationen über das Geschehen in seinem Inneren ranken. Dieses Geschehen dient, in den nüchternen Worten Elsbeths, »der Organisation der systematischen Aufklärung des großen bis nach Amerika reichenden westlichen Kriegsschauplatzes.« Und zwar von Null an. Zu den Aufgaben der Hausherrin gehören die Auswahl und Instruktion von Agenten, die Sicherstellung von Meldewegen, die Vernehmung von Agenten und das Überprüfen von Aussagen, das Verfassen und Weiterleiten von Meldungen ans Hauptquartier. Was niemals von ihr verlangt wird, Mitgliedern des Nachrichtendienstes gar verboten ist: selbst im Feindesland zu spionieren!

Dafür gibt es die »Großen Agenten«, die Zugang haben zu hochrangigen Entscheidern. Im Umgang mit diesen gebildeten Personen wird die gesellschaftliche Form gewahrt, sie werden nicht vernommen, sondern zu Besprechungen geladen, die für Schragmüller oft »ein geistiger Hochgenuss« sind. Die übrigen Spione teilt sie in sesshafte Agenten und »Reiseagenten«, die immer wieder an neue Stellen dirigiert werden. Es gibt Agenten aus dem Arbeiterstand, die in Fabriken spionieren, und in der Schweiz angeworbene französische Deserteuragenten, die bereit sind, mit falschen Papieren in ihr Land zurückzukehren und Truppenbewegungen zu melden.

Schragmüllers Agenten sind Franzosen, Belgier, Holländer und Italiener, selten Engländer. Aufgrund der Insellage des Landes, des gut ausgebildeten Überwachungsdienstes sowie des Nationalstolzes und Ehrgefühls, das Schragmüller den Engländern attestiert, sind sie nur schwer als deutsche Spione zu gewinnen. Anders sieht es bei den Franzosen und Italienern aus: Ihre »romanische Psyche«, findet das Fräulein Doktor, »ist hemmungsloser«. Ihrer Meinung nach »unterliegen sie leichter persönlichen Begierden«. Insbesondere der Geldgier. Darin sieht Schragmüller das Hauptmotiv für den Agentenjob. Den Hang zum Intrigenspiel und den Wunsch, im Weltgeschehen mitmischen zu wollen, erkennt sie hin und wieder aber auch bei einzelnen Agenten – gerade bei Frauen.

»In seltensten Fällen«, stellt Schragmüller allerdings fest, »leisteten sie Brauchbares«. Denn: »Frauen, die die nötigen Kenntnisse mit allen erforderlichen geistigen Qualitäten, wie schnellste Auffassungsgabe, kritisches Unterscheidungsvermögen, Gedächtnisstärke u.a.m. besitzen, sind selten. Häufiger ließen sie sich vorteilhafter verwenden zum Aufspüren geeigneter Verbindungen, zumal wenn sie selbst solche zu hochgestellten Persönlichkeiten unterhielten.« Und so soll es auch Schragmüllers Idee gewesen sein, Mata Hari als Agentin anzuwerben. Möglicherweise wurde die berühmteste Spionin der Welt sogar in der Rue Pépinière von der Chefin selbst ausgebildet.

Nicht jeder, der Schragmüllers Schule durchläuft, hat das Zeug zum Agenten. Einem fehlt die Nervenstärke. Er stellt sich – kaum hat er englischen Boden betreten – den Behörden. Durch ihn erfährt der britische Geheimdienst bereits 1915 von der Agentenakademie in Antwerpen und dass dort eine Frau das Zepter schwingt. Der Spion, der noch keiner ist, plaudert den für die Korrespondenz vereinbarten, von Schragmüller erdachten Code aus. Verschiedene Briefmarken sollten Auskunft über Typen und Zahl der in den Häfen ankernden Kriegsschiffe geben. Den Namen der Frau, die ihn unterrichtet hat und von der er behauptet, terrorisiert worden zu sein, kann er aber nicht nennen. Er kennt sie nur als »Fräulein Doktor«.

Der britische Geheimdienst weiß auch Jahre nach Kriegsende nicht, wer die mysteriöse Person ist, der er den fiktiven Namen »Frau Hauptmann Christiansen« gibt. Für die ausländischen Boulevardblätter ist das »schreckliche Fräulein Doktor« derweil die »blonde Sirene von Antwerpen«, »roter Tiger« und »schwarze Katze«, »große Meisterin«, »Königin der Spionage« und die »schöne Blonde von Antwerpen«. Auch von einer »großen blonden Walküre« ist zu lesen, eine Beschreibung, die von der Wahrheit so weit entfernt ist wie die Behauptung, sie wäre eine Mätresse des Kronprinzen. »Tigerauge«, ein Etikett, das dem durchdringenden Blick aus Schragmüllers blauen Augen geschuldet ist, kommt ihrem Aussehen und den Mitteln, mit denen sie sich Respekt verschafft, schon näher.

Mit einer hünenhaften Gestalt kann Elsbeth ihre überwiegend männlichen Agenten, von denen einige durchaus zweifelhaften Charakters sind, nicht beeindrucken. Sie ist klein und zierlich, daran ändert auch die Offiziersuniform nichts, die sie trägt. Gut möglich also, dass Schragmüller, wie berichtet wird, unheilversprechend ihre Reitgerte streichelt, wenn sie ihre Agenten unterweist. Dass sie bei Verhören beiläufig mit einem Revolver spielt und von Spionen erzählt, die bewusst geopfert werden, um von einem erfolgreicheren Agenten abzulenken. Ganz bestimmt verlangt sie, was sie selbst im Übermaß besitzt: eiserne Disziplin. Und mit Sicherheit setzt sie im Umgang mit den Agenten die gleiche Waffe ein wie im Kampf um Informationen: Psychologie.

Elsbeth sieht den Nachrichtendienst »auf psychologischen Kräften aufgebaut, auf Fähigkeiten, die nicht erlernbar und nicht Eigenschaften eines Berufes sind. Wie der Künstler nicht ohne Talent zum wahren Künstler werden kann, so kann auch der Nachrichtenoffizier nichts ohne psychologische Fähigkeiten leisten.« Zu diesen Fähigkeiten zählt sie Einfühlungsvermögen, Menschenkenntnis, die Kunst der Menschenbehandlung oder »das instinktive Gefühl, wie man Menschen nehmen muss, um sie zu Spitzenleistungen zu bringen.« Auch Phantasie ist gefragt. »Ihrer im allgemeinen stärker als beim Mann ausgebildeten gefühlsmäßigen Veranlagung entsprechend« sind Frauen, glaubt Schragmüller, »vielleicht diesbezüglich bevorzugt ausgestattet.« Sie mögen die schlechteren Spione sein, aber vielleicht die besseren Nachrichtenoffiziere.

Das Studium von Psychotechniken ist Teil von Schragmüllers immensem Arbeitspensum. Sie entwickelt Spionagetheorien und -methoden, ersinnt für ihre Agenten neue Identitäten und für die Kommunikation mit ihnen passende Geheimzeichen. Reisedokumente müssen recherchiert und gut gefälscht werden. Es gilt Deckadressen und Kontaktmänner zu finden. Manches Telegramm macht eine Reise um die Welt, bevor es auf Elsbeths Tisch landet. Eines schafft dies in 36 Stunden. Und das »authentische, französischerseits amtlich aufgenommene Trefferbild der ersten Beschießung von Paris durch die vorher nicht auf Streuung prüfbaren, weittragenden deutschen Geschütze« hält Schragmüller drei Tage nach Abgabe des ersten Schusses in der Hand. »Schnelligkeitsrekorde«, auf die sie stolz ist.

Unter ihrer Aufsicht werden im Haus in der Rue Pépinière Agenten im Umgang mit unsichtbarer Tinte und im Lesen von Kartenmaterial geschult, mit Codes vertraut gemacht. Auch hier schätzt die Chefin Tempo und Diskretion. Befehle, heißt es, gibt sie nur einmal. Zu ihrem eigenen Schutz tragen die Agenten im Haus Masken. Das Gebäude verlassen sie in zeitlichem Abstand. So soll verhindert werden, dass bei Festnahme Kollegen preisgegeben werden. Und zu Festnahmen kommt es, weil mancher Spion beim Betreten oder Verlassen des Hauses von Agenten der Gegenseite fotografiert und so bei Grenzübertritt identifiziert wird.

Den Spähern bleibt auch »l'auto mysterieuse« nicht verborgen, das für die Nachrichtenstelle im Einsatz ist. Hinter den zugezogenen Vorhängen der Limousine vermuten sie Opfer des Geheimdienstes. Schragmüller zufolge sind aber auch diese Passagiere Agenten, die vor Blicken geschützt werden sollen.

Die Dienststellenleiterin prüft und verhört Agenten, analysiert Aussagen, schreibt Meldungen und verfasst Berichte. Der Tag hat nicht genug Stunden, um die Aufgaben zu erfüllen, die sie sich stellt. Sie arbeitet bis tief in die Nacht, schwarzer Kaffee hält die Raucherin wach. Sie geht an körperliche Grenzen. Die Arbeit stellt »ungeheure Anforderungen auch an die physische Leistungsfähigkeit des Nachrichtenoffiziers«, schreibt Schragmüller. Und fügt – wohl nicht ohne Ironie – hinzu: » … zumal wenn dieser ›nur eine Frau‹ war.«

Die Arbeit in der Rue Pépinière ist nicht nur gesundheitsschädlich. Sie ist lebensgefährlich. Mehrmals versuchen feindliche Agenten, die Dienststelle

Antwerpen in die Luft zu sprengen. Aber nur einer kommt dem von schwer bewaffnetem Personal und einer Hundemeute bewachten Haus so nahe, dass er Schaden anrichten kann. Da er sich in der Hausnummer irrt, allerdings an einem Nachbargebäude.

Das »Fräulein Doktor« überlebt den Krieg. In Freiburg setzt sie als eine der ersten deutschen Lehrstuhlassistentinnen ihre wissenschaftliche Karriere fort. Ende der 1920er-Jahre zieht sie mit den Eltern nach München, wo sie im selben Jahr wie den Vater auch den Bruder begraben muss. Der überzeugte Nationalsozialist wird 1934 beim Röhm-Putsch erschossen. Elsbeth, schwer an Knochentuberkulose erkrankt, stirbt sechs Jahre später im Alter von 52 Jahren. Obwohl finanziell schlecht gestellt, widersteht sie bis zu ihrem Tod dem Angebot eines englischen Verlags, ihre Lebensgeschichte zu veröffentlichen. Der Grund mag die Pension sein, die sie für ihre Dienste im Krieg erhält. Ihre Aufzeichnungen aus dieser Zeit sollen gleich nach ihrem Tod von der Gestapo beschlagnahmt worden sein.

Die Erfolge des deutschen Nachrichtendienstes im Ersten Weltkrieg sind umstritten. Elsbeth Schragmüller hat sich 1929 dahingehend dazu geäußert, dass es erstens keine Statistiken gebe und es zweitens nicht auf die Anzahl, sondern auf die Qualität der festgenommenen Agenten ankomme. Zynisch klingt ihr Hinweis, dass hier wohl ein Sprichwort zutreffend sei: »Die Kleinen werden gehängt – die Großen lässt man laufen.«

U. M.

BESTE IN DER SCHULE DER SPIONE

Louise de Bettignies

15.7.1880 - 27.9.1918

Lille hat einen schönen Platz nach seiner heroischen Tochter benannt. Um die Place de Louise de Bettignies stehen Ziegelhäuser in allen Schattierungen von Rot und Gelb, Gebäude mit spitzen Giebeln und barockem Dekor, mit weit geöffneten Fensterläden und vorkragendem Flaschenzug. Ästhetik gepaart mit Arbeit: Nichts könnte besser zu dieser Frau passen, die im Ersten Weltkrieg einen versierten Spionagering in Nordfrankreich gründet und ihr Leben fürs Vaterland aufs Spiel setzt.

Sie verliert es. Der Dank dafür kommt posthum, als der Krieg gewonnen ist. Frankreich verleiht Louise de Bettignies das Kreuz der Ehrenlegion und das Croix de Guerre dafür, »dass sie mit unbeugsamem Mut den Schrecken und Schwierigkeiten dieser bedeutenden Aufgabe trotzte; dass sie – dank ihrer außergewöhnlichen Fähigkeiten und ihrer Hingabe an die Verteidigung unserer Nation – die größten Hindernisse überwand; dass sie ständig ihr Leben riskierte und in dieser Zeit gewaltige Verantwortung übernahm. In einem Satz: weil sie eine Heldenhaftigkeit zeigte, die selten übertroffen wurde.« So zitiert es ihr Biograf Antoine Redier.

Als der Erste Weltkrieg beginnt, ist Louise de Bettignies 34 Jahre alt. Sie ist unverheiratet und von ihrem Beruf ein wenig gelangweilt, obwohl ihr Leben bisher recht abwechslungsreich war.

Am 15. Juli 1880 wird Louise Marie Jeanne Henriette als siebtes von acht Kindern der Familie de Bettignies geboren, die von altem wallonischen Adel abstammt und eine erfolgreiche Porzellanmanufaktur in Du Moulin des Loups betreibt. Sie schmückt ihre Teller und Tassen mit Eicheln, Lorbeer und Kornblumen, auch kleine Büsten und Vasen aus Steinzeug werden produziert. Dann aber gerät die Fabrik in Schwierigkeiten und muss verkauft werden. Als der Vater 1903 stirbt, zieht die Familie nach Lille und die Mutter entscheidet: Auch wenn das Geld nicht locker sitzt, soll ihre begabte Jüngste eine gute Ausbildung erhalten.

Louise geht nach Oxford und studiert dort in beeindruckendem Tempo Naturwissenschaften. Eine gute Partie, das weiß die schmale Person mit den veilchenblauen Augen, ist sie nicht: Ohne Mitgift, noch dazu intelligent und selbstbewusst. 1906 beschließt sie daher, ihr Leben selbst in die

Kopf eines Agentenrings in Nordfrankreich

Hand zu nehmen: Die 26-Jährige zieht nach Italien und dient im Haus der Viscontis, in der Nähe von Mailand; sie bereist Polen, bleibt ein Jahr in Österreich und danach als Gouvernante im Haus eines böhmischen Adeligen. Erfüllung findet sie darin nicht, trotz ihrer hochgestellten Bekanntschaften und der intellektuellen Anregung.

Vielmehr steht Louise de Bettignies, als Österreich-Ungarn Serbien am 28. Juli 1914 den Krieg erklärt, kurz davor, in den Bettelorden der Karmeliter einzutreten und ihr Leben im Kloster zu verbringen. Anfang August beginnt der Erste Weltkrieg, im Oktober besetzen die Deutschen Lille. Leichen liegen auf offener Straße, Zivilisten wie Soldaten werden bei den Kämpfen verwundet. Louise arbeitet als Krankenschwester und ist verzweifelt: So viele junge Männer winden sich in Schmerzen und sterben vor ihren Augen. Schon nach wenigen Wochen hat sie das Gefühl, keine Luft mehr zu bekommen.

Nur eine einzige frische Brise wünscht sie sich, eingesogen in einem freien Frankreich! Sie schmiedet Fluchtpläne und gelangt – auf einer Route, die sie nie preisgeben wird – wie tausende andere Flüchtlinge ins englische Folkestone. In dem Küstenstädtchen versuchen die Behörden, den Menschenstrom aus Belgien und Frankreich zu kanalisieren. Männer und Frauen werden medizinisch untersucht, ihre Papiere unter die Lupe genommen und jeder einzeln vom Geheimdienst befragt: Woher er oder sie komme, was das Ziel der Reise sei und was man über die Lage in Frankreich berichten könne?

Louise de Bettignies antwortet so detailliert, dass die Offiziere aufmerksam werden. »Wie können Sie das alles wissen?«, hakt einer nach. »Ich spreche ihre Sprache«, sagt sie schlicht. Louise beherrscht neben der Muttersprache Französisch auch Deutsch, Englisch und Italienisch. Ein Juwel! Engländer wie Franzosen bitten sie, ja sie drängen geradezu auf die tatkräftige Hilfe dieser weltgewandten Frau.

Louise, die eigentlich nur ihre Mutter im von den Kämpfen weitgehend verschonten St. Omer besuchen will, überlegt nur kurz und lässt sich dann von der britischen Armee anwerben. Sie lernt in einem kurzen Training die Grundfertigkeiten einer Spionin, dann stattet sie der britische Geheimdienst mit dem Decknamen Alice Dubois und falschen Papieren aus und schickt sie im Februar 1915 nach Lille zurück.

Ihr Auftrag: Sie soll eine Untergrundorganisation formen, die alle möglichen Informationen aus den besetzten Gebieten und über die deutschen Truppen sammelt. Dieses vielleicht kriegsentscheidende Wissen muss sodann verschlüsselt und durch das besetzte Belgien ins neutrale Holland geschmuggelt werden, bevor es auf die Reise ins englische Hauptquartier geht. Damit Alice Dubois sich möglichst ungehindert über Land bewegen kann, ohne gleich unter Verdacht zu geraten, wird sie zur Herstellerin und Händlerin feinster Spitzen erklärt.

Louise de Bettignies beginnt gleich nach ihrer Ankunft mit dem Aufbau ihres »Service Alice«. Da sie sich in den besten Kreisen bewegt hat und ein gesundes Urteilsvermögen besitzt, fällt es ihr nicht schwer, Mitverschwörer zu finden. Da ist der Chemiker de Geyter, der unsichtbare Tinte entwickelt und Pässe zu ändern und zu fälschen versteht. Auch der Fabrikbesitzer Louis Sion und sein Sohn Emile, die über ein schnelles Automobil verfügen, gehören dazu. Und natürlich Paul Bernard mit seiner ruhigen Hand. Der Kartograf kann, ausgestattet mit Lupe und einem spitzen Kalligrafie-Stift, in Kurzschrift bis zu 1600 Worte unter einer Briefmarke verstecken. Später wird er mit Geheimtinte auf transparentes Papier schreiben, das die findigen Agenten auf Brillengläser oder auch direkt auf die Fotos in ihren Pässen kleben – und sie von den Deutschen abstempeln lassen. Voilà!

Der Kreis der Spione in britischen Diensten erweitert sich schnell, er umfasst schließlich 24 Verschwörer. Ihre Mitarbeiter wählt Alice Dubois sehr sorgfältig aus: Gern hält sie sich an respektable Familienväter, die wohlgenährte Kinder haben und ihr Haus in Ordnung halten. An Eisenbahner, die ihre Strecken beobachten, jeden einzelnen Waggon zählen und seine Fracht notieren – was besonders bei Truppenbewegungen wichtig ist. Es sind Männer und Frauen aus kleinen Grenzorten, die in ihren Dörfern beliebt sind und die Augen und Ohren aufsperren. Alle Informationen sortiert Alice und fasst sie penibel zusammen; oftmals in der Morgendämmerung, wenn noch kein anderer wach und künstliches Licht nicht mehr nötig ist.

Kein Detail lässt die begabte Spionin aus, so dass die Menge der Informationen stetig wächst, die zweimal pro Woche nach Holland überbracht werden. Ein gefährliches und anstrengendes Unterfangen, denn die Kuriere legen den größten Teil des langen Weges – wie damals üblich – zu Fuß zurück. Auch Alice ist unter ihnen, denn besonders wichtige Informationen

überbringt sie gern selbst. Sie muss auf ihrer Route zahlreiche Kontrollposten an den Straßen passieren und täuscht die Wachen mit Charme und
oftmals unglaublicher Chuzpe. So soll sie wacker Scheiben von einer Sala-
mi geschnitten haben, die mit Geheimnachrichten gestopft war, und den
Uniformierten großzügig Kostproben angeboten haben.

Das klingt wie ein Spiel und bedeutet doch volles Risiko. 226 Männer
und Frauen, die während des Ersten Weltkriegs für die Briten in Belgien
und Frankreich spioniert haben, so gibt der Biograf Antoine Redier an,
sind den Deutschen in die Hände gefallen und erschossen worden. Besonders gefährlich ist es für die Kuriere an der Grenze, wo Soldaten auf jeden
Schatten in der Nacht scharf schießen und auch Frauen nicht schonen.
Louise wechselt daher oft ihre Verkleidung, um nicht erkannt zu werden.
Die sportliche Spionin springt von Haus- und Stalldächern in Belgien hinü-
ber ins sichere Holland, und sie schwimmt – in einem selbstgeschneiderten
dunklen Anzug – durch Entwässerungskanäle zur anderen Seite.

Dass sie den Spionagering mit seinen vielen Aufgaben nicht allein führen kann, ist Louise de Bettignies schon früh klar. Sie wirbt Marie-Léonie
Vanhoutte an und macht sie zu ihrem Leutnant. Unter dem Codenamen
Charlotte Lameron tritt die junge Frau mit dem züchtigen Seitenscheitel
und der kleinen Nickelbrille fortan als Käsehändlerin auf und spezialisiert
sich darauf, so schreibt R.W. Rowan in seiner Geschichte des britischen
Geheimdienstes, »so gesund, unbesorgt und harmlos auszusehen, dass man
kaum glauben konnte, dass sie überhaupt schon vom Krieg gehört hatte.«

Die beiden Freundinnen wechseln sich bei den »Reisen« ab, aber allein
Louise de Bettignies muss über 20 Mal in Holland und einige Male auch in
England gewesen sein. Die Methoden des »Service Alice« werden immer
raffinierter. Nicht nur, dass es den Spionen des Netzwerks gelingt, 14 deutsche Batteriestellungen und Munitionslager um Lille aufzulisten. Louise
versteckt auch den zugehörigen Plan in einer Brillenfassung und kann ihn
an die Briten übergeben, die die Stellungen im Sommer 1915 zerstören.

Die Widerstandskämpfer, geschult von der nimmermüden Alice, narren
die Besatzer mit allen möglichen Tricks: Totenglöckchen melden Kurieren
und Fluchthelfern, wann die Luft an der Grenze rein ist. Leintücher, die
auf den Wiesen zum Bleichen ausgebreitet werden, signalisieren britischen
Piloten, wo sie Brieftauben gefahrlos abwerfen können. Die eingeschnür-
ten Vögel treten den Heimflug nach England dann bepackt mit Plänen und
Informationen an.

Oft schickt Alice Dubois dieselbe Nachricht mit zwei Personen los, die
unterschiedliche Routen nutzen. Die Geheiminformationen sollen sicher
ans Ziel gelangen, auch wenn einer der Kuriere festgenommen wird. Das
ist nicht unwahrscheinlich, denn die Arbeit wird zunehmend schwieriger.
Schon im Spätsommer experimentiert Alice deshalb mit Funk.

Doch die Deutschen verdoppeln ihre Kontrollen, und es gelingt ihnen,
eigene Spione in die Widerstandsgruppen einzuschleusen. »Charlotte« geht
ihnen als Erste ins Netz. Die junge Frau, die einer christlichen Glaubensge-
meinschaft angehört, fällt dabei auf eine Finte herein. Unter dem Vorwand,

"Durch sie
erfuhren wir
mit einer Prä-
zision, einer
Regelmäßigkeit
und Schnellig-
keit, die von
keiner anderen
Organisation
übertroffen
wurde, alle
Bewegungen des
Feindes, die
exakte Posi-
tion seiner
Batterien und
tausend kleine
Details, die
unserem Haupt-
quartier eine
große Hilfe
waren. Wir
bewunderten,
fast verehrten
wir diese jun-
ge Französin.
Wir beteten
sie an." (Ein
Mitglied des
britischen
Nachrichten-
dienstes)

es gehe um Alice, wird sie in eine Gastwirtschaft gelockt und tags darauf, am 24. September, verhaftet. Nach dem Verhör bringt man sie ins Gefängnis St. Gilles, wo sie die nächsten sieben Monate verbringt.

Währenddessen hält sich Alice Dubois in Holland auf. Noch bewegt sie sich frei und mit neuen Aufgaben: Sie soll ihren Spionagering weiter ausbauen. Womöglich ahnt sie jedoch, dass ihre Arbeit im Untergrund bald auffliegen wird. Bereits im August hat sie ihre Geschwister und die Mutter besucht und sich verabschiedet: »Ich fühle das Ende nahen, ich werde gefangen und erschossen.« Doch aufhören kann Louise de Bettignies nicht. Jede Frau, die sich so mit ihrem Auftrag und ihrer Aufgabe identifiziert, würde dies als Kapitulation empfinden. Und das kann und will Louise nicht akzeptieren. Denn immer noch müssen wichtige Informationen an die Briten weitergegeben werden, und so macht sich Alice Dubois wieder auf den Weg.

Sie bewegt sich nicht mehr so vorsichtig wie gewohnt: Sie streitet mit einem deutschen Offizier in der Trambahn und riskiert damit eine Verhaftung. Sie klopft an Vordertüren, wo sie den Hintereingang nehmen sollte, und übernachtet in der Unterkunft der verhafteten Léonie in Etampuis. Auf dem Weg ins belgische Tournai schließlich versagen alle Tricks und auch ihr Charme. Alice Dubois wird mit ihrer jungen Begleiterin an einem Kontrollposten festgehalten: Für die beiden Frauen gibt es nur einen Pass.

Wer ihnen da in die Hände gefallen ist, wird den Deutschen niemals klar. Noch im Wachhäuschen gelingt es Louise, die geheime Nachricht hinunterzuschlucken, die sie dem britischen Geheimdienst übergeben wollte. Doch in ihrer Tasche entdeckt man fünf oder sechs verschiedene Ausweise. Als Verdächtige wird »Alice« ins Gefängnis St. Gilles gebracht und dort sogar »Charlotte« gegenübergestellt. Doch beide Frauen bestreiten überzeugend, einander jemals begegnet zu sein.

Die Deutschen vermuten, dass beide Spioninnen sind. Und sie nutzen eine List: Eine andere Gefangene wird in Louises Zelle einquartiert. Als die Frau, die für die Deutschen arbeitet, durch Klopfen und Horchen an den Heizungsrohren Kontakt mit Häftlingen in den benachbarten Zellen aufnimmt, vergisst Louise de Bettignies alle Vorsicht. »Minou, Minou, ich bin's«, flüstert sie Léonies Kosenamen. Sie bricht zusammen, gesteht ihrer gedungenen Zellengenossin vieles. Ja, sie gibt der Informantin sogar mit Zitronensaft geschriebene Botschaften an ihre Freundin Charlotte in die Hand, berichtet Redier in seinem Buch – wichtiges Beweismaterial im Prozess, der im März 1916 gegen Louise de Bettignies, Marie-Léonie Vanhoutte und vier weitere Personen angestrengt wird.

Das Militärgericht, vor dem sie in Brüssel stehen, hat im Oktober 1915 die englische Krankenschwester Edith Cavell hinrichten lassen und die 23 Jahre alte Belgierin Gabrielle Petit zum Tode verurteilt. Auch gegen die beiden Französinnen haben die Deutschen genug in der Hand. Gefälschte Pässe, Aussagen der Informantin aus der Zelle, die Briefe … Am 16. März findet das Kreuzverhör statt, am Ende der Verhandlung verkündet Kriegsgerichtsrat Dr. Stoeber die Todesstrafe für Louise de Bettignies, Léonie Vanhoutte und den Autovermieter Georges de Saever.

Doch Louise wirkt gefasst. Auf Deutsch bittet sie um Gnade für Léonie und den Mann, der Vater von neun Kindern ist. »Ich selbst bin bereit zu sterben«, sagt sie. Ihre Freundin Léonie, die kein Wort von ihrer Ansprache verstanden hat, fleht um eine Begnadigung – für Louise. Beide werden schließlich gewährt. Vielleicht, weil die Hinrichtung von Edith Cavell einen internationalen Aufschrei nach sich zog – sicher aber, weil »Alice« und »Charlotte« über alle Details ihrer Arbeit schweigen und ihre Mitverschwörer nicht verraten. Die deutschen Detektive haben nie herausgefunden, dass die harmlos wirkende Alice Dubois der geniale Kopf eines ganzen Netzwerks war.

Die Strafen werden umgewandelt: De Saever wird freigelassen, Louise de Bettignies erhält lebenslänglich und Léonie 15 Jahre Zwangsarbeit. Beide werden nach Deutschland gebracht. Nach Siegburg, wo mehr als 300 politische Häftlinge aus Frankreich und Belgien ihre Strafen verbüßen. Die Spioninnen finden sich in bester Gesellschaft wieder: Marie de Croy etwa und Louise Thuliez, zwei Mitstreiterinnen von Edith Cavell, sitzen ebenfalls in dem trutzigen Backsteinbau ein. Dazu etliche Angehörige von »la dame blanche«, wie sich ein weitverzweigtes Netzwerk nennt, das im Ersten Weltkrieg ganz Belgien wie ein Spinnennetz überzieht und bis in den Norden Frankreichs, in die Niederlande und nach Luxemburg ausstrahlt.

Nachdem »Alice« verhaftet worden ist, stellen sich ihre Spione in den Dienst der »weißen Frau«. Diese zivile Widerstandsorganisation besteht zu einem Drittel aus Frauen, sie ist militärisch straff gegliedert, beobachtet beispielsweise Truppenbewegungen oder Bahntransporte und hilft eigenen Soldaten bei ihrer Flucht ins neutrale Holland. Der »Service de Monge« beispielsweise, den Vicomtesse Gabrielle de Monge ins Leben gerufen hat, reicht über 400 junge Männer von einem Herrensitz zum anderen weiter – bis an die Grenze. Auch de Monge sitzt in Siegburg ein.

Obwohl die meisten Frauen, die sich im Widerstand engagieren, unverheiratet oder schon verwitwet sind, leben in dem Gefängnis unweit von Köln auch Schwestern wie Jeanne und Marie Albert oder die Demoiselles

Doudreligne d'Audenarde und Mütter wie Madame Ramet mit ihren beiden Töchtern aus Verviers. Das Leben hinter Gefängnismauern ist hart, die Wärter sind ruppig. Die Zellen sind im Winter eisig kalt und die Suppen dünn, die Arbeitstage – die Frauen fertigen Knöpfe oder sticken Wäschezeichen – lang und die Nächte verloren. Nach Einschluss bleibt jedes Klopfen, jeder Hilferuf ungehört: Manche Frauen bringen ihre Kinder allein zur Welt, andere sterben, bevor sich am Morgen der Schlüssel im Schloss wieder dreht. Unter diesen unmenschlichen Bedingungen schließen sich die inhaftierten Frauen zu einer warmen, herzlichen Gemeinschaft zusammen. Sie teilen die Essenspäckchen miteinander, die aus der Heimat geschickt werden, trösten sich gegenseitig und halten ihre Moral aufrecht. Etwa, indem sie ihre Haare in Wellen legen und – verbotenerweise – die Säume ihrer Röcke kürzen.

Doch die Frauen können auch Widerstandsgeist beweisen. Angestiftet von Louise de Bettignies setzen sie sich im November gegen die Gefängnisleitung durch. Bei ihrer neuen Arbeit, das erkennen die Gefangenen schnell, setzen sie Granaten zusammen. »Sag, dass du dich weigerst, Munition zu fertigen. Und bleib dabei«, flüstert Louise ihren Mitgefangenen zu. Die Wachen reagieren sofort und kerkern die Französin ein: Das wird sie büßen. Ihre kleine, lichtlose Zelle ist eiskalt. Tagsüber werden ihr die Decken weggenommen, selbst die warme Wollkleidung muss sie abgeben und in der dünnen, baumwollenen Gefängnisuniform im Freien exerzieren.

Louise de Bettignies, der karge Kost und mangelnde Bewegung schon länger zugesetzt haben, wird schwerkrank. Einen Monat liegt sie mit hohem Fieber auf der klammen Pritsche, während ihre Zellengenossinnen sich Decken um die Schultern hängen und auf und ab traben, um sich warm zu halten. Wider alle Voraussagen erholt sich Louise, das Frühjahr und der Sommer 1917 verlaufen in stiller Eintönigkeit. Zumindest hat die Meuterei der Gefangenen, die im Gottesdienst lautstark gegen ihre Beteiligung an der Waffenproduktion protestiert haben, Erfolg: Louise arbeitet wieder mit Nadel und Faden.

Im Winter entdeckt sie unterhalb der Brust eine Schwellung, die rapide wächst. Es ist ein Abszess, der sich aus der vorhergehenden Lungen- und einer eitrigen Rippenfellentzündung entwickelt hat. Sie müsse operiert werden, erklärt der Arzt. Louise aber zögert: In Siegburg fürchtet sie um ihre Gesundheit, nach Köln will man die Gefangene nicht lassen. Schließlich kommt sie Mitte April im Gefängnis unters Messer, bei schlechtem Licht und unter der Regie eines deutschen Chirurgen. Davon erholt sie sich nie mehr. Die Wunde heilt nicht, die Patientin wird zunehmend schwächer, auch ihre Verlegung ins Kölner Marienhospital im Juli kann sie nicht retten. Louise de Bettignies stirbt am 27. September 1918 – nur sechs Wochen vor dem Waffenstillstand am 11. November.

Am 8. Oktober schon erheben sich die Frauen im Gefängnis von Siegburg. Franzosen und Belgier sind aus der benachbarten Haftanstalt geflohen und haben mit Hilfe aufrührerischer deutscher Soldaten die Zellentüren aufgeschlossen. »Ihr seid frei«, rufen die Männer. »Zieht euch an, die Republik ist ausgerufen!« Schon um sechs Uhr geht der Zug nach Köln, wenige Tage später treffen die Frauen zu Hause ein.

Auch Louise de Bettignies, die in Köln begraben worden ist, kehrt schließlich zurück. Am 20. Februar des Jahres 1920 begleiten ein französischer und ein britischer General ihren Sarg durch die Straßen von Köln, am 4. März wird die heldenhafte Spionin von ihrem Vaterland mit einer prunkvollen Beerdigung in Lille geehrt.

G. P.

Louise de Bettignies

MIT GEDULD UND GEISTESBLITZEN

Elizebeth Friedman

1892 – 31.10.1980

"Zwölf Jahre Gefängnis – das wird ihnen Zeit geben, einen Code zu entwickeln, der nicht von einer Frau geknackt werden kann." (Zeitungskommentar zum Urteil über die Ezra-Brüder)

Es muss die Lust am Rätsel sein, die Elizebeth Friedman gepackt hat – und die ihr nicht nur die lebenslange Begeisterung für ihren Beruf schenkt, sondern auch den passenden Mann und den Ruhm einer Pionierin der Entschlüsselungstechnik. Vom Schreibtisch aus legt sie im eigenen Land Alkohol- und Drogenschmugglern das Handwerk und lässt im Zweiten Weltkrieg die japanische Spionin Velvalee Dickinson hochgehen.

Wer hätte gedacht, dass eine solche Spionage-Karriere mit William Shakespeare beginnt? Ausgerechnet Shakespeare. Der englische Dichter fasziniert Elizebeth Smith, die am Hillsdale College in Michigan englische Literatur studiert und 1916 ihren Abschluss macht. Nicht nur *Romeo und Julia* oder den *Sommernachtstraum* liebt sie, nein, auch düstere Stücke wie *Hamlet*, *König Lear* oder *Macbeth*. Um Verblendung geht es da, um Verrat und Mord. Ein erster Vorgeschmack von dem, womit Elizebeth es später zu tun bekommt.

Die Werke des Engländers will sie im Originaldruck, den berühmten Folio-Gesamtausgaben, lesen und geht an die bekannte Forschungsbibliothek Newberry. Von dort ist es ein kleiner Sprung zur Anstellung in den Riverbank-Laboratorien, einer privaten Forschungsfabrik etwa 30 Meilen westlich von Chicago.

In Geneva, Illinois, hat Oberst George Fabyan eine 120 Hektar große Farm mit diversen Labors ausgestattet. Der steinreiche Erbe einer Baumwollhandels-Dynastie ist ein Exzentriker – er lässt eine Windmühle laufen, seine Kutsche wird von Zebras gezogen und er selbst trägt stets Reithosen – und ein Tyrann, der keine Widerworte duldet. Aber er ist auch ein Visionär, der ungewöhnliche Ideen umsetzt. Auf eigene Kosten stellt er Wissenschaftler ein und lässt sie zu Akustik, Chemie und Genetik forschen.

Auch das Verschlüsseln von Nachrichten und das Entschlüsseln von Geheimcodes gehören zu Fabyans Interessen. Hier kommt Shakespeare ins Spiel: In Riverbank nimmt Elizabeth Wells Gallup seine Schriften unter die Lupe. Die Expertin und hellwache Schulleiterin glaubt, dass nicht Shakespeare Autor der weltbekannten Bühnenstücke ist, sondern der Philosoph und Staatsmann Sir Francis Bacon. Was nicht ungewöhnlich ist:

Die Codeknackerin

Bis in die Gegenwart tauchen im Zusammenhang mit dem umfangreichen Werk Shakespeares immer wieder neue Theorien und andere Namen auf.

Das Besondere in den Riverbank-Laboratorien ist die Verbindung zur Verschlüsselungstechnik. Denn Bacon, ein Zeitgenosse Shakespeares, hat auch einen binären Geheimcode entwickelt. Die Buchstaben a und b werden dabei zu fünfstelligen Folgen arrangiert und können so jeden Buchstaben des Alphabets ersetzen. aaaaa steht dann beispielsweise für a, aaaab für b oder aaaba für c.

Gallup folgt einer gewagten Hypothese: Bacon habe auf diese Weise geheime Botschaften im Text versteckt, die ihn als Autor des Shakespeare'schen Werks identifizieren. Mit detektivischem Spürsinn und unendlicher Akribie untersuchen deshalb Gallups Schüler und Studenten, zu denen auch Elizebeth gehört, in Riverbank die Folio-Ausgaben von Shakespeares Werken. Sätze, Worte und sogar einzelne Buchstaben werden fotografiert und vergrößert. Das übernimmt William Friedman und tritt so ins Leben der munteren Elizebeth. »Er kam die Treppe hoch, ein Dandy irgendwie – nicht leger-ländlich angezogen, sondern als würde er ein wohlhabendes Stadthaus besuchen«, erinnert sie sich. Ein schicksalhafter Moment. Der gutaussehende Genetiker, gerade 25 Jahre alt, und das Mädchen aus Huntington, Indiana, gehören zu den jüngsten Wissenschaftlern am Institut. Sie erkunden mit Fahrrädern die beschauliche Umgebung, sie diskutieren heftig über den Bacon-Code und entdecken bei sich »die gleiche Eigenartigkeit des Geistes«.

Es ist die Fähigkeit, durch – wie auch immer verschlüsselte – Texte quasi hindurch zu sehen. Friedman und Miss Smith erkennen minimale Abweichungen und versteckte Muster. Sie werden sie in den kommenden Jahren mit Hilfe mathematischer Formeln, oft genug aber auch durch bloßes Ausprobieren und einen genialen Einfall lesbar machen. Die außerordentliche Fähigkeit entwickelt sich zu einer Sucht, der beide lebenslang frönen und die bis ins Privatleben reicht. Zum Beispiel servieren sie ihren Freunden in einem feinen Washingtoner Restaurant mit der Vorspeise ein Rätsel. Die Lösung verrät den Namen des Lokals, das den nächsten Gang auftischt, und so weiter bis zum Dessert. In ihren mittleren Jahren schreiben die Friedmans gern verschlüsselte Weihnachtskarten, und noch als sie schon im Ruhestand sind, müssen ihre Besucher mittels Passwort um Einlass bitten.

Aber so weit ist es noch nicht. Erst muss geheiratet werden. Am 21. Mai 1917 geben sich Elizebeth Smith und der zwei Jahre ältere William Frederic Friedman, Sohn jüdischer Einwanderer aus Moldawien, das Ja-Wort. Eine kongeniale Verbindung – auf die schon erste Schatten fallen. Einen Monat zuvor sind die Vereinigten Staaten in den Ersten Weltkrieg eingetreten. Sie könnten kaum schlechter vorbereitet sein, was die Entschlüsselung feindlicher Nachrichten und das Verschlüsseln eigener Botschaften betrifft: In der US-Army beschäftigen sich gerade mal drei Männer damit.

Das Unterstützungsangebot von Oberst Fabyan wird darum gern angenommen. Er regt an, in den Riverbank-Laboratorien 80 Rekruten in den Techniken der Kryptografie, also des Codierens, und der Kryptoanalyse, sprich der Entzifferung, zu trainieren. Die Friedmans werden von einem Tag auf den anderen zu pädagogischen Vorreitern. »Wir mussten eine Menge Pionierarbeit leisten«, erinnert sich Elizebeth später, »denn literarische Verschlüsselung gibt einem zwar eine Ahnung von der Sache, aber sie ist in keiner Weise wissenschaftlich.« Die Friedmans krempeln die Ärmel hoch. Sie fühlen sich selbst als Lernende, entwickeln gleichzeitig einen Lehrplan – und lassen nebenbei ein Komplott auffliegen.

Das britische Scotland Yard schickt einen Koffer voller Agentenpost nach Riverbank. Es handelt sich um die Briefe von Hindus, die in England und den USA leben und die eine Revolution in Indien, das damals noch britische Kolonie ist, anzetteln wollen. Die anfängliche Arbeit übernimmt Elizebeth. Sie bringt Ordnung ins Chaos und sortiert die Schreiben in drei Stapel. Der erste für Nachrichten, die in fünfstelligen Zahlen chiffriert sind. Der zweite mit Kombinationen wie 34-2-17 und 36-5-22, bei denen sich die mittlere Ziffer häufiger wiederholt. Der dritte Stapel schließlich enthält Dreiergruppen mit überwiegend einstelligen Ziffern, deren mittlere jeweils eine Eins oder Zwei ist.

Letztere liefern den entscheidenden Hinweis. Der Basistext dafür müsse ein Lexikon sein, schlussfolgert William Friedman. Wobei die mittlere Ziffer die Spalte angibt, die beiden anderen Zahlen die Seite und die jeweilige Zeile. Treffer!

Beim mittleren Stapel hatte ein fauler Chiffrierer nur manche Worte verschlüsselt, andere jedoch ausgeschrieben. Die Satzteile lassen sich ergänzen und durch geschicktes Kombinieren weitere Worte finden, so dass Friedman 90 Prozent des Textes lesbar machen kann und schließlich sogar die Buchvorlage findet.

Die schwierigste Übung stellen die fünfstelligen Zahlen dar. Jeweils zwei fasst Friedman zusammen, teilt sie in Zweierkombinationen und untersucht sie auf mathematische Beziehungen und Wiederholungen. Er gruppiert den Text neu, ersetzt dann Zahlen durch Buchstaben. Dabei kann er auf Häufigkeiten bauen. In spanischen Texten beispielsweise fehlt kein q, weil »que« ein häufig benutztes Wort ist. In deutschen und englischen Texten ist »e« der häufigste Buchstaben. Kurz: Friedman gelingt es, den Code zu knacken. Die britischen Gerichte verurteilen daraufhin 200 der revolutionären Verschwörer.

Noch arbeiten wenige Spezialisten auf dem Gebiet der Kryptologie, und die Friedmans werden immer wieder mit der Bitte konfrontiert, neue Verschlüsselungstechniken – zunehmend auch maschinell gestützte – zu überprüfen. 1918 treten sie gegen den Wheatstone Cryptograf an. Elizebeth erzählt: »Es sah wie eine unlösbare Aufgabe aus: In Kriegszeiten wird eine Chiffrierung 100 bis 200 Mal pro Tag gebraucht, und selbst wenn der Schlüssel jeden Tag wechselt, gibt es eine Menge Nachrichten zu studieren.« Doch hier haben sie nur sechs kurze Texte in der Hand und müssen mit zwei unbekannten Alphabeten klarkommen, die sich unregelmäßig gegeneinander bewegen.

Doch ein Geistesblitz bringt das Paar auf die richtige Spur. Was, wenn der Codierer so einfältig war, das Wort »Chiffre« zu benutzen? Welches zweite Wort müsste es dann ergänzen? William Friedman probiert alle möglichen Kombinationen aus, keine funktioniert. Dann bittet er Elizebeth um Mithilfe. Sie soll sich zurücklehnen, die Augen schließen und ihren Geist völlig leer machen. Auf sein nächstes Stichwort solle sie das erste Wort sagen, das ihr durch den Kopf schießt. »Chiffre«, sagt er. »Maschine«, antwortet sie. Ein paar Minuten später ist der Code geknackt und der Satz, den niemand außer den Berechtigten entziffern können soll, lesbar. Er heißt: »Diese Nachricht ist absolut unentzifferbar.« Von wegen!

So sehr die Friedmans ihre knifflige Aufgabe lieben: Als der Krieg zu Ende ist, halten sie es in den Riverbank-Laboratorien, wo sie von Oberst Fabyan überwacht und gemaßregelt werden, nicht mehr aus. Im November 1920 unterschreiben sie einen Halbjahresvertrag bei der Armee. William dient schließlich 34 Jahre lang, für Elizebeth werden bei verschiedenen Regierungsorganisationen und mit kurzen Unterbrechungen fast ebenso viele daraus.

Für das Paar beginnt ein neues Leben. Die Friedmans ziehen aus der Abgeschiedenheit von Geneva in die Hauptstadt Washington D. C., wo sie ein Jahr lang das möblierte Studio eines Musiklehrers bewohnen. Neben dem Blick auf die Connecticut Avenue gehören Flügel und Klavier zu den Annehmlichkeiten der neuen Bleibe. Mit Freunden gründen die Jungverheirateten ein Quartett, das so flott spielt, dass die Leute auf der Straße stehenbleiben. Es ist ein unbeschwertes Leben in der Großstadt mit Spaziergängen an sonnigen Wintertagen und Theaterbesuchen an mindestens drei Abenden pro Woche, die Elizebeth überaus genießt.

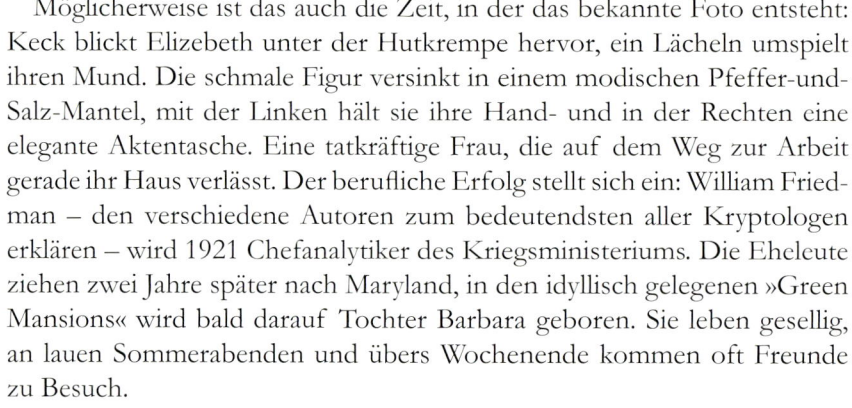

Möglicherweise ist das auch die Zeit, in der das bekannte Foto entsteht: Keck blickt Elizabeth unter der Hutkrempe hervor, ein Lächeln umspielt ihren Mund. Die schmale Figur versinkt in einem modischen Pfeffer-und-Salz-Mantel, mit der Linken hält sie ihre Hand- und in der Rechten eine elegante Aktentasche. Eine tatkräftige Frau, die auf dem Weg zur Arbeit gerade ihr Haus verlässt. Der berufliche Erfolg stellt sich ein: William Friedman – den verschiedene Autoren zum bedeutendsten aller Kryptologen erklären – wird 1921 Chefanalytiker des Kriegsministeriums. Die Eheleute ziehen zwei Jahre später nach Maryland, in den idyllisch gelegenen »Green Mansions« wird bald darauf Tochter Barbara geboren. Sie leben gesellig, an lauen Sommerabenden und übers Wochenende kommen oft Freunde zu Besuch.

Das Familienleben ist der Gegenpol zu der einsamen, konzentrierten Arbeit über Papierschnipseln mit Zahlen, Satzfetzen, wirren Buchstabenkombinationen und rätselhaften Botschaften. Besonders William Friedman braucht die Abwechslung, denn er verausgabt sich bei der Arbeit bis zur Erschöpfung und erleidet im Laufe seines Lebens mehrere Nervenzusammenbrüche. Depressionen und Selbstmordgedanken sind der Schatten seiner Genialität, die mit perfekten Entschlüsselungen, etlichen Patenten für Chiffriermaschinen und wegweisenden Aufsätzen in die Welt strahlt.

Elizabeth erträgt den Arbeitswütigen ebenso wie den Schwermütigen, sie reist mit ihm zu Kongressen nach Europa, sie besucht ihn täglich, als er in die Psychiatrie eingewiesen wird, und begleitet die langen Phasen der Rekonvaleszenz. Dabei führt sie neben dem Leben als Ehefrau längst ein ganz eigenes. Die zweifache Mutter – auf die Tochter folgt Sohn John Ramsay – ist eine gesuchte Kryptologin. »Wenn Friedman keine Zeit hat, ist seine Frau die Nummer zwei auf der Liste«, heißt es.

Ein Jahr lang »baut« sie für die Marine Codes, wenig später wird sie zum »Special Agent« der Navy ernannt. Ihre einzige Aufgabe: Sie soll die verschlüsselten Funksprüche von Schiffen entziffern und wird – im Auftrag von Recht und Gesetz – so zur echten Spionin. Schuld ist die Prohibition. Als die Vereinigten Staaten 1919 Herstellung, Transport und Verkauf von Alkohol verbieten, bricht die große Ära der Schmuggler an.

Eine ganze Flotte ist unterwegs, um Nachschub für die illegalen Flüsterkneipen zu besorgen. In den »Speakeasys« werden hochprozentige Drinks aus Kaffeetassen getrunken und Whiskey wird »on the rocks« serviert, weil der Geschmack des Fusels auf Eis weniger penetrant ist. In den Jahren bis 1933 wird in den USA übrigens mehr Alkohol getrunken als je zuvor.

Der Import läuft in großem Stil. An der Westküste kreuzen die Schmuggelschiffe zwischen Kanada und Mexiko, die Ostküste wird von Kuba und British Honduras, dem heutigen Belize, versorgt. Dabei transportieren Frachter die verbotene Ware bis an die Zwölfmeilenzone, wo sie auf Schnellboote umgeladen wird – in der Hoffnung, diese würden von der Küstenwache nicht entdeckt oder könnten ihr gegebenenfalls entkommen. Damit die Rendezvous auf hoher See gelingen können, nutzen die Schmuggler ein komplexes System von Funksprüchen. Illegale Stationen auf dem Festland senden an die Frachter, die wiederum Kontakt mit den Schnellbooten aufnehmen – jeweils mit eigenem Code.

Ende der 20er-Jahre wird die Pazifik-Flotte mit 25 Schiffen von vier Sendestationen aus dirigiert, insgesamt benutzen sie 50 verschiedene Codes. Auch technisch sind die Schmuggler lange Zeit besser ausgestattet als die Küstenwache. Doch endlich ist auch diese fähig, die Sender zu orten und Nachrichten mitzuhören. Im Oktober 1929 wird Elizebeth Friedman nach Houston, Texas, beordert, wo sie in einem Monat 24 verschiedene Verschlüsselungssysteme knackt und 650 Nachrichten zugänglich macht. Zwischen 1928 und 1930 untersucht ihre Einheit, die wohlgemerkt nur aus Elizebeth Friedman und ihrem Assistenten besteht, 25 000 Nachrichten und entziffert knapp die Hälfte davon.

So kann es nicht weitergehen! Um den Alkoholschmuggel effektiver zu bekämpfen, muss die Kommunikation der Gesetzesbrecher besser verfolgt werden. Endlich richtet das Finanzministerium, dem der millionenschwere illegale Handel ein Dorn im Auge ist, eine eigene Abteilung mit sechs Kryptologen ein – geleitet von Elizebeth Friedman.

Der Fall, der sie berühmt macht, ist die »Consolidated Exporters Corporation«. Es gelingt ihr, dieser berüchtigten Schmuggelorganisation das Handwerk zu legen. »Einige ihrer Systeme waren so komplex, dass keine Regierung sie für ihre geheime Kommunikation verwendet hat«, erinnert sich Friedman. Nicht einmal im Weltkrieg, als die Chiffriermethoden ihren höchsten Entwicklungsstand erreichen, hätten Staaten so verzweigte Codes benutzt wie die Schmuggelschiffe an der Westküste.

Doch Elizebeth Friedman knackt den Code und kann die entzifferten Funksprüche mit den tatsächlichen Routen der Transportschiffe in Übereinstimmung bringen. Als »Star der Anklage« betritt sie 1933 den Zeugenstand in New Orleans. Die Verteidigung hält sie für voreingenommen. Doch Elizebeth Friedman entgegnet kühl, ihre Schlussfolgerungen seien »keine Frage der Einstellung. Jeder andere Experte in den Vereinigten Staaten würde exakt zur gleichen Übersetzung kommen wie ich.« Am Ende wandern die fünf Anführer der Consolidated Exporters für zwei Jahre ins Gefängnis, 30 weitere Männer werden verurteilt. Der Ring, der quasi ein Monopol auf den Rumschmuggel im Pazifik und dem Golf von Mexiko hatte, ist gesprengt.

Ein Jahr später kann die Kryptologin den USA sogar aus einer diplomatischen Klemme helfen, als der Fall der »I'm alone« verhandelt wird. Die Küstenwache hatte den Zweimast-Schoner nach tagelanger Verfolgungsjagd aufgebracht und 1929 im Golf von Mexiko versenkt, mitsamt einer Ladung von 1500 Fässern Schnaps. Weil die »I'm alone« unter kanadischer Flagge segelte, fordert das Nachbarland für den Verlust des Schiffes 386 000 Dollar Entschädigung. Anhand zufällig aufgefangener Funksprüche jedoch kann die Kryptologin nachweisen, dass einer der Eigner des Schiffes in New York lebt. Der bekannte Alkoholschmuggler wird dingfest gemacht, und Kanada lässt sich auf einen Kompromiss ein: Die USA entschuldigen sich und zahlen an Kanada 50 000 Dollar – für die Beleidigung der Flagge.

Auch die Ezra-Brüder überführt die blitzgescheite Frau. Die Zwillinge sind Drogenschmuggler und haben sich mit verschlüsselten Briefen über erwartete Lieferungen von Opium, Kokain und Morphium informiert. Sie werden zu zwölf Jahren Gefängnis verurteilt. »Das wird ihnen Zeit geben«, schreibt eine kalifornische Zeitung, »einen Code zu entwickeln, der nicht von einer Frau geknackt werden kann.«

Doch solche Häme ist nicht angebracht. Als die Prohibition 1933 aufgehoben wird, warten längst andere, lebenswichtige Aufgaben auf Elizebeth. Die politische Situation in Europa ist angespannt, Krieg droht und bricht mit dem Überfall Deutschlands auf Polen 1939 aus. Die USA treten zwar erst nach dem Angriff auf Pearl Harbor am 7. Dezember 1941 in den Zweiten Weltkrieg ein – vorbereitet aber haben sie sich schon lange. Auch, was die Ver- und Entschlüsselungstechnik betrifft.

William Friedman hat, was nur wenige hochrangige Militärs und die politische Führung der Vereinigten Staaten wissen dürfen, »Purple« geknackt. Die Texte aus dieser japanischen Verschlüsselungsmaschine, die über elektrische Impulse und gestaffelte Wählschalter umgesetzt werden, sind noch schwerer zu entziffern als jene der deutschen »Enigma«.

Durch Friedmans beharrliche und geheime Forschung erfahren die Amerikaner, dass Krieg kurz bevorsteht. Auch der geplante Angriff auf Pearl Harbor ist den Männern in Friedmans Gruppe bekannt, sie schlafen in dieser Nacht in Uniform im Büro. Doch Verzögerungen und Fehlinterpretationen führen dazu, dass die japanischen Luftangriffe den Flottenstützpunkt auf Hawaii völlig unvorbereitet treffen. Die verheerende Bilanz: 2400 Tote und 1200 Verwundete, acht Schiffe versenkt und hunderte Flugzeuge zerstört. »Für einige Zeit«, erinnert sich Elizebeth Friedman, »konnte William nichts anderes tun, als im Zimmer hin und her zu laufen. Dabei murmelte er fortwährend: Aber sie wussten es, sie wussten, sie wussten.«

Das Desaster von Pearl Harbor macht den »Spionen« an der Heimatfront klar, dass auch ihr Erfolg oder ihr Versagen über Menschenleben entscheidet. William Friedman wird gegen Ende seines Lebens formulieren: »Wir sollten den Tatsachen ins Auge sehen und auch dieses zur Kenntnis nehmen: Krypto-Technologie ist eine der wichtigsten Waffen des Krieges, genauso wichtig wie die Kerntechnologie.«

Ob sich Elizebeth Friedman mit solchen Gedanken quält? Sie hinterlässt keine schriftlichen Zeugnisse, stellt sich aber in den Dienst ihres Landes: Schon seit November 1941 arbeitet sie für die Abteilung Strategische Dienste, die Krypto-Techniken für die Vereinigten Staaten geordert hat. Friedman und ihre Mitarbeiter bereiten Schlüssel vor, mit denen das eigene Militär geheime Nachrichten im Feld übermitteln kann. Alphabet-Streifen

gehören dazu und andere Hilfsmittel. Daneben rekrutiert Elizebeth junge Kryptologen und entwickelt ein Schema, mit dem Agenten im Gebrauch von Codes und Chiffrierung geschult werden.

Ihre Arbeit firmiert jetzt als »streng geheim«. Nicht einmal mit ihrem Mann, mit dem sie Tisch und Bett teilt, darf sie darüber sprechen. Das gilt auch umgekehrt. William Friedman wird sogar vor den Chef des Militärgeheimdienstes zitiert und muss sich peinlichen Anwürfen stellen, obwohl die Friedmans zu Hause eine Regel strikt einhalten: Kein Wort über die Arbeit. Dabei gäbe es viel zu berichten. Unter Leitung von William Friedman bauen die USA den Signal Security Service aus, die Zahl der Mitarbeiter steigt dramatisch: von rund 300 im Jahr 1939 auf über 10 000 Männer und Frauen bei Kriegsende. Vom Munitionsgebäude in Washington ziehen die Verschlüsselungsexperten im Sommer 1942 über den Potomac ins fünf Kilometer entfernte Arlington Hall, zudem wird ein Trainingscamp in den Blue Ridge Mountains eingerichtet.

Frauen melden sich als Freiwillige. Sie wollen ihrem Land dienen, dürfen aber nicht an die Front und übernehmen jetzt die Verwaltungsjobs der Soldaten, die in Übersee kämpfen. Viele von ihnen arbeiten beim Nachrichtendienst. Die Anforderungen sind hoch. Die Kryptoanalystinnen sollen mathematisches Verständnis und Sprachkenntnisse mitbringen, einen exzellenten Charakter haben und bedingungslos loyal sein. Ferner sollten sie finanziell abgesichert sein und dürfen keine intimen Beziehungen zu Ausländern unterhalten.

Wer all dies erfüllen kann, muss in einem Knochenjob bestehen. Jeweils hundert Frauen, die meisten noch jung, sitzen in Sälen mit dünner Luft, vor sich kilometerlange Papierstreifen. Sie versuchen, in den Texten Muster zu erkennen – manche beherrschen sogar die japanische Silbenschrift Katakana. Andere tippen und morsen. Die Frauen arbeiten im Dreischichtbetrieb und finden nach der anstrengenden Arbeit in Schlafsälen mit 48 Betten kaum Ruhe. Als Folge leiden viele von ihnen unter Magenproblemen und Depressionen. Vielleicht auch, weil sie nie erfahren, was ihr patriotischer Einsatz bewirkt. Denn die wichtigste Regel heißt: Rede nicht.

Für Elizebeth Friedman ist das die geringste Schwierigkeit. 1892 als jüngstes von neun Kindern von John M. Smith – einem Milchhändler, Bankier und Politiker – und seiner Frau Sophia geboren, war sie schon als Kind energisch, ungeduldig und auf ihre Ziele fixiert. Eine Charaktereigenschaft, die den Erfolg dieser Spionin, die den Kriegsgegner ausspioniert, garantiert. Sie widmet sich ihrer Sache mit Leib und Seele, formuliert in einem Memorandum: »Aus technischer Perspektive ist das Lösen eines Codes sehr viel schwieriger und braucht mehr Zeit und Anstrengung als das Lösen verschlüsselter Nachrichten.« Denn ein Code ist nur das

71

Basissystem, die zugehörigen Texte müssen dann gefunden und übersetzt werden.

Den Beweis für diese These tritt sie im August 1942 an, als die Regierung ihren Rat in Sachen Velvalee Dickinson sucht. Eigentlich fällt das nicht in Elizebeth Friedmans Aufgabenbereich, denn schließlich hat die Puppenhändlerin aus New York ihre Briefe an Kunden in aller Welt für jedermann verständlich ausformuliert und lesbar geschrieben. Der Code liegt also offen, ist damit aber umso besser versteckt. Immerhin: Elizebeth Friedman kann entscheidende Hinweise geben. Wenn Velvalee Dickinson über »meine Familie« schreibt, überlegt sie, könnte sich das auf die japanische Flotte oder eine Gruppe Agenten beziehen. »Drei englische Puppen« wiederum könnten englische Kriegsschiffe sein, und »nicht mehr im Laden« mag heißen, dass die Zerstörer den Hafen verlassen haben. Der Geheimdienst folgt Elizebeths Anregungen, und die »Puppenfrau«, die auf diesem Wege Informationen an die Japaner gegeben hat, wird 1944 zu zehn Jahren Haft verurteilt.

Auf den Beweis ihres Scharfsinns ist Elizebeth Friedman nicht einmal besonders stolz. Hauptsächlich arbeitet sie zu dieser Zeit mit ihrer Abteilung im Finanzministerium daran, Funksprüche von deutschen Agenten und Sympathisanten aus Südamerika abzufangen und zu entschlüsseln. Viele haben die Bewegungen der alliierten Flotte zum Inhalt, andere weisen die Verwicklung offiziell neutraler Staaten in den Zweiten Weltkrieg nach. Ein echter Erfolg. Doch als 1943 ein Bericht darüber veröffentlicht wird, der einige Depeschen sogar wörtlich zitiert, ist der Gegner gewarnt. Er wechselt die Sendestationen, benutzt andere Wellenlängen und tauscht die verwendeten Codes aus.

Wegen solcher Missgeschicke stellt Elizebeth Friedman ihre Arbeit nicht grundsätzlich in Frage. Nach dem Krieg nutzt sie ihr umfangreiches Wissen über Entschlüsselungstechniken, um ein ausgeklügeltes Verschlüsselungssystem für den Internationalen Währungsfonds zu entwickeln. Dieses basiert auf Einmal-Bändern, vergleichbar mit den Transaktionsnummern, die heutzutage elektronische Zahlungsanweisungen sichern. Um sie wirkungsvoll zu sichern, werden sie in großen Safes verwahrt – keine Regierung der Welt soll sich aus dem Wissen um die Aktivitäten des 1944 gegründeten IWF Vorteile verschaffen können.

Eigentlich hätten die Friedmans ganz anderes vorgehabt. Mitte der 50er-Jahre gehen sie in den sogenannten Ruhestand und widmen sich wieder Shakespeare. Sie haben ein Haus am Capitol Hill in Washington bezogen, auf halbem Weg zwischen der ehrwürdigen Nationalbibliothek und der Folger Shakespeare Library. Alles Material, das sie über die Jahre zur Forschung über den englischen Dichter gesammelt haben, fassen sie in *The Shakespearean Ciphers Examined* zusammen, *dem* Standardwerk. Dabei widerlegen sie ganz nebenbei Mrs. Gallups gewagte Hypothesen zum Bacon-Code: Die Lettern, mit denen die Folio-Ausgabe gedruckt wurde, waren nicht gewollt verschieden, sondern ganz einfach abgenutzt. Eine bewusste Verwendung oder gar eine versteckte Botschaft ist nicht zu erkennen.

Selbst danach lässt die Kryptologie die beiden Koryphäen nicht los. Sie reisen nach Yucatan, um sich die Maya-Hieroglyphen vorzunehmen. Doch das ambitionierte Projekt kommt nicht voran. Andere Beschäftigungen verlangen Zeit und Aufmerksamkeit. Über ihren Mann schreibt Elizebeth: »Er war und ist ein Berater des Verteidigungsministeriums, der Nationalen Wissenschaftsakademie und der Linguistik-Abteilung der Georgetown Universität. Wir werden ständig gedrängt, Artikel zu schreiben und sogar Bücher, und Vorträge zu halten. Ich bin sicher, wir werden in den Stiefeln sterben.«

Doch das Ende ereilt sie nicht mitten in der Arbeit. Im Mai 1969 erleidet William Friedmann eine schwere Herzattacke, es muss die vierte oder fünfte sein. Als am 2. November die nächste kommt, stirbt er binnen einer halben Stunde. Er wird mit allen Ehren auf dem nationalen Soldatenfriedhof von Arlington beerdigt. Bis zu ihrem eigenen Tod am 31. Oktober 1980 verwendet Elizebeth viel Zeit darauf, das gemeinsame Lebenswerk zu ordnen.

G. P.

Elizebeth
Friedman

DAS GRAUSAME
JUWEL DES OSTENS

Yoshiko Kawashima

24.5.1907 - 25.3.1948

"Wenn du
einen verlo-
renen Menschen
sehen willst,
eine Person,
die für alle
möglichen Zwe-
cke benutzt
wurde und am
Ende nur noch
ein mensch-
liches Wrack
ist, schau
her: Das bin
ich."

Ein Leben wie im Märchen, so wunderbar und auch so grausam: Yoshiko Kawashima ist in ihren guten Zeiten Prinzessin, gefeierte Spionin, Kommandeurin einer Banditentruppe und Leiterin des kaiserlichen Hofstaates von Mandschukuo. In den schlechten zeigt sich das »Juwel des Ostens« als mitleidlose Sadistin, gemeine Erpresserin und Verräterin.

Als Yoshiko 1945 im Gefängnis sitzt und zwei Jahre lang darauf warten muss, dass ein chinesisches Militärtribunal über ihr Schicksal entscheidet, schreibt sie jedoch überraschend zarte Zeilen:

Wenn ich auch ein Heim habe, kann ich nicht zurückkehren,
Wenn ich auch voller Tränen bin, finde ich keine Worte für meinen
Schmerz,
Wenn es auch ein Gesetz gibt, ist es nicht gerecht,
Und wenn die Anschuldigung falsch ist, an wen kann ich appellieren?

Verzweiflung spricht daraus – und die Furcht vor dem Tod. Denn Yoshiko Kawashima ist sehr wohl bewusst, dass ihr Erdrückendes zur Last gelegt wird: Sie ist angeklagt, für die Japaner spioniert, Rebellionen angestiftet und Pu Yi, den letzten Kaiser von China und Herrscher über das künstliche Reich Mandschukuo, unterstützt zu haben. Das alles bestreitet Yoshiko Kawashima nicht. Aber die gebürtige Chinesin besteht darauf, dass man gegen sie als Japanerin und Angehörige einer gegnerischen Armee verhandelt. Yoshiko will ihr Leben nicht als Verräterin verlieren – wenigstens dies, wo sie schon so vieles verloren hat in ihrem Leben.

Der erste und vielleicht größte Verlust sind ihre Eltern, die Yoshiko als Kind weggeben. Ihr Vater Prinz Su, der sich zu den Nachkommen des Kaisers Nurhaci zählt und der königlichen Familie der Mandschurei angehört, will sich gut mit dem Japaner Naniwa Kawashima stellen. Der gilt als herausragender Geheimagent und Agitator seines Landes und verfolgt angeblich – wie Su – das Ziel einer unabhängigen Mandschurei. Die Provinzen im Nordosten Chinas waren bis 1900 von Russland besetzt, nach dem russisch-japanischen Krieg 1904 fielen sie offiziell wieder an China zurück.

Volksheldin der Japaner

Und während die Mandschurei von Unabhängigkeit träumt, versucht Japan Anfang des 20. Jahrhunderts, Einfluss auf seinen westlichen Nachbarn zu gewinnen und ihn unter Kontrolle zu bringen. In diesem taktischen Kampf wird Yoshiko zum Unterpfand. Das Mädchen, geboren am 24. Mai 1907 und auf den Namen Hsiangyu getauft, ist die 14. Tochter von Prinz Su. Das Kind einer Konkubine. Im zarten Alter von sechs – in anderen Darstellungen heißt es acht – Jahren gibt der Vater sie in die Obhut seines kinderlosen Freundes Kawashima. »Ich schenke dir ein Spielzeug«, soll er dabei gesagt haben.

Für das feingliedrige Mädchen, das auch »Dongzhen« oder »Juwel des Ostens« gerufen wird, beginnt damit ein komplett neues Leben. Sie, die ein höfisches Leben gewohnt ist, muss sich in einen japanischen Haushalt einfügen. Sie wird nun Yoshiko genannt und soll die fremde Kultur und Lebensweise der Japaner übernehmen. Ihr unkonventionelles Wesen beweist sie bereits in der High School. »Yoshiko kam am ersten Tag in westlichen Kleidern, während wir alle Kimono trugen«, erinnert sich eine Klassenkameradin an gemeinsame Tage in Tokyo. »Sie übte Sachen wie Schießen, Kendo und Reiten, ganz wie ein Junge. Sie war ein Freigeist.«

Eine unzähmbare Wilde, die zur Schönheit heranwächst und der ihre Stellung als Frau – wenn man den Berichten glauben darf – schmerzlich bewusst wird. Mit 17 Jahren verliebt sie sich unsterblich in einen jungen Offizier und denkt schon an die Hochzeit. Doch der Angebetete weist ihre Avancen zurück. Sein gesellschaftlicher Rang ist zu niedrig und erlaubt die Verbindung mit der Prinzessin nicht.

Als Adoptivvater Kawashima von ihren Heiratsplänen erfährt, so behauptet Yoshiko, habe der 59-Jährige sie brutal vergewaltigt. Vielleicht hat er sie auch nur verführt. Danach stürzt das Mädchen emotional ab. Nicht zum ersten Mal, nun aber für alle unübersehbar. Denn Yoshiko lässt sich die langen Haare abschneiden und trägt fortan einen Jungenschnitt. Zuvor lässt sie noch ein Foto machen. »Bild des Endes einer Frau«, schreibt sie auf den Rand.

Ihren sexuellen Wünschen lässt sie ab diesem Zeitpunkt freien Lauf, liebt Männer wie Frauen in großer Zahl. Kawashima schreitet nicht ein, solange sie ungebunden ist. Auf seinen Befehl heiratet Yoshiko 1927 dann Prinz Ganjuurjab. Eine politische Verbindung: sie als mandschurische

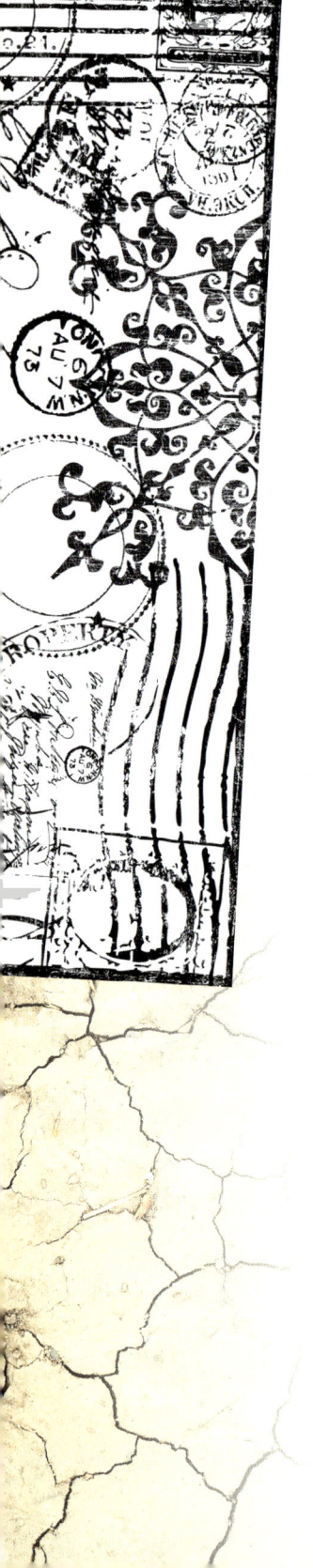

Prinzessin mit japanischer Erziehung, er als Sohn des Befehlshabers der Armee der Inneren Mongolei und Führers der Unabhängigkeitsbewegung. Die Hochzeit wird im November mit großem Zeremoniell gefeiert, auf den überlieferten Fotos stehen Braut und Bräutigam seltsam steif. Den gesellschaftlichen Druck und die Einsamkeit der Steppe hält Yoshiko nicht lange aus, nach vier Monaten flieht sie. Die Ehe wird zwei Jahre später geschieden, angeblich ist sie nie vollzogen worden.

Danach sucht das Juwel des Ostens den Rummel der Großstadt. In Hongkong, Peking und Tokyo führt sie das Leben eines Bohemiens und lässt sich von reichen Liebhabern aushalten. Sie erhält, weil sie aus einer königlichen Familie stammt und mit ihm verwandt ist, auch Zugang zum entmachteten Kaiser von China. Pu Yi hat sich – nach der Abdankung 1912 und seiner Vertreibung aus der Verbotenen Stadt im Jahr 1924 – in der Hafen- und Industriestadt Tientsin niedergelassen. Yoshikos Besuch dauert länger als geplant, denn sie freundet sich mit dem gerade ein Jahr älteren Pu Yi und seiner Frau an.

Yoshiko Kawashimas Rolle in der chinesischen Geschichte ist bedeutsam und ihr Auftreten so schillernd, dass ihr Regisseur Bernardo Bertolucci in *Der letzte Kaiser* einige Szenen auf den Leib schreibt. In dem oscargekrönten Monumentalfilm erscheint das Juwel des Ostens als burschikose Pilotin, ganz in Leder gehüllt, und als schlangengleiche Verführerin: eine hochgewachsene Frau von grenzenloser Grausamkeit.

Fotos der echten Yoshiko indes zeigen ein fragiles Persönchen, das in glänzenden Schaftstiefeln und pluderig weiten Reithosen fast versinkt. Doch sie nimmt militärische Haltung an, stützt sich mit beiden Händen auf ihren Degen und blickt selbstbewusst unter der Uniformmütze hervor. Ihr Gesicht ist schmal, in den Augen liegt die Traurigkeit wie ein Schatten. Dabei ist die kleine Frau, als diese Aufnahme um 1933 entsteht, auf der Höhe ihres Ruhmes und wird als Nationalheldin gefeiert. Wie es dazu gekommen ist?

1925 lässt sich Yoshiko in Shanghai nieder und lernt Ryukichi Tanaka kennen. Der große Mann mit dem tonnenförmigen Brustkorb teilt ihre Leidenschaft für Stiefel und wird bald ihr Geliebter. Mehr noch: Tanaka ist Chef des Militärgeheimdienstes und setzt Yoshiko wenig später auf seine Gehaltsliste. Das ist un-, aber nicht außergewöhnlich: Der japanische Geheimdienst Kempeitai stellt auch Frauen ein, sofern sie nützlich sein können. Die Organisation geht in den 30er-Jahren, als Japan die Vormacht im ostasiatischen Raum anstrebt, außergewöhnlich aggressiv vor. Beispielsweise verüben seine Agenten in Mukden, der Hauptstadt der Mandschurei, im September 1931 einen Anschlag auf eine Brücke und schieben den »Zwischenfall« den Chinesen in die Schuhe. Sie liefern Japan damit den Vorwand für eine Invasion der Provinzen, das 1932 den Satellitenstaat Mandschukuo ausruft.

Yoshiko wird zum willigen Werkzeug Japans und zur erfindungsreichen Agentin. Von Tanaka mit 10 000 Dollar ausgestattet, heuert sie in Shanghai Räuber an, die japanische Geschäftsleute und Privathäuser überfallen. Das schürt Angst in der chinesischen Millionenstadt, in der die Animositäten vieler Nationen wie in einem Schmelztiegel brodeln. Unruhen brechen aus, bald darauf kommt es zu ersten Gefechten zwischen chinesischen und japanischen Einheiten. Die japanische Luftwaffe greift mit den ersten Bombardements der Weltgeschichte an. Im Februar 1932 fliegt Yoshiko Kawashima während eines solchen Kampfes über Shanghai und soll dabei begeistert geklatscht haben. Wie Chinesen berichten, sei sie danach »fröhlich durch die verwüsteten Straßen spaziert und [habe] mit japanischen Offizieren gescherzt, während sie über die Leichen von brutal ermordeten Frauen und Kindern stieg.«

Kann ein weibliches Wesen so mitleidslos sein? Warum nicht? Vorsicht ist bei allen Erzählungen über Yoshiko Kawashimas Leben geboten. Denn nicht nur Autorinnen wie Lillian Lee und Maureen Lindley, die sie zur Heldin ihrer Romane machen, mischen großzügig Fakten und Fiktion. Vieles bleibt schlicht unbekannt. Die attraktive Spionin, die wie ein Hollywood-Star auftreten kann oder sich als Mann verkleidet unters Volk mischt, hinterlässt einen Lebenslauf mit vielen Leerstellen.

Als sicher gilt, dass sie zunächst in Shanghai bleibt. Die Stadt wird im Mai 1932 zur entmilitarisierten Zone erklärt – und Yoshiko, die inzwischen auch den britischen Militärattaché zu ihren Liebhabern zählt, sammelt fleißig Informationen und sendet Berichte über internationale Reaktionen an Tanaka. Der indes hält die jugendliche Schöne längst für jenseits von Gut und Böse.

Dagegen weiß General Kenji Doihara ihre Fähigkeiten für sich zu nutzen. Der frühere Geheimdienstoffizier und Bürgermeister von Mukden beherrscht nicht nur neun europäische Sprachen, er beweist nach seiner Ernennung im September 1931 auch politischen Willen und diplomatisches Geschick. Er beordert Yoshiko nach Tientsin: Sie soll den entmachteten Pu Yi ins Land zurückholen, als neuen Kaiser von Mandschukuo und Marionette der Japaner.

Das Versprechen neuer Macht allein kann Pu Yi nicht locken. Aber Yoshiko besinnt sich auf uralte Kriegslisten. »Den Feind militärisch zu besiegen ist die minderwertige Strategie«, hat Sun Tzu schon vor 2500 Jahren geschrieben, »ihn psychologisch zu besiegen die überlegene.« Das Juwel des Ostens wendet subtile Methoden an, um Pu Yis Widerstand zu brechen. Sie flüstert dem früheren Kaiser ein, sein Leben sei bedroht. Sie »entdeckt« Giftschlangen in seinem Bett und Bomben in einem Früchtekorb, fingiert einen Angriff auf die Palastwache und arrangiert schließlich seine Flucht im Kofferraum eines Autos. Die kaiserliche Gemahlin entführt sie später selbst, verkleidet als Taxifahrer.

Ihre Findigkeit, ein kühler Kopf und vielleicht auch ihr Charme lassen sie ungezählte Straßenkontrollen durchstehen und ihre Hoheit auf einen japanischen Zerstörer bringen. Eine Heldentat, für die Yoshiko Kawashima im März 1932 nach der Ernennung Pu Yis zum Präsidenten – ab 1934 ist er Kaiser von Mandschukuo – belohnt wird: Sie wird zur Kommandeurin befördert, darf die Uniform der Armee von Mandschukuo tragen und wird im August Leiterin des weiblichen Hofstaats.

Währenddessen bleibt sie als Offizier aktiv und ist beteiligt, als die Truppen Mandschukuos 1933 fast bis zur Chinesischen Mauer vorrücken, eine Provinz der Inneren Mongolei erobern und sie quasi zum japanischen Hoheitsgebiet machen. Yoshiko Kawashima kommandiert ihre eigene Kavallerie-Einheit, die aus 3000 bis 5000 früheren Banditen besteht und durch ihre Guerilla-Taktik äußerst erfolgreich ist.

Kein Wunder, dass ihre Anführerin auf Fotos so selbstbewusst und stolz dasteht. Yoshiko wird zu einer Berühmtheit: Zeitungen und Gazetten bezeichnen sie als »Jeanne d'Arc der Mandschurei« und schmücken ihren ohnehin interessanten Lebenslauf mit exotischen Details aus. Yoshiko reist viel, sie absolviert öffentliche Auftritte und spricht im Radio.

Anders als in westlichen Kulturen genießen Spione und Agenten in Japan hohes Ansehen, Spionage gilt hier als eine ehrenwerte und patriotische Pflicht. Ihre Geschichte reicht bis ins 6. Jahrhundert zurück, später gelten die Elitekämpfer der Ninja und Ronin als ihre vornehmsten Vertreter. In Europa dagegen steckt die Spionage bis ins 19. Jahrhundert noch in den Kinderschuhen.

Auf allen Kontinenten und über die Jahrhunderte hinweg aber gilt eine Regel: Ein Spion, den jedermann kennt, muss den Beruf wechseln. Auch Yoshiko muss sich beugen: Sie eröffnet in Tientsin ein chinesisches Restaurant und findet vielleicht zum ersten Mal in ihrem Leben die echte Liebe. Yoshiko Yamaguchi wirkt wie ihr Gegenstück: Die aufregend schöne Schauspielerin ist in Japan geboren, in China aufgewachsen und ebenso ruhelos wie Yoshiko. Das gemeinsame Glück währt nur kurz, denn der Vater ihrer Freundin untersagt den Kontakt.

Yoshiko Kawashima leidet schwer und begeht im Juli 1937 einen fatalen Fehler. Nach dem – möglicherweise bewusst provozierten – Zusammenstoß der chinesischen Revolutionsarmee mit japanischen Truppen an der Marco-Polo-Brücke in Peking, der den Krieg im Pazifik auslöst, informiert sie den japanischen Premierminister und durchkreuzt damit andere Pläne der Militärführer. Sie fällt in Ungnade und soll sterben. Dann aber gibt man sich mit ihrer Verbannung zufrieden. Im japanischen Exil schreibt sie ihre Biografie und nimmt eine Platte auf. Das Sammlerstück verkauft sich gut, Yoshikos Ruhm überstrahlt ihre schiefen Töne.

1941 wird die Spionin sogar in den Dienst zurückbeordert, um in Peking Informationen über die Chinesen und anti-japanische Aktivitäten zu sammeln. Das Juwel des Ostens residiert im besten Hotel der Stadt, sie umgibt sich mitten im Krieg mit Luxus und vielen attraktiven Männern und Frauen. Ein aufwendiges und kostspieliges Leben. Um an das nötige Geld zu gelangen, nutzt Yoshiko, die inzwischen Mitte 30 ist und ihre Schönheit

schwinden spürt, das Klima von Angst und Misstrauen. Sie tut kund, dass sie – gegen entsprechende Zuwendungen – das Leben von Häftlingen retten kann, die der Sabotage oder Spionage angeklagt sind. Zudem behauptet sie Geschäftsleuten gegenüber, sie würden verdächtigt, könnten sich aber gegen einen geringen Betrag von ihr schützen lassen.

Was sie tatsächlich erfährt und was sie an die Japaner weitergibt, ist nicht bekannt. Sicher ist: Es ist der Anfang vom Ende. Aus der Spionin, die einst für die Befreiung ihrer Heimat Mandschurei gekämpft hat, ist eine Kriminelle geworden. Eine Betrügerin und Erpresserin.

Bei Kriegsende, im September 1945, stürzt Asien ins Chaos. Mandschukuo, um das Japan und die Sowjetunion 1938/39 gekämpft haben und das danach vom Krieg verschont geblieben ist, kollabiert. Sowjetische Truppen besetzen das Land, das 1946 wieder an China fällt. Dort ringen unterdessen die Nationalisten unter Tschiang Kai-schek und die Kommunisten unter Mao um die Macht.

Mit einer kleinen Notiz nur melden chinesische Zeitungen am 11. November 1945, dass eine »lange gesuchte Schönheit in Männerkleidern in Peking durch Offiziere der Gegenspionage verhaftet« worden ist. Es ist Yoshiko Kawashima. Doch das Juwel des Ostens funkelt nicht mehr – Yoshiko ist müde, verhärmt und der Droge ihrer Zeit verfallen, dem Opium. Ein »aufgedunsenes, syphilitisches Monster, das Kinder erbeutete«, formuliert ein Sensationsreporter Anfang der 80er-Jahre böse. Gerüchten zufolge ist Yoshiko Kawashima kurz nach ihrer Festnahme erschossen worden.

Wahr ist, dass sie zunächst ins Hopei Modell-Gefängnis gebracht und 1947 vor ein Militärtribunal gestellt wird. Die Anklage listet auf: Yoshiko Kawashima habe sich als Spionin zwischen Peking, Tientsin und Japan bewegt. Sie habe Geheimnisse der chinesischen Nationalpartei in den Massenmedien verraten und Pu Yi bei seinem Versuch unterstützt, die Mandschurei wieder aufzubauen. Dass sie eine gegnerische Agentin ist, gesteht man ihr nicht zu: Weil ihr Vater Chinese ist und sie keinen Nachweis ihrer japanischen Staatsangehörigkeit beibringen kann, wird Yoshiko als Chinesin behandelt. »Diese Frau verdient als Verräterin den Tod«, plädiert der Chefankläger. Das Urteil fällt nach drei Verhandlungstagen. Eine Berufung lehnen die Richter ebenso ab wie Yoshikos Bitte, vor ein Exekutionskommando gestellt zu werden.

Auch wenn sie den Tod fürchtet wie nichts anderes auf der Welt, vom Leben hat das Juwel des Ostens schon genug. »Tu was du willst«, hatte sie Yoshiko Yamaguchi nach dem Wiedersehen und einer gescheiterten Annäherung mit auf den Weg gegeben. »Wenn du einen verlorenen Menschen sehen willst, eine Person, die für alle möglichen Zwecke benutzt wurde und am Ende nur noch ein menschliches Wrack ist, schau her: Das bin ich.«

In ihrer Zelle notiert sie ihren letzten Wunsch auf einem Zettel. »Hebt die Knochen meines Vaters Prinz Su und meines Lieblingsaffen Fuku aus und vergrabt sie zusammen mit meinen. Ich will nicht mit Menschen begraben werden, ein Affe reicht aus. Affen sind ehrlich und aufrichtig.«

Im Morgengrauen des 25. März 1948 weckt man Yoshiko aus tiefem Schlaf. Sie schlüpft in die wattierte Gefängnisuniform und geht, von sechs Bewaffneten eskortiert, zum Ende des Gemüsegartens. Hier muss die einst gefeierte Spionin niederknien, ein Genickschuss beendet ihr Leben. Yoshiko Kawashimas Leiche wird auf eine roh gezimmerte Bahre gelegt und zur Schau gestellt: vor den Militärs, die Zeugen der Exekution sind, und den Mitgefangenen.

Unter denen, die Yoshiko Kawashima überleben, sind Pu Yi, der letzte Kaiser, der zehn Jahre in einem Umerziehungslager verbringt und dann als Gärtner arbeitet, und Yoshiko Yamaguchi. Auch sie wird von den Chinesen verhaftet und als Spionin angeklagt, als gebürtige Japanerin aber freigesprochen. 1946 kehrt sie in ihr Heimatland zurück und beginnt eine Gesangskarriere, die sie bis nach Hollywood und an den Broadway bringt.

G. P.

Yoshiko
Kawashima

LIEBESGRÜSSE AN MOSKAU

Ursula Kuczynski

15.5.1907 - 7.7.2000

"Ich habe die Arbeit nicht 'ausgehalten', ich habe sie getan. Es gab ja gar keine andere Möglichkeit für mich im Kampf gegen Faschismus und Krieg. Es war die aktivste und direkteste Tätigkeit, die ich mir vorstellen konnte, und ich habe sie als etwas Positives, Aktives, Gutes empfunden."

Sie ist unbeirrbar, scheut weder Gefahr noch die Fremde. Ursula Kuczynski forscht unter dem Decknamen »Sonja« China aus, sie funkt aus Polen und leitet in England zwei bedeutende Atomspione an. Trotz dieser riskanten Aufgaben im Dienste der Sowjetunion bekommt sie drei Kinder und wird später eine der bekanntesten Autorinnen der DDR.

Wenn es nur nicht so kalt wäre! Das Feuer im Ofen ist nur noch ein schwaches Glimmen, ihre Beine im Trainingsanzug zittern schon. Dabei hat sich Ursula Kuczynski, wie sie sich in *Sonjas Rapport* erinnert, in Decken gewickelt und Handschuhe übergestreift. Doch ihre Finger werden steif, sind auf der Morsetaste einfach zu langsam. »Hörst du mich gut?«, fragt sie den Genossen in Wladiwostok. Die 27-Jährige reibt sich die Hände, bläst ihren warmen Atem hinein. Sie lauscht einen Moment. Micha, ihr dreijähriger Sohn, schläft in letzter Zeit unruhig. Wladiwostok meldet sich: nicht verstanden. Also von vorn. 127 Gruppen à fünf Zahlen muss Sonja in dieser Nacht funken. Wieder tippt sie auf eine Garnspule, die sie auf einer Holzleiste befestigt hat. Eine Schraube schlägt auf das darunter liegende Messinglineal und gibt den elektrischen Impuls.

Die chinesischen Schriftzeichen, die in das Metall graviert sind, bedeuten: »Wer sich die Weisheit der Begriffe Sinn und Leben in ihrer Tiefe zu eigen macht, wird fünfhundert Jahre alt.« Dabei kann Ursula nur hoffen, die nächsten Jahre zu überleben. Ihr Leben als Spionin ist gefährlich: 1934 ist die verheiratete junge Frau mit ihrem Geliebten Ernst und dem Kind in Mukden – dem heutigen Shenyang – eingetroffen. Die wirtschaftliche und kulturelle Metropole im Nordosten Chinas ist schon seit zwei Jahren von den Japanern besetzt und zur Hauptstadt ihres Satellitenstaates Mandschukuo ausgerufen worden.

Eine politisch brenzlige Situation, der Krieg ist zum Greifen nah. Die geheimen Nachrichten über die Lage vor Ort sendet Sonja aus dem Gartenhaus einer Luxusvilla, das ihr Domizil ist. Auf dem Dach die Antenne, im Wohnzimmer – notdürftig getarnt – der monströs große Sender. »Über die Gefahr, in der ich mich befand, konnte ich mich nicht jedes Mal neu aufregen; viel aufreibender waren die genannten Unzulänglichkeiten. Ging

die Arbeit gut von der Hand, fühlte ich mich wohl«, schreibt sie in ihren Lebenserinnerungen. »Mein Haus mit den geschlossenen Fensterläden war wie eine Burg. Das Licht im Zimmer war abgedeckt, ein kleiner Schimmer, gerade ausreichend zum Lesen und Schreiben, fiel auf die Tischplatte.«

Ihre Kindheit? Ist geprägt vom großbürgerlichen Elternhaus – und von Mangel. Ihre Mutter Berta ist eine geborene Gradenwitz, der Vater Robert René Kuczynski ein bekannter jüdischer Ökonom und Statistiker mit linker Einstellung. Die Familie lebt zwar in einer großen Villa in Berlin-Schlachtensee, mit sechs Kindern aber in bescheidenen Verhältnissen. Ruth Ursula, die am 15. Mai 1907 als Zweitälteste zur Welt gekommen ist, erlebt die Jahre des Ersten Weltkriegs mit wachem Bewusstsein und leerem Magen. »Mit zehn Jahren stand für mich das Hungerhaben im Vordergrund, die Kohlrübenmarmelade auf dem Brot«, erinnert sie sich noch siebzig Jahre später.

Im März 1918 wird das unterernährte Kind zu Bekannten aufs Land, ins brandenburgische Groß Marzehns, geschickt. An ihre Mutter schreibt sie: »Die Bratkartoffeln schwammen im Fett. In den Kartoffeln waren vier Eier und kleine Speckstückchen. Danach konnte man noch Gelee mit Vanilletunke nehmen. Dann ging ich todsatt ins Bett. Gruß von Deiner glücklichen Tochter.« Das Fabulieren ist dem Mädchen ebenso in die Wiege gelegt wie die Lust am Leben. »Was bin ich für ein gesunder Mensch! Was freue ich mich aufs Leben! Wie ist das Jungsein doch schön«, vertraut sie ihrem Tagebuch im Januar 1924 an.

Im selben Jahr ist Ursula Kuczynski in den Kommunistischen Jugendverband eingetreten, 1926 wird sie Parteimitglied. Sie saugt die Schriften von Marx und Lenin in sich auf, begeistert sich für das Ideal einer sozialistischen Gesellschaft und verbringt ihre Freizeit mit den jungen Genossinnen und Genossen. Die nennen sie liebevoll das »sibirische Steppenpferd«, wie sich Gabo Lewin, damals Bezirksvorsitzender der Organisation in Berlin, erinnert: »Mit einer wilden, kohlrabenschwarzen Pferdemähne; enorm temperamentvoll, manchmal unbändig.«

Nach dem Lyzeum beginnt Ursel eine Buchhandelslehre, 1927 findet sie eine Anstellung beim Ullstein Verlag. Das Archiv der Zeitschriften- und Propaganda-Abteilung muss sie schon im folgenden Jahr wieder verlassen. Sie ist nicht nur Mitglied der Betriebszelle, die die Kommunistische Partei

Deutschlands allerorten zu installieren sucht, sondern hat auch Artikel für die *Rote Fahne*, das Zentralorgan der KPD, geschrieben. Mit der Begründung, dass »in einem demokratischen Betrieb keinerlei Aufstiegsmöglichkeiten für Kommunisten vorhanden sind«, wird sie gekündigt. Die junge Frau rettet sich mit einer USA-Reise über die schwere Zeit und arbeitet mehrere Monate in einer Buchhandlung in New York.

Wenig später heiratet sie 1929 ihren Jugendfreund Rudolf Hamburger und geht mit ihm nach Shanghai, wo die beruflichen Aussichten für den frisch gebackenen Architekten besser sind. Ursula freut sich sehr, auch wenn das asiatische Land vom Bürgerkrieg zwischen Kommunisten und Nationalisten geschüttelt ist. Doch dann ist sie entsetzt über das Elend und den rohen Alltag. »Mein Wille zur brüderlichen Solidarität, mein Bemühen, die Menschen gern zu haben, scheiterten. Ich fragte mich, ob ich nur theoretisch Kommunist sei, der nun, wo die Praxis anders als zu Hause aussähe, versagte.«

Sie erleichtert ihr Herz in langen Briefen an ihre Familie, berichtet auch den Freundinnen in Berlin. Die aber beschweren sich: »Sie schreibt gar nichts Interessantes, nur so was vom Essen und vom Wohnen gutbürgerlicher Ausländer in China. Muss wohl ganz schön verspießert sein, in der Ehe und im Ausland.« Tatsächlich präsentiert ihnen Ursel nur eine schöne, glatte Fassade – denn von ihrem wahren Leben darf sie nichts verraten.

Bald nach ihrer Ankunft hat Ursula Hamburger Richard Sorge kennengelernt. Der russischstämmige Kommunist arbeitet seit 1930 offiziell als Korrespondent der *Frankfurter Zeitung* in Shanghai, baut aber im Geheimen ein Agentennetz für die Sowjetunion auf, das bis in höchste japanische Regierungskreise reicht. Nach Beginn des Zweiten Weltkriegs sendet der Meisterspion 65 000 Wörter an Moskau und schmuggelt Mikrofilme. Er endet tragisch: Im Oktober 1941 fliegt er auf und wird 1944 in Japan gehenkt.

Anfang der 30er-Jahre ist Ursula fasziniert von dem gutaussehenden, weltläufigen Sorge und lässt sich als Spionin anwerben, obwohl sie zum ersten Mal schwanger ist. Ihre Mitarbeit bei der Aufklärungsabteilung des Generalstabs der Roten Armee beginnt harmlos. Sie stellt ihr Haus für Treffen zwischen Sorge und chinesischen Genossen, die als Sprachlehrer getarnt ein und aus gehen, zur Verfügung. Später lagert sie Koffer mit Nachrichtenmaterial und Pistolen in der Wohnung. »Nicht nur Papierchen – auch Waffen! Da war ich nützlicher, als ich gedacht hatte. Ich fand meine Arbeit zu unbedeutend und hatte mich darüber beschwert«, schreibt sie im März 1931.

Ihr Sohn Michael ist da gerade sechs Wochen alt. Für den Fall, dass sie Hals über Kopf fliehen muss, hält die junge Mutter nun stets einen gepackten Koffer bereit. Im Lauf des Jahres beginnt sie zu reisen: Sie besichtigt Baumwollmühlen und ist von Kinderarbeit und Ausbeutung in den Fabriken so erschüttert wie von den Lebensbedingungen der Massen. Nachdem die Japaner Shanghai im Januar 1932 angegriffen haben, kann sie als Ausländerin unbehelligt die Flüchtlingslager und Krankenhäuser besuchen und befragt dort auch verwundete Soldaten. An ihre Eltern schreibt sie: »Schmutz, Armut und Elend sind für Euch völlig unvorstellbar. Wir finden auch nicht, dass man dagegen abstumpft; neulich fand ich ein totes Baby mit noch nassen Windeln auf der Straße …«

Eigentlich wollte Ursula Hamburger im Frühjahr 1933 ihre Familie in Berlin besuchen, doch die Machtergreifung der Nationalsozialisten – am 30. Januar wird Hitler zum Reichskanzler ernannt, am 24. März das Ermächtigungsgesetz verabschiedet – ändert die Lage dramatisch. Gerade für Linksdenkende und insbesondere für Juden. »Deutschland war Nazideutschland. Ich hatte keine Heimat mehr. Ich klammerte mich an die deutsche Literatur, die ich aus der Zeit davor besaß, ich wollte irgendetwas für mich retten«, erzählt sie 1987 in einem Interview.

Ursulas Entschluss, »Kundschafterin« für die bessere Gesellschaft der Sowjetunion zu sein, ist nun unumkehrbar: »Ich habe die Arbeit nicht ›ausgehalten‹, ich habe sie getan. Es gab ja gar keine andere Möglichkeit für mich im Kampf gegen Faschismus und Krieg. Es war die aktivste und direkteste Tätigkeit, die ich mir vorstellen konnte, und ich habe sie als etwas Positives, Aktives, Gutes empfunden.«

Vielleicht ist sie deshalb so schnell bereit, für ein halbes Jahr zur Ausbildung nach Moskau zu gehen. Ihren Sohn gibt sie bei den Schwiegereltern in Obhut, die Ehe mit Rolf kriselt schon länger. »Neue Situationen lösen zuweilen ein mit Abenteuerlust verbundenes Hochgefühl bei mir aus. Eine unbekannte, ganz anders geartete Zukunft lag vor mir. Wie würde sie sich gestalten?«, fragt sie sich auf dem Schiff nach Wladiwostok.

Unter dem Decknamen »Sonja«, den Sorge ihr gegeben hat, blüht sie in der Funkerausbildung auf. Sie lernt Russisch und das Morsen, kann schließlich Sender, Empfänger und Gleichrichterschaltungen bauen. Dann wird sie nach Mukden entsendet, zusammen mit ihrem Führungsoffizier Ernst. Auch wenn sich die Bürgertochter anfangs an dem ungehobelten Deutsch und dem »verkitschten« Geschmack des Seemanns stößt, werden die beiden ein Liebespaar. »Ich achtete seine Leidenschaft und seine Gefühlswelt als Kommunist. Ich bewunderte seinen Fleiß, seine enorme Willenskraft und seine größere Erfahrung.«

Ernst hat schon als Kurier gearbeitet. Eine Tätigkeit, die er mit Ursula bald wieder aufnehmen wird: Sie besorgen Schwefel, Salzsäure und andere Chemikalien für Partisanengruppen, die damit Eisenbahnlinien in Mandschukuo sprengen und Militärzüge der Japaner zum Entgleisen bringen. Tagsüber hält Sonja die Tarnung als Handelsvertreterin der Manchoukou Book Agency aufrecht, laut Briefkopf vertreibt sie

pädagogische, medizinische und wissenschaftliche Bücher. Nachts funkt sie Berichte über die politische und militärische Lage in Mukden. Japanische Spitzel lauern überall, »doch man gewöhnt sich an die Gefahr wie an das Klima des Landes.« Als aber ein Mittelsmann verhaftet und gefoltert wird, muss die Spionin die Stadt im April 1935 überstürzt verlassen.

Sie geht mit Ernst nach Peking und erlebt den Aufenthalt fast wie einen Urlaub. Sie ist wieder schwanger, diesmal von dem geliebten Genossen. Doch auf Weisung der Zentrale muss sie sich trennen: von Ernst, der noch in der chinesischen Hauptstadt ausharren soll. Von China, wo sie fünf Jahre lang gern gelebt hat.

Über Moskau reist Ursula nach London, geht dann mit ihrem Ehemann zusammen nach Polen. Auch Rudolf hat sich inzwischen der kommunistischen Sache verschrieben, und die Hamburgers leben nach außen hin wieder als Familie. Innerlich sind sie bedrückt, die Gefühle erkaltet. Aber es gibt die Aufgabe, die erfüllt werden muss. Unter allen Umständen. »Ninas Geburt lag günstig«, berichtet Ursula, »ich durfte am Tag, als ich senden sollte, die Klinik verlassen und setzte meinem nächtlichen Telegramm die kurze Meldung hinzu, dass ich eine Tochter hatte.« Im April 1936 endlich erhält sie Entlastung: Ihre eigene Kinderfrau Ollo nimmt sich der Kinder an und versorgt sie, als Ursula im Winter für vier Monate nach Danzig beordert wird. In der gleichgeschalteten »freien Stadt« wehen die Hakenkreuzfahnen, Ursula beobachtet die Einschüchterung und Verfolgung von Juden.

Ihr Auftrag ist eindeutig: Sie soll eine Gruppe von Werftarbeitern anleiten, die Informationen über den U-Boot-Bau und die Entsendung von Kriegsmaterial für Spanien beschaffen. Sonja zeigt den Männern, wie sie Sabotage verüben können. Sie findet auch ein Haus für sich, doch dann wundert sich ein Nazifunktionär in der Nachbarschaft über die Funkstörungen – der nächste Umzug wird fällig. In Warschau richtet sich die Familie in einer schönen Villa in Skolimow mit gebrauchten Möbeln ein. Wer weiß, wann sie wieder umziehen werden?

Schon im Sommer 1937 fährt Sonja nach Moskau und empfängt dort den Rotbanner-Orden. »Ich zog mein gutes graues Kostüm an, putzte die Schuhe blank, kämmte ungewöhnlich lange mein Haar und bestieg einen offenen Lastwagen.« Im Kreml überreicht Kalinin, der erste Präsident der Sowjetunion, die hohe Auszeichnung. Obwohl das für ihn »Routine sein musste, wirkte er unmittelbar warm und herzlich. Wir wurden alphabetisch aufgerufen, lange hielt Kalinin meine Hand fest, lange klatschten die Rotarmisten, wahrscheinlich weil ich die einzige Frau unter ihnen war.«

Bei diesem oder dem folgenden Aufenthalt in der Sowjetunion absolviert Sonja auch die Partisanenausbildung. Sie lernt alles über Sprengstoff, Zeit- oder Druckzünder und übt das Schießen mit Gewehr und Revolver. Sie steigt vom Hauptmann zum Major auf und wird am Ende ihrer Karriere die einzige Frau mit dem Titel »Ehrenoberst der Sowjetunion« sein. Wie es Soldaten obliegt, fügt sie sich Befehlen widerspruchslos. Die Zentrale entsendet sie in die Schweiz, dabei muss sie Nazideutschland zweimal mit falschem Pass durchqueren. Schließlich bezieht sie ein Haus in den Bergen

bei Caux. Der Sender, der bis nach Moskau reicht, wird im Wäscheschrank versteckt, das Nachrichtenmaterial im Heu.

Weil die Idylle vor allem einsam ist, paukt sie Vokabeln. »Bald sprach ich fließend Französisch, Englisch beherrschte ich perfekt, in Russisch, Polnisch und Chinesisch konnte ich mich verständigen.« Ideale Voraussetzungen für eine Frau, der zwei englische Genossen zugewiesen werden. Jim, alias Allan Foote, und Len Beurton. Letzterer ist ein ehemaliger Spanienkämpfer mit dichtem braunen Haar, den Ursula genau in Augenschein nimmt: »Er war dünn, aber sportlich, kräftig und muskulös. Teils schüchtern, teils aggressiv, machte er einen jungenhaften, unfertigen Eindruck. Im Gegensatz zu Jim war er materiell bedürfnislos und äußerst feinfühlig.«

Da ahnt die junge Mutter, die gerade ihre Scheidung betreibt, noch nicht, dass der 25-Jährige bald ihr Mann sein wird. Aber die Zentrale schlägt eine Zweckehe vor, die eine glaubhafte Fassade abgibt und Ursula mit einem englischen Pass versorgen soll. Als echte Genossen geben sie sich am 23. Februar 1940, dem 22. Geburtstag der Roten Armee, das Ja-Wort: Die nüchtern geschlossene Ehe wird bis zum Tod halten.

Obwohl die Liebe wächst, Len bald in die Berghütte einzieht und die Kinder das freie Leben schätzen, ist das Dasein in der Schweiz nicht unbeschwert. Sonja muss häufig nach Genf reisen und ist als Deutsche Anfeindungen ausgesetzt; dazu schwärzt die Kinderfrau, die fürchtet, den kleinen Micha und Nina zu verlieren, Ursula als Spionin an. Ein Glück, dass niemand Ollo glaubt. Ende 1940 schließlich reist die jungverheiratete Frau Beurton mit den Kindern nach England.

In Großbritannien leben auch Ursulas Eltern, die als jüdische, linke Intellektuelle rechtzeitig emigrieren konnten. Die Kuczynskis wohnen in Oxford, der Bruder Jürgen und die übrigen Schwestern haben sich in der Nähe von London angesiedelt. Ursula findet nach langer Suche im April 1941 ein möbliertes Häuschen und kann ihre Kinder aus dem Internat holen. Auf ihren Mann muss sie noch warten. »Liebster Len«, formuliert sie sehnsüchtig, »zehn Monate sind vorbei, und die Hoffnung, dass du kommst, wird jeden Monat geringer. Ich habe nicht mal große Hoffnung auf Glück, wenn du kommst – unsere Vergangenheit erlaubt das nicht. Und trotzdem: ich vermisse dich, ich fühle mich dir nah, ich fühle dich stark wie immer …«

Doch Liebe ist nur das eine, die Arbeit das Wichtigere. Weil die russischen Kommunisten fürchten, dass sich Großbritannien mit Hitler verständigen könnte, soll Sonja Kontakte aufbauen, ein Nachrichtennetz knüpfen und eine Funkstation in Betrieb nehmen. Was sie tut. »Wir hatten es bis zum Ende des Krieges nicht schwer, Menschen zu gewinnen, denn die Arbeit für die Sowjetunion war zu dieser Zeit Arbeit für den Verbündeten Englands im Krieg gegen Hitler«, erinnert sie sich. »Selbst ›Damen der höheren Gesellschaft‹ konnten sich dieser Stimmung nicht entziehen und strickten Fausthandschuhe für die Rote Armee.«

Zudem verfügt Ursula Beurton über Beziehungen: Ihr Vater Robert pflegt als Wissenschaftler Kontakte bis in oberste Regierungskreise. Er und

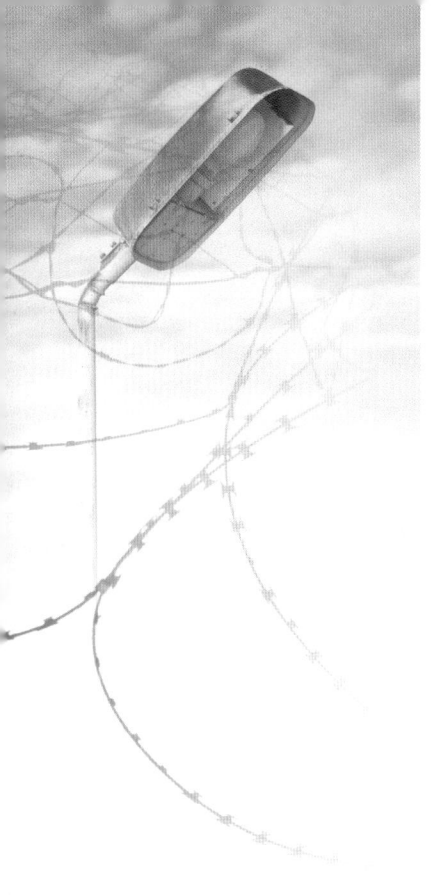

ihr Bruder Jürgen, der studierter Politökonom ist und ab 1944 im Dienst der US-Luftwaffe die wirtschaftlichen Schäden im zerbombten Deutschland kalkulieren soll, beliefern sie mit Einschätzungen der Lage.

Sonja sendet und fährt immer wieder nach London, wo sie ihren sowjetischen Kontaktmann trifft. Im Sommer 1942 zieht die kleine Familie – Len ist endlich wieder da, nur unter falschem Namen und per TBC-Attest für militäruntauglich erklärt konnte er durch Europa reisen – nach Oxford um, in den Stadtteil Summertown. Zu dieser Zeit pflegt Ursula Beurton schon den Kontakt zu Klaus Fuchs, dem bekannten Atomspion. Sie radelt dafür mindestens einmal pro Monat ein paar Meilen nach Banbury und geht mit Fuchs spazieren. Zur Tarnung legen sie die Arme umeinander, aber keiner von beiden weiß, wen er da umfangen hält. Sie nicht, dass er ein Wissenschaftler von Weltrang ist, und er nicht, dass sie Kuczynskis Schwester ist. Das hilft, die Gefahr eines Verrats gering zu halten.

Ursula gefällt die Arbeit. »Je mehr ich zu leisten hatte, desto besser fühlte ich mich. Ich war mir durchaus bewusst, wie bedeutend das Material von Klaus war, obwohl ich nicht bis ins Letzte wusste, dass der Bau einer Atombombe das Ziel war. Meine Rolle dabei war gering, ich war einfach nur der Bote, der mit der technischen Übermittlung betraut war, mehr nicht.« Sie sendet die Informationen via London an Moskau, schmuggelt sogar 100 Seiten starke Blaupausen und bekommt nebenbei ein drittes Kind: Peter John, geboren am 8. September 1943.

Mutterglück und Verantwortung, mag man denken, sind unvereinbar mit einem Leben als Spionin. Doch Ursula Beurton geht das Risiko ein. »Ich fürchtete fast ständig um sie«, berichtet sie im hohen Alter, »aber mir vorzustellen, ohne sie und jetzt ohne meine sechs Enkel und drei Urenkel zu leben, ist undenkbar.«

Kurz nach der Geburt des Sohnes wird Len eingezogen, dient bei der Eliteeinheit Coldstream Guards. Wieder ist Ursula allein mit den Kindern und einer großen Aufgabe: Bis Kriegsende ist sie an der Abstimmung von britischer und sowjetrussischer KP-Zentrale beteiligt, organisiert Kontakte zu Widerstandsgruppen und funkt Berichte über die zerstörten Städte.

Im Mai 1945 siedelt sie nach Great Rollright um, 80 Meilen von London entfernt in den rollenden Hügeln der Cotswolds zwischen Avon und Themse gelegen. Das neue Domizil ist ein altes Farmhaus, ohne Strom, aber mit einem großen Garten. Das erweist sich als Glücksfall, als der Kontakt zur Zentrale unvermittelt abbricht und auch die Zahlungen aus Moskau ausbleiben. Ursula Beurton baut eigenhändig Kartoffeln und Gemüse an, erntet Birnen und Pflaumen und nimmt Untermieter ins Haus, um über die Runden zu kommen. »Ich war nicht verbittert […]. Trotzdem war es für mich bedrückend. So viele Jahre hatte ich für diese Arbeit gelebt, nun waren die Tage leer.«

Das Leben ist düster. Erst Ende 1946 wird Len aus der Armee entlassen, und gern würde die Ex-Agentin nach Deutschland zurückkehren. Dort lehrt ihr Bruder Jürgen schon wieder an der Berliner Universität. Doch die Behörden lassen die Beurtons nicht ziehen.

Ende Januar 1950 schließlich meldet sich Moskau: Der Geheimdienst hatte einen »toten Briefkasten« mit einer Notiz und Geld für seine beste Spionin schlicht an einer falschen Stelle deponiert. Ursulas Freude über den neuerlichen Kontakt währt nur kurz. Anfang Februar wird Klaus Fuchs verhaftet, die Presse berichtet von seinen Treffen mit einer dunkelhaarigen Frau in Banbury. »Ich rechnete täglich mit meiner Verhaftung«, gesteht Ursula in ihren Memoiren. »In dem Fall würde ich keinerlei Aussage machen.«

Bevor es dazu kommt, darf sie endlich nach Berlin ausreisen. Natürlich in den Osten der Stadt. Sie fühlt sich sofort zu Hause, auch wenn es nicht genug zu essen gibt und die Kinder vorerst anderswo untergebracht werden müssen. Len arbeitet für die Nachrichtenagentur ADN, sie selbst findet eine Anstellung im Amt für Information. Als dort nach drei Jahren die Leitung wechselt, ist sie nicht mehr wohlgelitten. Ein offener Safe reicht aus, sie »ungenügender Wachsamkeit und kleinbürgerlicher Tendenzen« zu bezichtigen. Die Ex-Spionin kündigt. Sie leitet dann das Presseamt der Kammer für Außenhandel, schreibt Zeitungsberichte und Reportagen und widmet sich ab 1956 ganz der Schriftstellerei.

Unter dem Namen Ruth Werner veröffentlicht sie Erzählungen, Jugenderinnerungen und Kinderbücher – insgesamt 15 Bücher, die in der DDR eine Gesamtauflage von über einer Million erreichen. Das bekannteste ist *Sonjas Rapport*, ihre Memoiren, die ihr Autorenkollege Eberhard Panitz in einer Rezension überschwänglich als »unheldischen Bericht über ein heldenhaftes Leben« lobt.

Tatsächlich muss Ruth Werner nicht dick auftragen, vielmehr übt sie bei der Schilderung ihrer Erlebnisse als Spionin englisches Understatement. Weder Klaus Fuchs noch Melita Norwood tauchen in *Sonjas Rapport* auf, dabei hatte Ursula Beurton beide Atomspione zwischen 1941 und 1943 als Führungsagentin angeleitet. 1988 will sie, wenige Wochen nach dem Tod von Klaus Fuchs, ihr Schweigen brechen und wendet sich wegen einer Neufassung ihres Buches an die Parteiführung.

Doch es kommt nicht mehr dazu, am 9. November 1989 fällt die Mauer. Am Tag danach steht Ruth Werner im Rampenlicht und spricht vor zehntausenden DDR-Bürgern im Ostberliner Lustgarten von ihrem Vertrauen in einen menschlichen Sozialismus – nicht in die DDR, wohlgemerkt. »Geht in den Apparat! Ändert die Zukunft! Arbeitet als saubere Sozialisten!«, ruft die 82-Jährige resolut.

Dabei bröckelt ihr Vertrauen in den realen Sozialismus schon seit Jahren. 1978 etwa hat sie eine junge Verehrerin gewarnt: »Unsere Welt ist sehr kompliziert. Sie enthält viele Konflikte und Widersprüche, und es ist auch für eine kommunistische Partei sehr schwer, alles richtig zu meistern.« Sie setzt Hoffnungen in Gorbatschow und kreidet im Vorwort der englischen, vollständigen Ausgabe von *Sonjas Rapport* den alten Männern in der Partei Dogmatismus, Schönfärberei und das Vertuschen von Fehlern an.

»Wie oft glaubte ich an Dinge, von denen ich heute weiß, dass sie falsch waren?«, fragt sie 1991 nachdenklich. Zu diesem Zeitpunkt hält sie die Wiedervereinigung für historisch unabdingbar. »Vielleicht durchlebe ich jetzt die schwierigste Zeit meines Lebens, aber ich glaube, dass Marx, Rosa Luxemburg und Lenin große Revolutionäre waren. Für zukünftige Generationen will ich immer noch soziale Gerechtigkeit, Zugang für jeden zu einer guten Bildung, und vor allem will ich, dass nirgendwo jemand hungert und dass Frieden ist auf der Welt. So tief wie immer verachte ich die Arroganz der Reichen, die Macht des Geldes. Ich hasse Rassismus und Faschismus.«

Auch mit 84 Jahren besitzt Ruth Werner noch diesen wachen Blick, den großzügigen Mund und das offene, der Welt zugewandte Gesicht der jugendlichen Ursula Kuczynski. Sie bleibt interessiert an den Menschen und der Gesellschaft, bis sie 93-jährig am 7. Juli 2000 stirbt.

G. P.

Ursula Kuczynski

»SCHALTEN SIE CUTHBERT AUS.«

Virginia Hall

6.4.1906 – 12.7.1982

"Wenn ihr ein Stück Seife schicken könntet, wäre ich erstens sehr glücklich und zweitens viel sauberer."

Sie ist groß und sportlich, hochgebildet und sehr gesellig. Daneben aber hat Virginia Hall auch einen eigensinnigen Kopf und schier unerschöpfliche Energie: Nur so kann die Amerikanerin, die wegen ihrer Beinprothese vom diplomatischen Dienst ausgeschlossen ist, im Zweiten Weltkrieg zur führenden Spionin und Agentin im besetzten Frankreich werden.

Paris, die Weltstadt! Virginia Hall genießt ihren Aufenthalt in der französischen Hauptstadt in vollen Zügen: die Museen, die Cafés, das Flanieren an der spätsommerlichen Seine ... Vom Überfall auf Polen am 1. September 1939 erfährt die 33-Jährige aus den Nachrichten. Tags darauf erklärt England den Deutschen den Krieg. Frankreich folgt und muss feststellen, dass die Verteidigungsanlagen an der grenznahen, 400 Kilometer langen Maginot-Linie den deutschen Panzern nicht standhalten.

Virginia Hall, die in verschiedenen US-Botschaften gearbeitet und die politische Krise in Europa hat heraufziehen sehen, und ihre Nachbarin und Freundin Claire de la Tour sind aufgewühlt: Sie können der Verwüstung Europas doch nicht tatenlos zusehen! Anfang 1940 melden sich die beiden Frauen zum Service Sanitaire de l'Armée, um wenigstens als Sanitäterinnen nützlich zu sein. Sie werden in Erster Hilfe und Selbstverteidigung ausgebildet und lenken nach vier Wochen ihre eigenen Krankenwagen.

Im März werden sie nach Metz beordert, gleich hinter die Front. Sie transportieren blutüberströmte Soldaten, junge Männer, denen Schrapnellsplitter die Bäuche aufgerissen haben und denen im Feldlazarett Arme und Beine unter unzureichender Betäubung amputiert werden. Inmitten der alltäglichen Grausamkeiten erschüttert ein Ereignis Virginia tief: Ende Mai soll sie wie üblich einen Verwundeten abholen. Sein Kopf ist rundum bandagiert, ein Granatsplitter hat ihm das ganze Gesicht weggerissen, und nur die Schuhspitzen zeigen, dass er auf dem Rücken liegt. Der Soldat stirbt vor ihren Augen. Sein Name: de la Tour. Doch nicht etwa …? Virginias Furcht wird zur Gewissheit. Das Foto, das der Tote im Stiefel trägt, zeigt ihn lachend – mit seiner Schwester Claire im Arm.

Nach diesem Schock arbeitet Virginia, so schildert es ihre Biografin Judith L. Pearson, noch verbissener. Die Ambulanz-Fahrerinnen schlafen,

Die gefährlichste Spionin der Alliierten

wo sie Platz finden, und essen, was sie ergattern können. Auch das Benzin für ihr Auto müssen sie selbst organisieren. Nachdem sich Paris am 22. Juni geschlagen gegeben hat, machen die Freundinnen in Valençay – 200 Kilometer südlich der Hauptstadt – weiter. Aber Virginia beginnt zu zweifeln: Die Verwundeten, die sie von den Schlachtfeldern in die Kliniken gebracht hat, werden nach der Genesung als Zwangsarbeiter in Deutschland eingesetzt. Dort stellen sie Waffen her, die andere Männer verletzen und töten.

Ein teuflischer Kreislauf, den Virginia unbedingt unterbrechen will. Was wäre der beste Ort, um gegen das Nazi-Regime zu arbeiten? Sie verlässt ihre jüdische Freundin und reist Ende August 1940 nach London, wo ihre Berichte aus dem besetzten Frankreich in der US-Botschaft begierig aufgenommen werden. Es sind keine geheimen Informationen, aber die Amerikaner interessieren sich für alles: die neuesten Direktiven der deutschen Besatzer, ihre Truppenbewegungen und die Lebensumstände der Franzosen. Virginia nimmt eine Stelle im Büro der Botschaft an. Kein Traumjob, aber er sichert ihren Lebensunterhalt in London.

Dem Krieg ist die Amerikanerin damit nicht entronnen. Zwei Wochen nach ihrer Ankunft beginnt »der Blitz«: die deutschen Bombardements der englischen Hauptstadt. Sie halten in 57 aufeinanderfolgenden Nächten an – und können doch den Widerstandsgeist der Briten nicht brechen.

Die hatten schon im Juli 1940 eine Spezialeinheit gegründet, die Special Operations Executive. Die SOE soll in besetzten Gebieten Informationen einholen und Nachrichten übermitteln, Kontakte zu Widerstandsgruppen knüpfen und selbst Sabotage-Akte verüben. Frauen, glaubt man, sind für diese Aufgabe im Feindesland besonders geeignet. Denn sie können sich auch hinter den Linien frei bewegen, erregen weniger Verdacht als Männer.

An die künftigen Agentinnen werden hohe Anforderungen gestellt: Sie sollen mutig sein und furchtlos, intelligent und anpassungsfähig. Und sie müssen in ihrer Tarnung als Mädchen vom Lande genauso glaubwürdig sein wie im Kostüm einer weltgewandten Pariserin. Dass Virginia Hall aus solchem Material gemacht ist, glaubt Vera Atkins gern. Als rechte Hand des Leiters der französischen Sektion der SOE rekrutiert sie neue Agentinnen und gibt später das Vorbild für James Bonds Vorgesetzte »M« ab. Atkins ist überzeugt: Die Charaktereigenschaften von Virginia Hall prädestinieren

sie für den Einsatz im Dienst der Briten, so dass weder ihre amerikanische Staatsbürgerschaft noch das künstliche Bein ein Hindernis sind.

Das Bein! … Am 8. Dezember 1933 hat eine einzige Sekunde das Leben von Virginia Hall für immer verändert, dabei wollte sie doch nur einen glücklichen Tag mit ihren türkischen Freunden verbringen. Sie picknicken in den Hügeln um Izmir und brechen dann zur Schnepfenjagd auf. Als wieder mal ein Zaun im Weg steht, klemmt sich Virginia ihre Flinte unter den Arm, setzt den Fuß in die Maschen – und strauchelt. Ein Schuss löst sich, die Schrotladung trifft ihren Fuß mit voller Wucht und zerschmettert ihn.

Die Freunde können sie rechtzeitig ins Krankenhaus bringen, doch der Wundbrand hat eingesetzt. Ihr linkes Bein muss unterhalb des Knies amputiert werden. Der Unfall kostet sie – weil die Medizin 1933 wenig fortgeschritten und Penicillin nicht verfügbar ist – fast das Leben und raubt ihr die Zukunft. Denn Virginia Hall hat sich eine Karriere im diplomatischen Dienst in den Kopf gesetzt, obwohl Frauen in den Augen der Allgemeinheit und des US-Außenministeriums im Besonderen damals als wenig geeignet gelten: Sie seien entscheidungsschwach, heißt es, zu emotional und redselig noch dazu.

Dabei ist die Tochter aus gutem Hause, geboren am 6. April 1906, in jeder Hinsicht qualifiziert. Virginia Hall wächst in Baltimore auf, einem bedeutenden Industrie- und Handelszentrum an der Chesapeake Bay. Als Kind verbringt sie mit den Eltern und ihrem älteren Bruder John viel Zeit auf der Box Horn Farm, dem Feriendomizil der wohlhabenden Familie. Sie lernt reiten, melkt Kühe, fängt Schlangen und stromert durch die Wäldchen der hügeligen Landschaft. Für ihre Kinder wollen Edwin und Barbara Hall, die liberal eingestellt sind, nur das Beste. »Dindy«, wie Virginia genannt wird, genießt eine hervorragende Ausbildung. Sie besucht das Frauencollege Radcliffe in Cambridge, Massachussetts, studiert am Barnard College für freie Künste in New York und schreibt sich 1926 an der Sorbonne in Paris für Politikwissenschaft ein. Im Jahr darauf wechselt sie an die Konsular-Akademie in Wien und schließt 1929 ab.

Sofort bewirbt sich Virginia beim Auswärtigen Amt der USA. Obwohl sie gebildet ist und fließend Französisch und Deutsch sowie passabel Italienisch spricht, ziert sich die Behörde. Erst im Juli 1931 wird Virginia Hall nach Warschau entsandt, wo sie als Sekretärin in der Botschaft arbeitet. Stenografieren, tippen – nichts sagt ihr weniger zu, aber sie betrachtet dies als Eintrittskarte in den diplomatischen Dienst. Doch daraus wird auch nach dem Wechsel in die Türkei und ihrem Unfall nichts.

Virginia lässt sich nicht beeindrucken. Eroberungslust liegt der Frau mit dem offenen Gesicht und einem Blick, der Selbstvertrauen und Selbstsicherheit ausdrückt, quasi im Blut: Ihr Großvater, Captain John Wesley Hall, schlich sich mit neun Jahren auf einen Segler und fuhr viele Jahre zur See. Von der Heuer kaufte er ein eigenes Schiff, wurde ein erfolgreicher Reeder und importierte chinesische Waren. Sein Sohn Edwin, Virginias Vater, hat ein Vermögen mit Immobilien und Kinos gemacht.

Zudem schöpft Virginia Mut daraus, dass selbst Franklin Delano Roosevelt, der nach einer Polio-Infektion von der Hüfte abwärts gelähmt ist, 1933 Präsident werden kann und die USA mit dem New Deal aus der großen Depression und durch den Zweiten Weltkrieg führt.

Als Virginia einigermaßen wiederhergestellt ist, kehrt sie im Frühjahr nach Hause zurück. Dort wird eine Prothese aus Holz angefertigt, mit einem beweglichen Fuß und einer Ledermanschette am oberen Ende. Die 27-Jährige tauft ihren ständigen Begleiter »Cuthbert« und lernt das Laufen neu: Sie muss das linke Bein aus der Hüfte bewegen, der Fuß hat kein Gefühl. Doch sie geht bald so gut, dass den meisten Menschen ihre Behinderung gar nicht auffällt.

Schon im Herbst 1934 meldet sie sich zum Dienst zurück, möchte in Spanien, Estland oder Peru arbeiten. Doch sie wird nach Venedig entsandt, wo sie ein Europa in wachsender Unruhe erlebt. 1936 marschiert Italien in Äthiopien ein, Deutschland rüstet sich unter den Nationalsozialisten für den Krieg und annektiert 1938 Österreich. Als im November des Jahres mit der Pogromnacht die offene Judenverfolgung beginnt, ist Virginia Hall gerade in der estnischen Hauptstadt Tallinn stationiert.

Ihre angepeilte Diplomaten-Karriere stagniert, die Übernahme wird schließlich wegen ihres Beines abgelehnt. »Dass ich wegen einer körperlichen Behinderung nicht geeignet sein sollte, hat mich bitter enttäuscht«, schreibt Virginia Hall an den damaligen US-Außenminister und quittiert, nachdem mehrere Eingaben ihrer Familie bis hinauf zum Präsidenten gescheitert sind, im Mai 1939 den Dienst und reist nach Paris.

Da weiß sie noch nicht, dass sie in den kommenden Jahren politisch und militärisch bedeutsame Aufgaben übernehmen wird und ihr Leben dabei riskiert. Als sie 1940 unter Vera Atkins' kritischen Augen besteht, ist die angehende Spionin aber schon Feuer und Flamme.

Wie alle SOE-Agenten muss Virginia ein vierstufiges Training auf dem Herrensitz Wanborough Manor durchlaufen. Hier werden in den ersten drei Wochen körperliche Fitness und Nervenstärke der Aspiranten getestet,

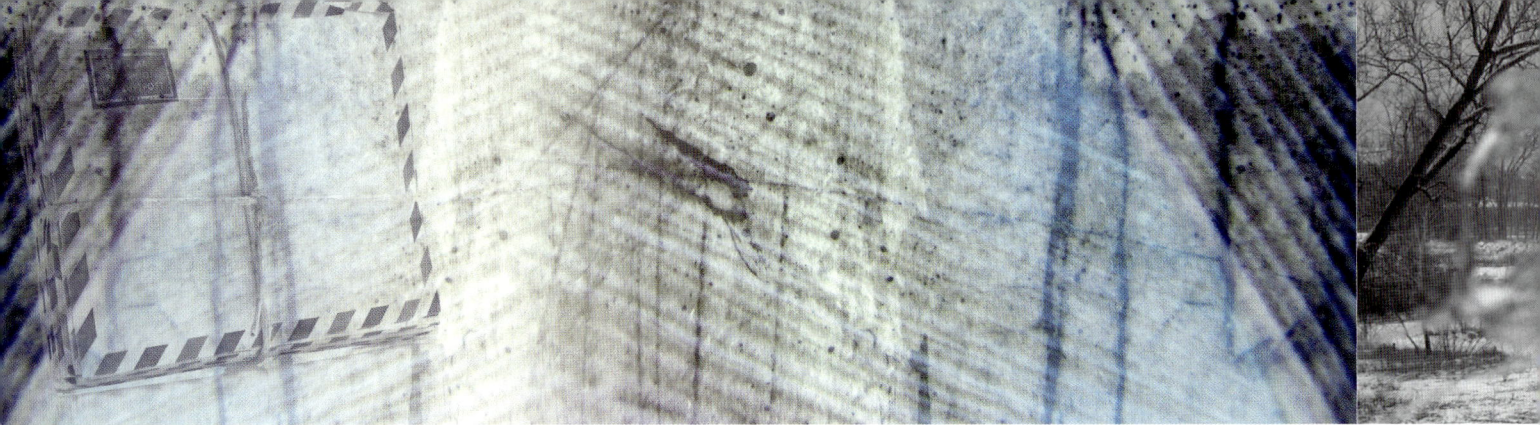

dann wird gesiebt. Die Tauglichen lernen den Umgang mit Waffen und Sprengstoff, trainieren Nahkampf und Fallschirmspringen und planen Überfälle sowie Anschläge auf Brücken und Eisenbahnlinien – das ganze Programm. Die künftigen Spione üben zudem alle Variationen der geheimen Kommunikation, sie pauken die Lebensläufe ihrer erfundenen Alias-Identitäten und spielen das Verhalten in Verhören durch.

Ab Mai 1941 sind die ersten britischen Agenten auf dem Kontinent im Einsatz, Virginia Hall bekommt ihren Marschbefehl im August. Getarnt als Korrespondentin der *New York Post* soll sie im unbesetzten Süden des Landes ein Drehkreuz für Menschen und Material aufbauen. Am 23. August trifft sie als erste weibliche SOE-Agentin in Frankreich ein. Unter dem Decknamen Brigitte LeContre bezieht sie ein Hotelzimmer in Vichy und wird sofort mit der Kriegsökonomie konfrontiert:

»Ich habe heute meine Lebensmittelmarke für September erhalten. Wenn ich es richtig verstehe, erhalte ich 280 Gramm Brot pro Tag. Darüber hinaus beträgt meine Ration für diesen Monat 60 Gramm Käse, 700 Gramm Fett, ein Pfund Zucker, 280 Gramm Fleisch und 170 Gramm Kaffee. Kein Reis, keine Nudeln, keine Schokolade im September – die sind für die kalten Monate reserviert«, schreibt »Brigitte« in ihrem ersten Artikel für die *Post* und fügt ironisch an: »Frankreich wäre ein Paradies für Vegetarier, wenn es Milch gäbe, Käse und Butter. Aber ich habe nirgends Butter gesehen, und es gibt keine Milch.«

Unauffällig holt sie am Regierungssitz Informationen über das Alltagsleben der Franzosen und die Aktivitäten des Widerstands ein und übergibt sie einem Agenten, der nach London zurückkehrt. Bald darauf geht sie nach Lyon, der größten Stadt in der unbesetzten Zone. Sie knüpft Kontakte zum Gynäkologen Dr. Jean Rousset, der der Résistance seine Praxis als Informationszentrale zur Verfügung stellt und auch Verwundete behandelt; zu Robert le Provost, der alliierte Soldaten in seinem Haus versteckt und ihnen falsche Papiere besorgt; zum Ehepaar Joulian, das in seiner Fabrik Töpfe und Pfannen produziert und sich so über kriegswichtige Materialien informieren kann; und zu Madame Germaine Guérin, die ein Bordell betreibt und Flüchtige mit Kleidung und allem, was der Schwarzmarkt sonst noch hergibt, versorgt.

Dass diese Arbeit lebensgefährlich ist, wissen alle Beteiligten. Die Gestapo foltert Verdächtige brutal: Sie reißt ihnen Fingernägel aus und feilt ihre Zähne bis auf den Nerv ab, »Verhör-Spezialisten« schlitzen Gefangenen die Fußsohlen auf und lassen sie über Salz laufen, sie stechen sie mit glühenden Schürhaken und traktieren sie mit Stromschlägen auf Brüste

und Hoden. Die Mitglieder des Musée de l'Homme – Wissenschaftler und Anwälte, die eine der ersten Widerstandsgruppen in Paris ins Leben gerufen hatten – werden nach ihrer Entdeckung 1942 kurzerhand erschossen.

Trotzdem gelingt es Virginia Hall, bis Ende November 1941 einen Widerstandsring aufzubauen. Was die Résistance braucht – Waffen, Munition, Funkgeräte, Kleidung, Medikamente, Essensrationen und selbst Druckfarben –, wird aus England eingeflogen. Schwarz gestrichene Lysander-Maschinen schwirren mit 260 Stundenkilometern unbeleuchtet durch mondhelle Nächte, sie orientieren sich an Flussläufen oder markanten Gebäuden – bis die örtlichen »Empfangskomitees« ihnen per Lichtsignal eine Landebahn oder Abwurfstelle weisen. Dann segeln Agenten und Fracht zu Boden. So schnell wie möglich werden die Fallschirme vergraben, Mensch und Material in Autos oder auf Eselskarren gepackt und in Sicherheit gebracht.

Virginia Hall organisiert die Empfangskomitees. Die Perfektionistin lebt in ständiger Furcht: Der dringend benötigte Nachschub könnte verloren gehen oder zerstört werden und die britischen Agenten direkt vor den Gewehren des Feindes landen. Den Artikeln, die Brigitte LeContre in unregelmäßigen Abständen in der New York Post veröffentlicht, ist davon nichts anzumerken. In ihrem letzten, der am 22. Januar 1942 erscheint, schreibt sie federleicht über Todernstes:

»Die Rammler streiken. Die künftigen Väter von tausenden Hasen haben das Interesse an ihren Frauen und den Stolz auf ihre zahllose Nachkommenschaft verloren. Sie sind gleichgültig und desinteressiert. Eine einseitige Diät ist die Wurzel des Übels – die Hasen nehmen nicht genügend Vitamine auf. Die Tauben streiken noch nicht, aber sie werden schnell aufgegessen. Bordeaux zum Beispiel, das sich seiner freundlichen Tauben rühmte, zählte einst 5000. Nach der letzten Statistik waren es 91 Vögel. Der Mensch in Frankreich verschwindet auf andere Weise: Sein Bauchumfang schrumpft und schrumpft.«

Woher nimmt Virginia diesen schwarzen Humor? Die Amerikanerin, die ein gutes Leben gewohnt ist und die Fäden des Untergrund-Netzwerks in den Händen hält, wäscht sich täglich in einer Schüssel mit kaltem Wasser und hortet die bröckeligen Überreste ihres Lippenstiftes wie einen Schatz. Und sie muss betteln. »Wenn ihr mir ein Stück Seife schicken könntet, wäre ich erstens sehr glücklich und zweitens viel sauberer«, lässt sie London wissen.

Aber nicht nur Lebensmittel und Lebensnotwendiges sind knapp, auch persönlich wird es eng für Virginia. Zwar wechselt sie im Juni 1942 das

Quartier, tritt fortan als »Marie Monin« auf und organisiert sogar noch die Flucht von elf Korsen aus dem Gefängnis. Doch da sucht die Gestapo bereits nach einer »Kanadierin« – Virginias leichten Akzent und ihr perfektes Französisch würden die Deutschen nie einer Amerikanerin zuordnen.

Die Spionin harrt weiter aus, obwohl sie schon 13 Monate – statt der üblichen sechs – auf feindlichem Gebiet operiert. So viel ist noch zu tun … Erst als der Verschwörer-Ring auffliegt, nimmt sie den Zug nach Perpignon.

Der Weg in die Freiheit führt über die Pyrenäen nach Spanien. Doch kann Virginia die anstrengende Tour über den Gebirgszug bewältigen? Am Abend des 11. November startet Virginia mit zwei Franzosen, einem belgischen Hauptmann und einem einheimischen Führer in Ax-les-Thermes. Der Mann leitet die Gruppe in absolutem Schweigen vorbei an Orgeix, Orlu und über die Brücke von Bisp. Der Wind bläst eisig, die Schneewehen sind knietief. Virginia zieht ihr künstliches Bein hinter sich her – und hofft, dass keiner der Männer ihr Problem bemerkt und sie als Krüppel zurücklassen will. Durch Schluchten führt der glitschige Pfad, über Gletscher und einen 2460 Meter hohen Pass.

Die Flüchtlinge gönnen sich nur ein paar Stunden Rast. Wenigstens lassen die Benzedrin-Tabletten, die Virginia großzügig austeilt, Müdigkeit und Hunger vergessen. Über die Schmerzen können sie nicht hinwegtäuschen: Am Stumpf haben sich Blasen gebildet. Die Agentin beißt die Zähne zusammen. Als die fünf am nächsten Abend bei einer wohlgesinnten Familie übernachten, finden sie neben einem wärmenden Feuer auch ein Funkgerät. Virginia informiert die SOE über die Lage und fügt an: »Cuthbert bereitet mir Probleme, aber ich komme zurecht.« Dem Hauptquartier ist der Spitzname für das Holzbein unbekannt, deshalb funkt London zurück: »Wenn Cuthbert Probleme macht, schalten Sie ihn aus.«

Ausschalten, eliminieren, beseitigen. Ob Virginia Hall jemals gezwungen ist, einen Gegner eigenhändig zu töten? Es gibt keinen Hinweis darauf. Ausgeschlossen ist es nicht – auch die SOE-Agentinnen lernen Nahkampftechniken und bereiten sich auf den Notfall vor. Etliche der Spioninnen sind aktiv an Bombenanschlägen beteiligt, die auch Todesopfer fordern.

Virginia wird zu diesem Zeitpunkt in Lyon als »die gefährlichste unter allen Spionen der Alliierten« per Plakat gesucht. »Wir müssen sie finden und zerstören!« Die Nazis nennen sie die »hinkende Dame«, und Klaus Barbie, der sadistische Gestapo-Chef von Lyon, soll gewütet haben: »Ich würde alles geben, um diese kanadische Nutte in die Hände zu kriegen.«

Sein Pech: Am 13. November überschreiten die Flüchtlinge die grüne Grenze nach Spanien. Doch entdecken Grenzer bei einer Kontrolle am Bahnhof, dass in Virginias Pass die Einreisestempel fehlen. Sie wird ins Gefängnis in Miranda del Ebro gebracht, isst vier Wochen lang dünne Suppe und schläft am Boden unter verschlissenen Decken. Ein Botschaftsangehöriger kann sie schließlich herausholen: Das Weihnachtsessen 1942 nimmt Virginia Hall mit Vera Atkins in London ein.

Ihre wichtigste Aufgabe im neuen Jahr ist »abkühlen«: Die Zeit soll die Spuren der Agenten im Feindesland verwischen und ihr Aussehen und ihre

Kontakte vergessen machen. Während dieser Wochen und Monate erstatten die Spione dem Hauptquartier in London detailliert Bericht. Ungeduldig erwartet Virginia Hall ihren nächsten Auftrag. Dass sie noch einmal nach Frankreich zurückkehrt, gilt als ausgeschlossen. Sie ist zu bekannt und ihr Holzbein ein einzigartiges Merkmal.

Die Agentin wird, wieder als Journalistin getarnt, nach Spanien geschickt. Doch in Madrid wird es ihr schnell langweilig. »Eine Verschwendung von Zeit und Geld«, schreibt sie ärgerlich und bittet die SOE um die erneute Entsendung nach Frankreich. Die beordert sie jedoch zurück nach London: Virginia Hall wird der Verdienstorden MBE verliehen, die höchste Auszeichnung, die Großbritannien für Zivilisten im Einsatz im Feld, vor dem Feind und für das Empire bereithält. Die übliche Audienz bei König George VI. lehnt sie ab. Dann, fürchtet sie, würde sie nicht mehr als verdeckte Agentin arbeiten können. Stattdessen nimmt sie den Orden im Hauptquartier der SOE entgegen und ringt deren Leiter bei dieser Gelegenheit gleich ein Funker-Training ab.

Virginia Hall hegt eigene Pläne. Wenn die SOE sie nicht lässt, wird sie eben für das 1942 ins Leben gerufene Office of Strategic Services der Vereinigten Staaten nach Frankreich gehen. Zu den Aufgaben des OSS gehört jede Art von nicht-militärischem Einsatz gegen den Feind, inklusive psychologischer Kriegsführung, Guerilla-Einsätzen und Sabotage. Das schreckt Virginia Hall nicht. Am 20. März 1944 lässt sie sich von einem Kanonenboot an der Küste der Bretagne absetzen.

Für ihren zweiten Aufenthalt schlüpft die Amerikanerin in die Haut einer alten Frau. Sie färbt ihre Haare grau und steckt sie zum Dutt, die Hüften polstert sie mit Geldscheinbündeln auf, und an den Füßen trägt sie Holzpantinen. Sogar ihre Zahnfüllungen hat sie nach französischer Art erneuern lassen und an ihrem Gang gearbeitet: Sie schlurft nun statt zu hinken.

Ausgestattet ist sie mit allem, was Einheimische benötigen: Identitätskarte, Wohnsitzbestätigung und Krankenkassennachweis, dazu Lebensmittel-, Tabak- und Kleidermarken, Führerschein und Arbeitserlaubnis. Alle Dokumente sind gefälscht und auf den Namen Marcelle Montagne ausgestellt.

Ihr Auftrag ist präzise definiert: 100 Kilometer südlich von Paris soll sie drei sichere Häuser besorgen, jedes mit einem Funkgerät ausrüsten und Geld verteilen. Ihre erste Station ist Châteauroux, wo sie für einen Bauern kocht. Endlich gibt es Eier, Gemüse, Mehl für Brot und gelegentlich sogar Fleisch. Virginia lernt Käse herzustellen, den sie an deutsche Soldaten verkauft. Was sie dabei erfährt, funkt sie nachts. Bald schon kann die Spionin erste Kontakte zu den lokalen Widerstandsgruppen – den sogenannten Maquis – melden. 100 Mann stehen bereit, die Virginia Hall mit großer Umsicht und viel Durchsetzungswillen für den kommenden Einsatz trainiert. Sie schult Empfangskomitees für die Fallschirm-Abwürfe, auch der Gebrauch von Waffen und Sprengstoff gehört zum Lehrplan.

In der Nacht zum 6. Juni 1944, der als D-Day mit der Landung der Alliierten in der Normandie in die Geschichte eingehen wird, steht sie Wache beim Anschlag auf eine Eisenbahnlinie. Zwei Tage später wird sie

auf das Plateau von Yssingeaux im Zentralmassiv entsandt, wo widerspenstige Nachfahren der Hugenotten leben und Juden vor den deutschen Verfolgern versteckt haben. Wieder verbirgt sich Virginia Hall in einem Bauernhaus, in einer Scheune, und bezieht schließlich ein Haus der Heilsarmee in Le Chambon sur Lignon.

Sie ist sich der Gefahr bewusst: Klaus Barbie, der Schlächter, sitzt im nur 75 Kilometer entfernten Lyon. Aber wenige Plätze sind so gut für nächtliche Abwürfe von Waffen und das Üben mit Sprengstoff geeignet wie die Hügel der Auvergne. Das Vorrücken der Alliierten im Norden und die angekündigte Invasion von Süden her spielen Virginia in die Hände. Täglich stoßen neue Männer zu den Maquis, fast 1500 sind es Mitte August.

Doch die Franzosen zweifeln die Autorität von Virginia Hall an, weil sie Ausländerin ist, und als Frau sowieso. Dabei kann sie stolze Erfolge vorweisen. Innerhalb eines Monats, vom 14. Juli bis zum 14. August, hat sie 37 Lageberichte per Funk abgesetzt, ihre Empfangskomitees haben 22 Fallschirmabwürfe abgewickelt und die Maquis 800 deutsche Soldaten gefangen genommen und 150 getötet.

Am 25. August landet, endlich, ein Team aus drei Offizieren, jeweils ein Franzose, Brite und Amerikaner. Ihre Anweisungen, auch wenn sie von Virginia stammen, werden von den Maquis fraglos akzeptiert. Die Deutschen sind auf dem Rückzug, viele ergeben sich freiwillig – und plötzlich ist der Krieg in Yssingeaux vorbei. Eine Situation, mit der Virginia Hall nicht zurechtkommt. Man kann doch nicht einfach aufhören ... Mit zwei kurz zuvor gelandeten Agenten stellt sie noch eine kleine, schwer bewaffnete Guerilla-Truppe zusammen, die dann aber vor der Militärbürokratie in Bourges kapitulieren muss.

Damit, dass nicht mehr das Können und Wollen zählen, sondern die militärische Hierarchie, kann sich Virginia nur schwer abfinden. Sie brennt auf ihren nächsten Einsatz. Unter dem Decknamen Anna Möller soll sie den österreichischen Widerstand gegen die Nationalsozialisten stärken, inklusive Sabotage, Funken und so weiter. Als sie schon auf dem Weg nach Innsbruck ist, gebietet Washington Einhalt: zu riskant. Zudem steht Deutschland kurz vor der Kapitulation.

Nach Kriegsende fährt Virginia Hall mit Paul Goillot, der mit Fallschirm in Yssingeaux eingeschwebt ist und sich sofort in die souveräne Agentin verliebt hat, 1600 Kilometer durch Europa, immer auf der Suche nach den Freunden aus Lyon. Viele Mitglieder des Spionagerings sind gefoltert worden, nicht alle haben die Konzentrationslager überlebt.

Dass Virginia Hall den Krieg unverletzt übersteht, ist keineswegs selbstverständlich. Von den 480 Agenten, die die SOE ins Nachbarland einschleust, stirbt jeder Vierte, von den 40 Frauen unter ihnen allein 15. Das amerikanische OSS mit seinen 30 000 Mitarbeitern hat wenigstens 37 Agenten ins besetzte Frankreich entsandt, darunter ist Virginia Hall die einzige Frau, die eine Widerstandsgruppe führt. Dafür wird ihr als einziger Zivilistin im Zweiten Weltkrieg das Distinguished Service Cross, der

zweithöchste Orden der USA, verliehen. Die Franzosen schließen sich mit dem Croix de Guerre an.

Eine tadellose Empfehlung für den Diplomatischen Dienst, könnte man meinen. Doch die aufrechte Virginia Hall wird erneut zurückgewiesen. Der Etat des Außenministeriums sei gekürzt worden, heißt es, Neueinstellungen leider nicht möglich. Was bleibt Virginia übrig? Als »Journalistin« bereist sie bis 1947 Italien, Frankreich und die Schweiz und sammelt Informationen über die ökonomische, finanzielle und politische Lage im Nachkriegseuropa.

1948 wird sie eine der ersten Agentinnen der neugegründeten CIA. Sie befragt Exilanten und arbeitet im Kalten Krieg an Plänen für die Organisation amerikanischer Widerstandsgruppen, rein vorsorglich, falls die Russen in den USA einmarschieren sollten.

Virginia Hall Goillot, die seit ihrer Hochzeit mit Paul im Jahr 1950 einen Doppelnamen trägt, steht sogar eine Karriere im Geheimdienst offen. Doch wenige Jahre nach dem Krieg gelten ihre Fähigkeiten als überholt, ihr angeblich aggressives Auftreten schüchtert die männlichen Vorgesetzten ein. »Eine Hau-Ruck-Lady, die aus OSS-Tagen übrig ist«, spotten die Kollegen, während ihre Studenten die elegante Dame, die ihr Haar zur Schnecke rollt und mit einem gelben Bleistift feststeckt, als »eine Erscheinung« bezeichnen.

Im Job zunehmend isoliert, geht Virginia Hall mit 60 Jahren in Rente. Sie zieht mit ihrem Mann und fünf Riesenpudeln auf eine Farm in Barnestown, Maryland, wo sie ihren Garten hegt, begeistert webt und wieder – wie in Frankreich – selbst Käse herstellt. Sie liest viel, ist Kreuzworträtseln verfallen und führt ein ganz normales Leben. Sie stirbt am 12. Juli 1982, Paul Goillot fünf Jahre später.

G. P.

Virginia
Hall

DIE KATZE IN DER HÖHLE DES LÖWEN

Mathilde-Lily Carré

29.6.1908 - ca. 1970

"Sie wollte
leben. Kann
man ihr das
vorwerfen?"
Albert Naud
(Verteidiger)

Die Katze ist klein. Mathilde-Lily Carré misst gerade einmal 1,52 Meter. Da sie etwas hinkt, trägt sie meist Schuhe mit flachen Absätzen. Das bleibt den Menschen im Gerichtssaal aber verborgen. Über der Anklagebank sind von der Französin nur der Kopf zu sehen, Schultern, Arme und die Hände, auf die sie das schmale Gesicht stützt. Sie selbst nimmt das Prozessgeschehen nur verschwommen wahr, denn trotz starker Sehschwäche verzichtet sie auf eine Brille. Verloren und verletzlich müsste diese Frau mit den großen grünen Augen wirken, doch an keinem der fünf Prozesstage weckt sie Mitgefühl. Zu monströs ist die Tat, derer sie beschuldigt wird. Zu herzlos zeigt sie sich selbst in diesen Tagen im Januar 1949.

Mathilde-Lily Carré, genannt »die Katze«, ist der Zusammenarbeit mit dem Feind angeklagt. Der einstigen Widerstandskämpferin und Nummer zwei des französischen Spionagenetzwerks Interallié wird vorgeworfen, während des Zweiten Weltkriegs mit der deutschen Besatzungsmacht kollaboriert zu haben. Sie wird beschuldigt, Verrat an bis zu 90 Widerstandskämpfern begangen und damit zum Tod von 35 Menschen in deutschen Konzentrationslagern beigetragen zu haben. Menschen, die ihr vertrauten, die sich für ihre Freunde hielten. 33 Zeugen werden im Prozess gehört, darunter KZ-Überlebende. Scheinbar unbeeindruckt lauscht Carré ihren Aussagen. Fast immer ist ein leichtes Lächeln auf ihrem Gesicht zu sehen.

Carré kann nicht abstreiten, mit den Besatzern zusammengearbeitet zu haben. Zu ihrer Verteidigung bringt sie vor, dies sei nur ein Täuschungsmanöver gewesen. Einem Ermittlungsrichter erklärt sie: »Ich war eine Art Speerspitze der Résistance und musste manchmal Leute opfern, so wie das ein General auf dem Schlachtfeld tut, der eine Gruppe von Soldaten in den Tod schickt, um das Regiment zu retten. Das ist Krieg.« Und ihrem Anwalt vertraut sie einmal an: »Ich habe nur die Dümmeren verraten.« Niemand schadet der Katze so sehr wie sie selbst. Sie zeigt keine Reue und kein Mitleid.

Verzweifelt kämpft dagegen Madame Carré um das Leben ihrer Tochter. Von Schmerz und Trauer überwältigt, endet ihr Versuch, die Jury von deren Patriotismus zu überzeugen, in Schluchzen. Mathilde-Lily Carré lässt dies

Agentin mit vielen Seiten

nicht unberührt. Scheinbar angewidert von diesem Gefühlsausbruch dreht sie den Kopf zur Seite. In diesem Moment, gestehen die Jurymitglieder später, stand für sie fest, dass sie für die Höchststrafe plädieren würden.

Zur Verteidigung seiner Mandantin führt ihr Anwalt der Jury vor Augen, wie kurz der Moment ihres Verrats und wie groß zuvor ihre Verdienste waren. »Sie wollte leben. Kann man ihr das vorwerfen?«, fragt Albert Naud die ausnahmslos mit ehemaligen Widerstandskämpfern besetzte Jury. Auch er war in der Résistance aktiv und findet doch: »Sie verdient Gnade.« Der Staatsanwalt dagegen fordert ihren Tod. Für ihn ist Carré eine Frau, die Hirn, aber kein Herz besitzt, keine Moral und keine Skrupel. Sein gnadenloses Fazit lässt die Angeklagte scheinbar kalt. Während er spricht, packt sie einen Kaugummi aus, steckt ihn in den Mund und beginnt zu kauen. Die Jury entspricht der Forderung des Staatsanwalts. Mathilde-Lily Carré wird zum Tode verurteilt. Regungslos nimmt sie es zur Kenntnis.

Schreckliche Kopfschmerzen plagen Carré in den Wochen nach dem Prozess. Alpträume quälen sie. Sie weiß, dass ihr Verhalten vor Gericht maßgeblich zum Urteil beigetragen hat. Die Person, die vor Gericht stand, war nicht die wahre Mathilde-Lily. Die trat nicht in Erscheinung. In ihren Memoiren schreibt sie: »Trotz meiner Schwächen und Fehler war ich immer loyal und gutherzig. Warum haben sie meine wahre Persönlichkeit systematisch zerstört, indem sie meine Fehler zu Hochverrat und meine Schwächen zu Lastern erklärten?«

Mathilde-Lucie – so ihr eigentlicher Name – wäre fast ein Sonntagskind gewesen. Schlag Mitternacht wird das erste Kind von Madame und Monsieur Carré am 29. Juni 1908 in der Industriestadt Creusot geboren. Kurz darauf zieht das Paar nach Paris. Das Baby, Lily genannt, bringen sie zum 78-jährigen Großvater, wo es im Oberen Jura in ländlicher Umgebung aufwachsen soll. Umsorgt wird Lily von zwei ledigen Tanten, die unterschiedlicher nicht sein könnten: die eine ernst und bis zum Fanatismus tugendhaft, die andere lebenslustig und heiter. Zwei Pole, zwischen denen Lily ihr Leben lang hin- und hergerissen sein wird.

Lily kann nett und liebenswert sein, aber auch »hinterhältig, lügnerisch und boshaft«, wenn sie etwas nicht mag. Das Internat, auf das sie mit zwölf Jahren geschickt wird, behagt ihr beispielsweise gar nicht, und mit Lug und Trug schafft sie es denn auch, dieses nach vier Jahren verlassen und zu den Eltern ziehen zu dürfen. Nach dem Abitur entspricht sie dem Wunsch der Mutter und studiert Jura, ein Fach, das sie überhaupt nicht interessiert. Auch die Kritik der Mutter, es fehle ihr an Eleganz, gutem Aussehen und Geschmack, nimmt sie sich zu Herzen. An der Sorbonne verdreht sie trotzdem den Kommilitonen reihenweise den Kopf. Sie gilt als humorvoll, lebhaft und lebenslustig. Sie wird umschwärmt, auch von sehr viel älteren Männern, was Lily genießt und gleichzeitig abstoßend findet.

Ein Gefühl der Zerrissenheit bestimmt ihr Leben. Es verwirrt sie, dass sie sich für keinen der zahlreichen in sie verliebten Männer entscheiden kann, sondern alle gleich gerne mag. Sie bezeichnet sich als Egoistin, ekelt sich manchmal vor sich selbst und beschreibt sich als neurotisch. Lily lässt das ungeliebte Jurastudium schleifen. Sie befasst sich mehr mit Musik, Theater und Literatur und beschließt am Ende dieser unruhigen Zeit, Lehrerin zu werden. Nach bestandenem Examen 1932 findet sie eine Anstellung an einer Pariser Schule und dort ihren zukünftigen Ehemann. Bei der Wahl zwischen dem mittellosen Lehrer Maurice Belard und einem anderen Mann entscheidet ein Münzwurf zugunsten von Maurice. Das Paar heiratet am 18. Mai 1933 und macht sich im September auf den Weg nach Algerien.

Nahe der Stadt Oran übernimmt Maurice Belard die Leitung einer Militärschule. Lily wird seine Assistentin, und sie liebt die Arbeit mit den Kindern. Die jungen Eheleute fühlen sich wohl in ihrer neuen Umgebung, in ihrem ersten gemeinsamen Heim. Das Leben wäre perfekt, würden sich bei Lily nicht schon bald wieder schleichend Unzufriedenheit und Unruhe bemerkbar machen. Sie hat das Gefühl, dass »von dem außerordentlichen Kind, dem beliebten jungen Mädchen, das so viel versprach«, nichts blieb als »eine arme, kleine Lehrerin, die ein Leben harter Arbeit vor sich hat«. Sie hasst sich für ihre Unzufriedenheit und dafür, dass sie ihren Mann mit einem anderen betrügt. Aber auch sie fühlt sich betrogen. Sechs Jahre nach der Hochzeit erfährt Lily von ihrer Schwiegermutter, dass Maurice zeugungsunfähig ist und ihren Kinderwunsch nie erfüllen kann. Auch dass sein Vater in einer Irrenanstalt gestorben ist, hat Maurice ihr verschwiegen. Lily ist fassungslos: »Hatte ich nicht schon genug damit zu tun, selbst bei Verstand zu bleiben, mit meiner Unausgeglichenheit, meinen morbiden Ängsten und der Überzeugung, nie das zu sein, was ich sein sollte?« Sie möchte sich scheiden lassen, doch der Krieg ist schneller. Maurice wird in die Armee eingezogen. Er entscheidet sich für einen Einsatz in Syrien und nicht an der umkämpften Ostfront. Lily verachtet ihn dafür. Beim Abschied im Hafen beschließt sie »mit kühler Logik, dass mein Ehemann für mich gestorben ist und ich an der Ostfront Krieg führen werde.«

Zurück in Frankreich ist Lily maßlos enttäuscht. Das Land befindet sich im Krieg, aber niemanden scheint das zu kümmern. Vom »drolligen Krieg«, wie ihn die Franzosen nennen, ist in Paris nichts zu spüren. Lily lässt sich als Krankenschwester ausbilden und wird im Mai 1940 als solche nach Beauvais geschickt, um eine Erste-Hilfe-Station einzurichten. Anfangs versorgt sie hier Flüchtlinge aus dem Kriegsgebiet, später auch Soldaten auf dem Rückzug. In Lilys Augen sind es Feiglinge. Bei einem Bombenangriff

Café

gerät sie selbst in Lebensgefahr, was sie als fast »sinnliches Vergnügen« empfindet. Am Tag danach wird Beauvais evakuiert.

Über Rouen, Nantes, Paris und Orléans verschlägt es Lily nach Angoulême. Sie erlebt hier den Waffenstillstand und den größten Glücksmoment ihres Lebens. Lily ist schwanger – von einem Leutnant. Mit Jean zieht sie nach Toulouse, wo er auf seine Versetzung nach Nordafrika warten soll. Sie ist verliebt und freut sich auf die Zukunft, die jedoch etwas anderes bereithält als Mutterglück. Eine Fehlgeburt macht ihre Pläne zunichte. Lily erwägt – nicht zum ersten Mal –, sich das Leben zu nehmen, beschließt dann jedoch, sich nicht in den Fluss, sondern in den Krieg zu stürzen. Sie sagt sich: »Wenn ich wirklich Selbstmord begehen möchte, dann wäre es gescheiter, einen nützlichen Selbstmord zu begehen.« Im Café La Frégate kommt sie ihrem Ziel näher.

Am 17. September 1940 lernt sie dort Major Roman Czerniawski kennen. Der knapp 30-jährige polnische Luftwaffenoffizier war Chef der Spionageabteilung der 1. Polnischen Division, die in Frankreich kämpfte. Lily bestreitet, jemals Romans Geliebte gewesen zu sein, aber die beiden verbringen bald viel Zeit miteinander. Denn Toto, wie sie ihn liebevoll nennt, »hatte den Willen eines verwöhnten Kindes, und ich mochte das.« Gerne erteilt sie dem gutaussehenden, dunkelhaarigen Polen Französischunterricht, und auch einen weit größeren Wunsch erfüllt sie ihm mit Begeisterung. Roman hat für den englischen Geheimdienst MI5 in der unbesetzten Zone einen Agentenring organisiert. Und ein solcher soll ab Mitte November auch im von den Deutschen besetzten Teil Frankreichs operieren. Mangels Sprachkenntnissen und Kontakten braucht Roman Hilfe beim Aufbau des Spionagenetzwerks. Er glaubt, die »intelligente, mutige und fröhliche« Lily sei dafür die richtige Person.

Auf eine solche Gelegenheit hat Lily gewartet. Durch Toto hat ihr Leben »Flügel bekommen«. Die Trauer um das ungeborene Kind scheint verflogen, Jean vergessen, und auch an den Ehemann verschwendet Lily keinen Gedanken. Bis Maurice überraschend in Toulouse auftaucht. Nach einem heftigen Streit erklärt Lily sich bereit, mit ihm zurück nach Algerien zu gehen. Sie schlägt aber vor, dass er sich zunächst bei Verwandten erholen soll. Maurice stimmt zu, nicht ahnend, dass Lily ganz andere Pläne hat und dabei ist, für immer aus seinem Leben zu verschwinden. Er wird sie nicht wiedersehen.

Während Maurice auf dem Land weilt, reist Lily in die unbesetzte Zone nach Vichy, wo die französische Regierung von Marschall Pétain ihren Sitz hat. Sie trifft dort André Achard, einen alten Bekannten aus Algerien, dem sie von ihrer neuen Mission erzählt. Archard glaubt, dass ihr dabei das Deuxième Bureau, der französische Geheimdienst, nützlich sein könnte. Und von diesem bekommt Lily denn auch ihre erste Lektion erteilt. Tagsüber lernt sie die Bedeutung von Geheimzeichen, den Umgang mit unsichtbarer Tinte und militärische Formationen. Die Abende verbringt sie in der Bar des Hôtel des Ambassadeurs. Sie macht es sich dort bequem, streift die Schuhe ab und rollt sich in einem Ledersessel zusammen, an dessen Lehne

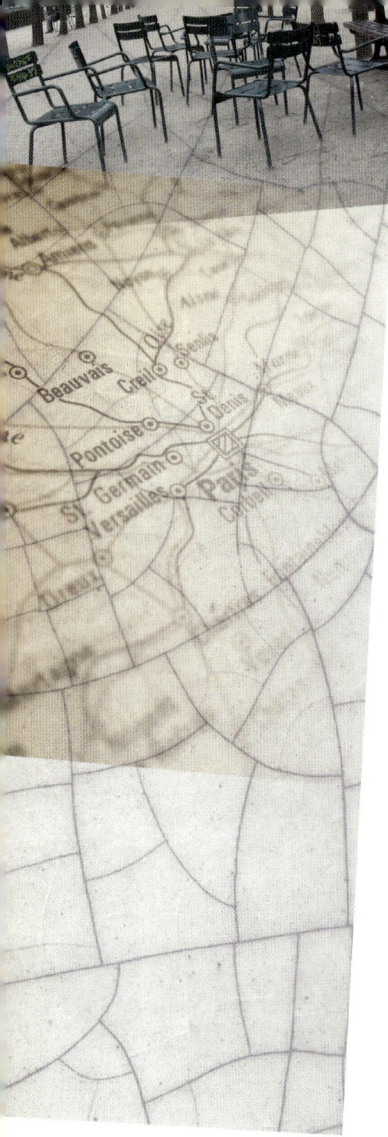

sie gelegentlich nervös mit den Fingernägeln kratzt. Die amerikanischen Journalisten in der Bar nennen die Frau mit dem zerzausten Pagenkopf deshalb »die Katze«. Bald wird das ihr Codename sein.

Ganz uneigennützig hat das Deuxième Bureau die Agentin Belard nicht ausgebildet. Nach Paris reist sie als Doppelagentin, die neben dem englischen nun auch für den französischen Geheimdienst spionieren soll. Sie hat sogar, worauf sie stolz ist, eine eigene Agentennummer bekommen.

Anfang November 1940 ist Lily wieder in Paris. Die Stadt hat den Krieg unbeschadet überstanden, nur herrschen jetzt andere über sie. Durch die Straßen marschieren deutsche Soldaten, und an den Gebäuden flattern die Hakenkreuzfahnen. Lily ist wütend auf die Stadt, die sich aufgegeben hat. »Ich hätte lieber ein zerbombtes, aber dafür ein Paris gesehen, das sich verteidigt hat.«

In einem kleinen Studio mit separatem Zimmer für Roman, der sich nun Armand nennt und als Lilys ausländischer Cousin auftritt, beginnen die beiden am 16. November mit dem Aufbau ihrer Organisation. Da diese gemeinsam von einer Französin und einem Polen geleitet wird, dem englischen Geheimdienst Bericht erstattet und Agenten aus diesen drei Ländern für sie arbeiten sollen, bekommt sie den Namen »Interallié«. Armand ist in dieser Organisation zuständig für den Funkverkehr und die Kontakte zu polnischen Informanten. Lily kümmert sich um die Agenten. Die ihnen zur Verfügung stehenden Mittel sind äußerst bescheiden. »Wir hatten wenig Geld, nur unseren Enthusiasmus, unsere Ideale und Blauäugigkeit«, erinnert sich Lily. Maître Brault, ein Rechtsanwalt, der von Anfang an mit ihnen zusammenarbeitet und gute Kontakte zu Engländern hat, bescheinigt ihnen außerdem, »verwegen und erschreckend unvorsichtig« zu sein. Dennoch gelingt es Lily und Armand, in kürzester Zeit ein funktionierendes Spionagenetzwerk aufzubauen, dem am Ende bis zu 200 Agenten aus dem ganzen Land angehören.

Unermüdlich ist Lily in ihrem schwarzen Pelzmantel und mit der unvermeidlichen roten Mütze auf dem Kopf in der Stadt unterwegs. Es gilt Agenten zu finden und Leute, die bereit sind, als »Briefkästen« zu fungieren. Wer nicht schon von der guten Sache überzeugt ist, den gewinnt Lily mit Charme und Überzeugungskraft. Nervenstark und schlagfertig horcht sie selbst deutsche Militärs aus. Die Agenten der Interallié bekommen von ihr ganz genaue Anweisungen, welche Informationen sie beschaffen sollen. Ab Januar 1941 kann Interallié diese direkt nach London senden, dank der Funkgeräte, die endlich eingetroffen sind. Ab jetzt heißt es regelmäßig: »An Zimmer Nummer 55a, Kriegsbüro, London: Die Katze berichtet …« Und was sie berichtet, wird in London hoch geschätzt. Interallié liefert Fahrpläne von Militärtransporten, wichtige Informationen über strategische Schiffsbewegungen, über die Lage von Flughäfen und Munitionsdepots, die dann zum Ziel alliierter Bomber werden. Interallié macht Vorschläge zur Sabotage und führt solche auch aus.

Zweimal zieht Interallié um, zuletzt in ein kleines Haus in der Rue Villa Léandre in Montmartre. Während Lily ein eigenes Appartement in der Rue

Cortot bezieht, wohnt dort neben Armand und den beiden Funkern auch Renée Borni. Im Juni 1941 hat Armand seine Geliebte, eine Witwe aus Luneville, nach Paris geholt. Nicht unbedingt zur Freude von Lily. Sie mag Renée nicht, misstraut ihr. Eine Haltung, die auf Gegenseitigkeit beruht, woraus beide Frauen kein Hehl machen. Auch Renée arbeitet für Interallié. Sie hat die undankbare Aufgabe, die Nachrichten zu verschlüsseln.

Während Interallié nach außen hin hervorragend zu funktionieren scheint, brodelt es im Inneren. Armand ist nervös und Lily unzufrieden. Sie wirft ihm vor, zu großzügig und unvernünftig mit dem Geld der Organisation umzugehen und zu unvorsichtig zu sein. Armand sammelt jedes Schriftstück in der Wohnung. Außerdem können sich die beiden Funker nicht leiden, und Lily hat den Verdacht, dass zwei ihrer Agenten sie vergiften wollten. Sie ist am Ende ihrer Kräfte: »Meine körperliche Widerstandskraft und meine Nerven verließen mich. Allein Willensstärke, Einbildungskraft und Patriotismus bewahrten mich davor aufzugeben. Je müder ich wurde, desto mehr stürzte ich mich in die Arbeit. Ich trank viel Alkohol und starken Kaffee, um über die Runden zu kommen.« Sie fühlt sich leer und oft in einem Schwebezustand. Sie fragt sich, wie das enden soll. »Aber das hätte ich so wenig eingestanden wie das Bedauern, Mann und Heim aufgegeben zu haben.«

So richtig in Feierlaune ist niemand, als Armand am 16. November eine Party zum einjährigen Bestehen von Interallié gibt. Dabei wissen die Gäste das Schlimmste noch gar nicht. Wenige Tage zuvor ist in Cherbourg einer ihrer Agenten aufgeflogen. Bei ihm finden die Deutschen eine Liste mit den Namen von 20 weiteren Agenten, darunter Raoul Kiffer, der als Kurier »Kiki« zwischen Cherbourg und Paris unterwegs ist. Er ist sofort bereit, mit den Deutschen zu kooperieren. Die Köpfe der Interallié kennt er allerdings nicht. Durch ihn kann die Abwehr aber einen Pariser Agenten festnehmen, der, alleine mit Kiffer in einer Gefängniszelle, diesem den Namen und Aufenthaltsort von Armand anvertraut. Dies geschieht, während in der Rue Villa Léandre mit Champagner und Orangensaft auf Interallié angestoßen wird. Zwei Tage später, am kalten, nebligen Morgen des 18. November, stehen die Männer der deutschen Abwehr vor der Tür.

Der Funker kann gerade noch entkommen, Armand und Renée nicht. Beide werden verhaftet, und Reneé packt aus – vor allem über die ungeliebte Katze. »Alles, alles ist ihre Schuld«, erklärt sie. Als Lily am Nachmittag zu ihrer Wohnung kommt, wird sie bereits von der Abwehr erwartet. Sie ist nicht überrascht, verschiedentlich wurde sie gewarnt, dass etwas nicht stimmt. Auf die Frage der Deutschen, ob sie wisse, was sie getan habe, antwortet Lily: »Natürlich. Es war ein riskantes Spiel, und heute habe ich verloren. Aber ich bin eine gute Spielerin.« Lily wird festgenommen und zur Rue Villa Léandre gebracht, wo Renée mit dem Finger auf sie deutet: »Ja, das ist sie, das ist die Katze.«

Im Hotel Edouard VII, dem Hauptquartier der Abwehr, werden ihre Personalien aufgenommen, danach geht es direkt ins Gefängnis La Santé. Bei ihrer Durchsuchung finden die Beamten Lilys Terminkalender, in dem die Treffen mit den Agenten notiert sind. Lily ist sicher, dass ihre letzte Stunde nahe ist. Und die Uhren der Kirchen, Klöster und Krankenhäuser in der Umgebung des Gefängnisses erinnern sie mit jedem Schlag zur vollen Stunde daran. Lily ist bereit zu sterben. Es wäre ein nobles Ende. »Tod ja«, denkt sie, »aber nicht in diesem Gefängnis.« Der Gedanke, in der eisig kalten, feuchten und stinkenden Gefängniszelle länger »eingeschlossen und allem beraubt zu sein, war ganz und gar unerträglich.« Schon am nächsten Abend wird sich Lily in diese Zelle zurückwünschen.

Nach ihrer ersten Nacht hinter Schloss und Riegel wird Lily am Morgen wieder ins Hotel Edouard VII gebracht. Man serviert ihr dort ein ausgezeichnetes Frühstück. »Kaffee, Milch, Butter, Zucker, Brötchen, nichts hat gefehlt.« Danach betritt ein großer, kräftiger Mann das Zimmer: Horst Bleicher. Erst bietet er ihr eine Zigarette, dann die Zusammenarbeit an. Er schmeichelt ihr: »Sie sind zu intelligent und interessant, um im Gefängnis zu schmoren. Sie wissen alles und sind für mich bei der Abwicklung der Interallié von unschätzbarem Wert.« Bleicher erklärt ihr, dass die Abwehr in Besitz aller Interallié-Dokumente ist und er ihren Terminkalender kennt. Lily soll ihm die weiteren Festnahmen erleichtern. Bleicher verspricht: »Wenn Sie mir keine Schwierigkeiten machen, können Sie sicher sein, dass Sie heute Abend frei sind ...« Er droht: »... wenn Sie mich betrügen, werden Sie auf der Stelle exekutiert, ohne Prozess.« Er appelliert an Lily: »Retten Sie Ihre Haut und begreifen Sie, dass England verloren ist.« Er macht ihr ein Angebot: »Arbeiten Sie für 6000 Franc im Monat für uns.«

Um 11 Uhr trifft sich Lily mit einem Agenten im Café Pam Pam. Bleicher, den sie als Freund vorstellt, sitzt bei der Besprechung mit am Tisch. Freundlich bietet er dem Agenten eine Mitfahrgelegenheit an. Im Auto wird dieser dann festgenommen.

Ihr nächster Halt ist der »Briefkasten« von Madame Gaby in der Garderobe der Brasserie La Palette, danach lädt Bleicher Lily zum Mittagessen ein. Die Frau, die ihr aus den Spiegeln des Restaurants entgegenblickt, ist ungekämmt und ohne Make-up, sieht aber im schwarzen Hosenanzug und der roten Seidenbluse, zu der sie einen Gürtel mit Totenkopfschnalle trägt, wie sie findet, ganz passabel aus.

Nach dem Essen fahren Bleicher und Lily zu Mireille Lejeune. Wieder wird Bleicher als Freund vorgestellt. Lily bittet die Freundin um Geld von Interallié und bekommt es. Danach wird erst Mireille festgenommen und dann ihr Ehemann Roland, ein Polizist. Mireille wird sieben Monate im Gefängnis verbringen müssen, Roland wird nach Mauthausen geschickt. Er erlebt die Befreiung des KZs, stirbt aber wenig später an den Folgen der Haft.

Am Abend ist Lily mit zwei Agenten im Café Graff verabredet. Der eine ist der Industriechemiker Marc Marchal, Onkel Marco genannt, einer der mutigsten und cleversten Agenten der Interallié. Der andere ist René Aubertin, ein Freund Lilys aus Kindertagen. Die drei umarmen sich zur Begrüßung, freuen sich, einander zu sehen. Bleicher sitzt dieses Mal am Nebentisch, einige seiner Beamten haben sich an der Bar niedergelassen.

Sie nehmen Marchal, Aubertin und zum Schein auch Lily fest. Beim Verlassen des Lokals macht Lily Onkel Marco darauf aufmerksam, dass er sein Buch auf dem Tisch liegen gelassen hat. Ihm bleibt nichts übrig, als das absichtlich vergessene Buch mit den gefälschten Ausweispapieren zwischen den Seiten zu holen. Nach sechsmonatiger Haft und Verhören in Fresnes und anschließender Folter und Einzelhaft in Ketten in Treves wird Marchal 1943 zum Tode verurteilt und erst nach Buchenwald, dann nach Neuengamme deportiert. Hier soll der Chemiker bei Menschenversuchen helfen. Er weigert sich und wird nach Mauthausen verlegt, wo er mit Hilfe eines Wärters der Vollstreckung der Todesstrafe entkommt. Auch Aubertin überlebt Mauthausen.

An diesem Abend statten Bleicher und Lily noch einem Hausmeister-Ehepaar einen Besuch ab, das als »Briefkasten« fungiert. Die Hugentoblers werden abgeführt und müssen ihr Baby unbeaufsichtigt in der Wohnung zurücklassen. Verrückt vor Angst und Sorge erhängt sich Frau Hugentobler noch in derselben Nacht in ihrer Zelle.

Bleicher und die Katze gehen in ein schönes Restaurant gut und teuer essen. Anschließend fährt er sie aber nicht nach Hause. Auf ihre Frage, wohin es gehe, antwortet Bleicher: »Wir gehen schlafen.« Er gibt Lily zu verstehen, dass es nach dem Verrat, den sie an ihren Freunden begangen hat, das Beste für sie sei, mit ihm und seinen Kollegen zu leben. Lily ist sprachlos. Bleicher bringt sie zu einer Villa, die dem jüdischen Schauspieler Harry Baur gehörte, bevor die für den Nordwesten Frankreichs zuständigen Abwehr III sie beschlagnahmt hat.

In ihrem luxuriösen Zimmer ist Lily nicht lange allein. Bleicher kommt und beginnt sich auszuziehen. Schlimmer als die Übelkeit, die sie nach der Nacht mit ihm plagt, empfindet sie die »moralische Erniedrigung«. Sie wird sich ihres »größten Akts der Feigheit« bewusst: eine »rein animalische Feigheit, die Reaktion eines Körpers, der seine erste Nacht in einem Gefängnis verbracht hat, unter Kälte gelitten hat, den eisigen Hauch des Todes spürte und plötzlich wieder Wärme in einem Paar Arme fand, auch wenn es die Arme des Feindes waren.« Lily hasst sich für ihre Schwäche, und sie hasst die Deutschen. Später schreibt sie über diese Nacht: »Ich fand mich in Anwesenheit des ekelhaftesten, sentimentalsten Biestes, und ich dachte mit Reue an meine Gefängniszelle.«

Lily frühstückt am Morgen mit Bleicher und seinem Chef Erwin Borchers. Beide sind freundlich zu ihr, nennen sie liebevoll »kleines Kätzchen«. Bleicher begleitet Lily zum Mittagessen bei ihren über den deutschen Besucher entsetzten Eltern, danach nehmen sie den Kurier Rapide fest. Wie am Tag zuvor und bei den folgenden Verhaftungen gibt Lily in keiner Weise zu erkennen, dass sie für den Feind arbeitet. Mit unnötigen Aufforderungen lässt sie ihre Agenten teilweise regelrecht in die Falle laufen.

In den kommenden Wochen wird in Anwesenheit und mit Hilfe Lilys ein Agent nach dem anderen verhaftet. Wladimir Lipsky etwa, der wie Rapide Mauthausen überleben wird. Oder Paul de Rocquigny, der unter der schweren Arbeit im KZ zusammenbricht und stirbt. Lily zeigt bei den Festnahmen

keinerlei Gefühl. »Mit Fatalismus« akzeptiert sie ihre Lage und die, in die sie andere bringt. »Auch ohne mich hätten die Verhaftungen stattgefunden. Ich verstand Bleichers Spiel. Er wollte mich kompromittieren, um mich moralisch zu binden und so meine Flucht zu verhindern.«

Lily gibt sich alle Mühe, Bleichers Vertrauen zu gewinnen. Sie lebt mit ihm und seinen Vorgesetzen unter einem Dach, geht mit ihnen aus, sie lacht, flirtet und trinkt mit den Offizieren in der Villa. Eines Abends fragen sie Lily: »Was würdest du tun, wenn wir dich erschießen würden? Was wäre dein letzter Wunsch?« Sie antwortet: »Ein gutes Abendessen, eine Nacht im Bett mit einem Mann, dann das Requiem von Mozart. Und während es spielt, könnt ihr mich erschießen.« Doch das will keiner. Die Männer sind sich einig: »Eine Frau wie du sollte nicht sterben.« Schließlich haben sie noch mehr mit ihr vor.

Mit Lilys Hilfe will Bleicher den Sender der Interallié »umdrehen« und London gezielt falsch informieren. Dazu zieht er mit ihr, seinem Chef und einigen Offizieren in eine Villa in St. Germain, die er »Katzenburg« tauft. Dort trifft Lily auf eine alte Bekannte: Renée Borni. Ende November wird wieder Kontakt mit London aufgenommen. Die Katze berichtet, dass Armand und Borni festgenommen wurden, sie aber weiterarbeiten werde. Jetzt unter dem Namen »Victoire«.

Da ganz nach dem Plan gesendet wird, der bei Armand gefunden wurde, schöpft London keinen Verdacht. Und so wird Interallié etwa um Informationen über die Verteidigungsanlagen von St. Nazaire gebeten, womit die Deutschen vor dem geplanten Überfall auf den dortigen Hafen gewarnt sind. Der falsche Sender soll auch maßgeblich dazu beigetragen haben, dass die im Hafen von Brest festsitzenden und kontinuierlich, aber erfolglos bombardierten deutschen Kriegsschiffe Scharnhorst, Gneisenau und Prinz Eugen zurück in die Nordsee schippern können. Entgegen anderslautenden Agentenberichten vertraut London der Katze, die versichert, dass die Schiffe nicht seetauglich seien. Bis London bemerkt, dass die Schiffe auf See sind, haben diese bereits den Ärmelkanal verlassen.

Die Katze spielt ihre Rolle tadellos. Sie täuscht nicht nur London, sondern auch ihre noch in Freiheit verbliebenen Mitstreiter. Und so schickt Maître Brault auch bedenkenlos Pierre de Vomecourt zu ihr. Der französische Offizier ist Agent der britischen Spezialeinheit Special Operations Executive, die den Widerstand in den besetzten Ländern Europas unterstützen und koordinieren soll. Seit der SOE-Mann im Mai 1941 mit dem Fallschirm über Frankreich abgesetzt wurde, hat er allerdings seinen Funker und das Funkgerät an den Feind verloren. Ohne Kommunikationsmöglichkeit und Geld braucht der 35-Jährige dringend Hilfe. Lily mag die »sympathische, saubere, solide und idealistische Person«, die sich ihr als »Lucas« vorstellt. Die beiden kommen überein, dass Lily seine Nachrichten nach London senden wird. Bleicher wittert neue Erfolge und ist einverstanden, Lily dazu mehr Bewegungs- und Handlungsfreiheit zu geben.

Mit Bleicher bezieht Lily eine Wohnung in der Rue de la Faisanderie. Lucas stellt sie ihn als ihren belgischen Freund vor. Als solcher begleitet er Lily häufig zu ihren Treffen mit Lucas und chauffiert die beiden an die Orte, an denen London Material für Lucas hinterlässt. Die Zusammenarbeit verläuft reibungslos – drei Wochen lang. Dann kommt es zu Ungereimtheiten, die bei Lucas Zweifel an Lilys Integrität aufkommen lassen. In einem Gespräch unter vier Augen konfrontiert Lucas die Katze mit seinem Verdacht, und diese gesteht, für die Deutschen zu arbeiten. Für einen kurzen Moment überlegt Lucas, sie zu töten. Doch damit würde er auch sein Leben und das seiner Kameraden in Gefahr bringen. Vorteilhafter scheint es ihm, Lily auf seine Seite zu ziehen. Überreden muss er sie nicht. »Alles, was ich möchte«, erklärt sie ihm, »ist die Gelegenheit, mich zu erlösen und Rache an den Deutschen zu nehmen.«

Lucas ersinnt eine Geschichte, die Lily Bleicher so glaubhaft auftischt, dass dieser den Köder leicht schluckt: Die Résistance-Gruppen hätten beschlossen, Lucas nach London zu schicken, damit man sich dort ein Bild der Lage machen könne. Er solle dann nach Paris zurückkehren und dabei einen britischen General zu einem Treffen der Résistance mitbringen. Lily schlägt Bleicher vor, Lucas und seine Männer bis zu diesem Treffen in Ruhe zu lassen, um dann richtig zuschlagen zu können.

Bleicher ist auch von dem nächsten Plan begeistert, den Lily ihm unterbreitet. Sie möchte mit nach London, um dort in der Höhle des Löwen für ihn zu spionieren. Auch diese Geschichte hat sich Lucas ausgedacht. In London, so seine Überlegung, kann Lily keinen weiteren Schaden anrichten, dafür aber eine Menge Nützliches berichten.

Bleicher vermutet nichts dergleichen und holt die Zustimmung seiner Vorgesetzten in Paris und Berlin sowie die der Gestapo ein. Einem, der Bedenken äußert, erwidert Bleicher: »Ich bezahle die Strafe, wenn sie mich verrät. Ich kenne sie sehr gut und ich weiß, dass sie uns nicht verraten kann.« Dafür küsst ihn sein Kätzchen auf die Stirn.

Die SOE schickt ein Boot an die französische Küste. In der Nacht vom 26. auf den 27. Februar nimmt es Lily und Lucas mit nach England. Nach mehreren abenteuerlichen Versuchen haben es die beiden geschafft, an Bord zu kommen – mit voller Unterstützung der Deutschen.

In London packt die Katze dann aus. Sie gibt der SOE den Code, den sie mit Bleicher verabredet hat, so dass dieser von nun an im Namen der Katze fingierte Nachrichten erhält. Obwohl Lily vorbehaltlos kooperiert, gewinnt sie nie das Vertrauen der Briten. Lilys Appartement ist komplett verwanzt, bei ihren Sightseeingtouren und Einkaufsbummeln wird sie nicht aus den Augen gelassen. Wie man sie einschätzt, zeigen Berichte, die erstmals 2001 veröffentlicht wurden. Eine SOE-Mitarbeiterin beschreibt Lily als »ganz und gar egoistische Frau, die sich um nichts und niemanden schert außer sich selbst.« Und die beim geringsten Widerspruch jähzornig wird. Auffällig ist auch »… ihr Interesse an Männern. Sie glaubt, unwiderstehlich zu sein, und mit einem Mann zu schlafen, ist für sie eine Notwendigkeit. Sobald sie einen erobert hat, lässt sie ihn fallen und betrügt ihn. Gott helfe dem Mann oder der Sache, der er dient, wenn er sich traut, sie zu verstoßen … Ich denke, sie ist eine außerordentlich gefährliche Frau …

Krieg ist für sie nur Mittel zum Zweck ihrer Unterhaltung … und eines Lebens in Luxus.«

Im Sommer 1942 wird es den Briten zu aufwendig, die Katze in Freiheit zu beaufsichtigen. Man sperrt sie ins Gefängnis und übergibt sie im Juni 1945 den französischen Behörden, die ihr nach weiterer vier Jahren im Gefängnis schließlich den Prozess machen – zusammen mit Renée Borni. Die schwer erkrankte Frau wird zu zweieinhalb Jahren Gefängnis verurteilt, aus dem Gerichtssaal aber direkt in eine Klinik entlassen.

Zu Lilys großer Enttäuschung ist kein britischer Geheimdienstmitarbeiter bereit, für sie auszusagen. Auch Bleicher erscheint nicht vor Gericht. Aussagen, die er zu einem früheren Zeitpunkt gemacht hat, werden nicht zugelassen. Es kommt jedoch zur Sprache, dass er mit Lily keine Lust empfunden habe und den Sex mit ihr als Pflichtübung sah. »Wenn Bleicher das sagt«, kontert Lily, »dann nur, weil ich nicht nett zu ihm war.«

Im Mai 1949 wird Lily begnadigt. Dafür haben sich besonders Marc Marchal und René Aubertin stark gemacht. Ihre Strafe wird auf »lebenslänglich« reduziert, was für sie fünf weitere Jahre Haft bedeutet. 1959 veröffentlicht Lily ihre Lebensgeschichte. Darin schreibt sie: »Ich habe mich nie der Dinge schuldig gefühlt, derer ich bezichtigt wurde. Wenn ich zurückblicke und über mein Handeln urteile, dann gibt es nur zwei unentschuldbare Handlungen, eine war, meinen Ehemann verlassen zu haben.« Die andere war die Nacht mit Bleicher.

U. M.

Mathilde-Lily Carré

DAS KURZE GLÜHEN DES ABENDSTERNS

Christine Granville

1.5.1915 – 15.6.1952

Ein eleganter Nacken und ein blendendes Lächeln, Witz, Schlagfertigkeit und Wagemut – Christine Granville besitzt all das und dazu einen unbeugsamen Willen. Ihre schillernde Persönlichkeit lässt die polnische Adelige nicht nur die gefährlichsten Aufträge des Zweiten Weltkriegs bestehen, sondern sie zieht auch James-Bond-Autor Ian Fleming magisch an. Nach einer heimlichen Affäre mit Christine soll er der weiblichen Hauptfigur in *Casino Royale* ihre Züge gegeben haben: Vesper Lynd, der schönen Agentin.

Vesper, Vesperale. So nannte Graf Skarbek seine Tochter Krystyna, die am 1. Mai 1915 geboren wird und sich später Christine Granville nennt, kosend. Vesperale wie der Planet Venus, wie der Abendstern. Diesen Orientierungspunkt sucht Christine in der wolkenverhangenen Nacht des 7. Juli 1944 vergeblich. Die Flugzeugmotoren dröhnen in ihren Ohren, die 29-Jährige blickt in den schwarzen Himmel und kontrolliert noch einmal den Sitz der Fallschirm-Gurte. Dann springt sie: »Atme tief ein, lass dich fallen. Langsam und leicht, entspann deine Muskeln«, hat ihr Ausbilder gesagt, »… und los!«

Christine fällt. Und fällt. Sie ist aus großer Höhe gesprungen, Windböen treiben sie fünf Kilometer vom Ziel ab, und bei der Landung prellt sie sich böse das Steißbein. Alles andere als ein idealer Beginn für eine gefährliche Mission: Im besetzten Teil Frankreichs soll Christine Granville als rechte Hand des britischen Agenten Francis Cammaerts agieren, der die Résistance auf die Landung der Alliierten an der Mittelmeerküste vorbereitet.

Cammaerts, Sohn des belgischen Dichters Emile Cammaerts, operiert seit 15 Monaten im Vercors. Diese natürliche Felsenfestung liegt unterhalb von Grenoble in den französischen Alpen, ihre Wände ragen senkrecht auf, und einige Gipfel sind über 2000 Meter hoch. Gerade einmal acht Straßen führen in das Massiv, das mit seinen Schluchten und Wäldern einen idealen Rückzugsort für Widerstandskämpfer bietet. Im Februar 1943 richtet die erste Gruppe ihr Camp im Vercors ein, im April existieren schon neun mit jeweils 30 Männern – darunter Gewerkschafter, politisch und religiös motivierte Franzosen und junge Burschen, die sich dem deutschen Arbeitsdienst entziehen. Sie leben in Hütten und Zelten, ernähren sich von

Gefahr ist für sie wie die Luft zum Atmen

Lebensmittelgaben der Bauern und manchmal auch von Ratten und Mäusen. Sie tragen Hosen und Schuhe, die sie bei Überfällen auf Lagerhäuser erbeuten. Ihr Alltag ist, die angestrebte Befreiung ihrer Heimat von den Besatzern vor Augen, hart und militärisch streng.

Mit ebensolcher Disziplin erledigt Christine Granville nach ihrem unsanften Bodenkontakt geschwind das Nötige. Sie vergräbt ihren Schirm und den Revolver, der durch den Sturz verbogen ist. Das rasiermesserscharfe Klappmesser und »die Tablette«, die ihr Leben im Notfall beenden wird, verbirgt sie in ihren Kleidern. Als endlich das »Empfangskomitee« der Widerstandsgruppen eintrifft, begegnet es einer gutgelaunten jungen Frau beim Morgenspaziergang. Ob sie Fallschirmspringer beobachtet habe? »Nein, ich habe keine Fremden gesehen«, versichert sie in akzentfreiem Französisch und beginnt eine Plauderei. Erst als sie sicher ist, Mitglieder der Résistance vor sich zu haben, gibt sie sich mit ihrem Decknamen »Pauline Armand« zu erkennen.

In den nächsten Wochen zieht »Pauline« mit dem gerade 28 Jahre alten »Roger« Cammaerts von Widerstandsgruppe zu Widerstandsgruppe. »Ihre Persönlichkeit war eine enorme Hilfe. Sie gewann überall neue Freunde und schien ihr Leben zu genießen, trotz der schlimmen Bedingungen. In den schwierigsten Situationen schüttelte sie sich manchmal vor Lachen«, erinnert sich Cammaerts im Gespräch mit Christines Biografin, Madeleine Masson. »Sie war ein komplett unabhängiger Mensch und niemandem Rechenschaft schuldig.«

Zudem besitzt Christine Granville die Gabe, andere in ihren Bann zu ziehen. Männer verfallen ihr reihenweise, Frauen schätzen ihre Freundschaft. »Für nichts in der Welt hätte ich eine Gelegenheit verpasst, sie zu treffen«, sagt Sylviane Rey, die im Vercors Verwundete versorgte. »Sie war bescheiden, was ihre eigenen Leistungen betraf, und großzügig mit dem Lob für andere.«

Fotos zeigen eine zierliche junge Frau von wandelbarem Aussehen: Sie ist das nette Mädchen von nebenan in Wanderschuhen ebenso wie die mondäne Großstädterin im Pelzkragen. Auf jedem Bild ist ein Schock braunes Haar zu entdecken, eine hohe Stirn über ziselierten Brauen, die selbstbewusste Nase und ein unwiderstehliches Lachen. Wie Christine Granville als Person war? Zeitgenossen beschreiben sie als charmant,

einfühlsam und von messerscharfem Verstand. Die besten Voraussetzungen für eine Spionin.

Als Christine im Juli im Vercors eintrifft, liegt die Landung der Alliierten in der Normandie vier Wochen zurück. Nun soll sich der Widerstand in Südostfrankreich erheben. Das kann die Besatzungsmacht nicht dulden, deutsche Truppen rücken sofort auf den Gebirgsstock vor. Um gegen sie zu bestehen, brauchen die Widerstandskämpfer dringend Waffen, Munition und militärische Unterstützung. Doch das zuständige Hauptquartier in Algier sendet nur wenige Flugzeuge. Zu allem Unglück geht auch noch rund ein Fünftel ihrer Ladung verloren, weil sich Fallschirme nicht öffnen oder Container beim Aufprall bersten.

Die Lage spitzt sich dramatisch zu. »Kommt uns zu Hilfe, unter allen Umständen«, funkt Cammaerts am 20. Juli an Algier. Am nächsten Morgen beginnt eine erbitterte Schlacht, die mehr als 600 Widerstandskämpfer und 200 Zivilisten das Leben kostet. Die Résistance kann mit ihren leichten Gewehren nichts gegen die Mörser der Deutschen und den Bombenhagel, der folgt, ausrichten. Die Dörfer Vassieux-en-Vercors und La Chapelle werden fast vollständig niedergebrannt, das Vieh geschlachtet, Frauen vergewaltigt und ganze Familien erschossen.

Cammaerts und Christine senden einen historischen Notruf: »Wir haben versprochen, drei Wochen auszuhalten. Stopp. Die Moral unserer Leute ist exzellent, aber sie wird sich gegen euch wenden, wenn ihr nicht sofort etwas tut. Stopp. London und Algier verstehen nichts von unserer Situation, sie werden hier als Kriminelle und Feiglinge betrachtet. Stopp. Ja, wiederhole: Kriminelle und Feiglinge.«

Ein verzweifelter, frontaler Angriff auf die Ehre des Militärs. Doch weder London noch Algier reagieren. Am Morgen des 22. Juli fliehen Cammaerts und Christine mit ein paar Getreuen. Den größten Teil der 110 Kilometer bis zur neuen Basis in Seyne-les-Alpes legen sie zu Fuß zurück. So zerbrechlich Christine Granville wirkt, so zäh und ausdauernd ist sie.

Eine Eigenschaft, die sie schon als Kind bewiesen hat. Krystyna Skarbek tobt auf dem polnischen Landgut wie ein Junge, doch ungetrübt ist ihre Jugend nicht. Graf Jerzy Skarbek, der aus einem alten polnischen Adelsgeschlecht stammt, ist seiner Frau Stephanie untreu. Dazu gesellen sich finanzielle Probleme, denn die Mitgift der jüdischen Bankierstochter ist nach wenigen Jahren aufgebraucht und die Weltwirtschaftskrise trifft die Skarbeks mit voller Wucht. 1930 stirbt der Graf an Tuberkulose und lässt die Familie praktisch mittellos zurück.

Die temperamentvolle Krystyna muss ihren Lebensunterhalt plötzlich selbst bestreiten. Sie nimmt eine Stelle bei Fiat an, als Empfangsdame im

Büro. Aber die Abgase greifen ihre Lunge an, die Ärzte raten zum Aufenthalt im Freien. Was die junge Frau nur zu gerne befolgt und zum Wandern und Skifahren in die Hohe Tatra fährt. Schon damals schmuggelt sie um des Nervenkitzels willen Tabak und Zigaretten am Zoll und den Grenztruppen vorbei. Eine Erfahrung, die sich später als sehr wertvoll erweisen wird.

Zuvor aber begegnet die 18-Jährige noch einem jungen Geschäftsmann aus schwerreicher Familie und heiratet ihn. Ein Fehler. Die Ehe wird bald aufgelöst. Im November 1938 gibt sie dann dem wesentlich älteren Jerzy »George« Gizycki das Ja-Wort. Der exzentrische Abenteurer ist Vaterfigur und Seelenverwandter in einem: Mit 14 ist er von zu Hause weggerannt, hat in Amerika als Cowboy gearbeitet und Gold geschürft, bevor er sich als Maler und weltreisender Autor einen Namen macht.

Gizycki zeigt seiner jungen Frau Europa und reist mit ihr, als er zum polnischen Konsul in Äthiopien berufen wird, nach Afrika. In Mombasa und Nairobi führt das Paar ein nahezu koloniales Leben in luxuriösen Hotels, wo die Nachmittage träge dahinfließen und gelangweilte Reiche bei Abendgesellschaften über diese und jene Affäre klatschen. Die Gizyckis lassen sich treiben. Bis Deutschland am 1. September 1939 Polen überfällt.

Sofort beschließen die beiden, in ihre Heimat zurückzukehren. Krystyna will ihre Kontakte, ihre Sprachkenntnisse und ihre Intelligenz in den Dienst ihres Landes stellen. In London nimmt sie Kontakt zur polnischen Exilregierung auf und verlässt die Stadt schon am 21. Dezember, getarnt als britische Journalistin. Ihr Ziel ist Ungarn. In der Hauptstadt Budapest leben viele Polen, die aus der besetzten Heimat geflohen sind. Der Rückweg ist ihnen ebenso versperrt wie Krystyna, die darauf brennt, ihre Spionage-Aktivitäten voranzutreiben. In der polnischen Botschaft lernt sie eines Abends Andrzej Kowerski kennen.

Eine schicksalhafte Begegnung, erinnert er sich: »Zehn Minuten, nachdem ich zu reden begonnen hatte, öffnete sich die Tür und ein Mädchen kam herein. Ich wartete und starrte sie an. Sie war schlank, sonnenverbrannt, mit braunem Haar und braunen Augen. Eine Art knisternde Lebendigkeit schien von ihr auszugehen.« Der großgewachsene Kowerski ist Teil der »schwarzen Brigade«, der einzigen motorisierten Einheit der polnischen Armee. Sie stellt sich den Deutschen entgegen, wird aber zerschlagen. Danach arbeitet der Leutnant, der bei einem Jagdunfall ein Bein verloren hat, als Einmann-Flüchtlingsorganisation weiter: Er schleust Flüchtlinge im Auto über die Grenze. Andrzej und die vibrierend lebendige Agentin werden wenige Tage später ein Liebespaar.

Schuldgefühle plagen Krystyna nicht. Sie ist überzeugt: Ihr Ehemann Jerzy, der in London geblieben ist, würde einer rein körperlichen Affäre keine Beachtung schenken – und er hasst Unterdrückung ebenso wie sie. Für die junge Frau ist Sex ein Teil ihrer Freiheit, ein Appetit, der gestillt werden muss. Was gibt es da nachzudenken?

Ständig denkt sie dagegen an Polen. Im Februar 1940 endlich findet sie einen Führer, der sie über die Berge in die Slowakei bringt. Sie durchqueren das Land per Eisenbahn, um dann über die 2000 Meter hoch gelegenen Pässe der Hohen Tatra ins polnische Zakopane zu gelangen. Bei minus 30 Grad kämpfen sie sich durch vier Meter hohen Neuschnee und bewegen sich nachts auf Skiern im Zickzack durch die Berge. Eine Tour, die kaum zu bewältigen ist – und doch beißt sich die fragile Gräfin bis Warschau durch.

Sie bleibt bei ihrer ersten Reise fünf Wochen lang im besetzten Polen, wagt den gefährlichen Trip im Juni 1940 ein zweites Mal. Als Spionin in eigener Sache sammelt sie militärische und wirtschaftliche Informationen, schmuggelt auch eine Waffe außer Landes: Ein Schnellfeuergewehr, das als einziges die Panzer der Deutschen durchschlagen kann und nachgebaut werden soll.

Bei ihrer dritten Reise entkommt sie nur knapp den slowakischen Grenzern. Zwar kann ihr Begleiter Fotos von General Sikorski, dem Ministerpräsidenten der polnischen Exilregierung, und Winston Churchill – die Krystyna zur Stärkung der Widerstandsmoral eingepackt hatte – noch rechtzeitig in einen Fluss werfen. Doch in den Rucksäcken der Kuriere entdecken die Uniformierten 1000 Dollar in verschiedenen Währungen. Krystyna überredet sie, das Geld zu nehmen und sie laufen zu lassen. Das würde ihnen doch Arbeit und unnötige Schwierigkeiten ersparen … Die Männer verstehen und schießen in die Luft, als die Polen fliehen.

Ihre Findigkeit rettet ihr in Budapest womöglich das Leben. Ende November holt die ungarische Polizei das Paar um fünf Uhr früh aus dem Bett, auf der Wache werden die »britische Journalistin« und der polnische Offizier bis spät in die Nacht verhört. Krystyna, von einer schweren Grippe geschwächt und hartnäckig hustend, spuckt mitten im Verhör Blut. Sie wird geröngt – Verdacht auf offene Tuberkulose. Die »hochinfektiöse Kranke«, die sich absichtlich auf die Zunge gebissen hatte, wird zusammen mit Andrzej nach Hause geschickt und unter Beobachtung gestellt. Obwohl ihr Telefon abgehört wird und Wachen vor dem Tor stehen, gelingt den beiden die Flucht in einem sandbraunen Opel, der in der Garage versteckt war.

Sie schlüpfen in der britischen Botschaft unter, die sie mit britischen Pässen und neuen Namen ausstattet. Krystyna Gizycki heißt fortan Christine Granville, Andrzej Kowerski nennt sich nun Andrew Kennedy. Laut Eintrag sind beide in London geboren, auch wenn sie Englisch allenfalls radebrechen. Das ist noch die geringste Schwierigkeit: Über die vereisten

Straßen in Jugoslawien schlittern sie nach Belgrad, brechen von da aus nach Bulgarien auf. Der kleine Opel ist mit Habseligkeiten und Benzin bis unters Dach vollgeladen und verliert auf den buckligen Pisten bis Sofia seinen Auspuff und Teile des Unterbodens. Mehrfach werden sie an den Grenzen aufgehalten, müssen ihr Auto auch komplett entladen.

Haarsträubende Situationen, denn in ihrem Gepäck stecken auch Mikrofilme. Die Aufnahmen, die ihnen der polnische Widerstand zugespielt hat, dokumentieren den Aufmarsch deutscher Truppen an der Grenze zu Russland: hunderte Eisenbahnen, Regimenter und Munition als eindeutige Beweise für den bevorstehenden Angriff. Die wertvolle Information übergeben Christine und Andrew im noblen Park Hotel in Sofia an Vertreter der britischen Botschaft.

Das Risiko ist längst zum Lebenselixier für Christine geworden. »Sie war die mutigste Person, die ich jemals gekannt habe. Die einzige Frau mit einem nostalgischen Hang zur Gefahr«, berichtet Sir Owen O'Malley, ehemals britischer Botschafter in Ungarn. »Sie konnte alles mit Dynamit tun – außer es zu essen.« In Ankara macht der britische Parlamentsabgeordnete Julian Amery, damals Verbindungsoffizier zur albanischen Widerstandsbewegung, ihre Bekanntschaft. »Sie war eins der am sanftesten aussehenden Mädchen, die ich in meinem Leben getroffen habe. Es fiel mir schwer zu glauben, dass sie einige der mutigsten Geheimoperationen des Krieges durchgeführt hatte.«

Ihre Feuerprobe aber ist eine andere. Denn Christine und Andrew geraten in einen schlimmen Verdacht, nachdem sie durch Syrien und an der pittoresken Küste des Libanon hinab nach Beirut gefahren sind. Sie sollen deutsche Spione sein, heißt es in britischen Kreisen, wer sonst würde denn ein Transitvisum für Syrien erhalten? Auch dem polnischen Untergrund sind die Aktionen des Paares nicht geheuer.

Nicht ahnend, was sich über ihnen zusammenbraut, reisen die beiden durch Palästina nach Jerusalem. Zwei Wochen später werden sie nach Ägypten beordert, wo in Kairo eine Zeit qualvollen Wartens beginnt. Die Briten gestehen ihnen zwar ein monatliches Salär zu, aber keinen Auftrag. Die verhinderten Agenten führen ein geselliges Leben, Christine vergnügt sich gern im Gezira-Club und badet wie ein Salamander in der Sonne. Doch hinter der heiteren Fassade sind beide deprimiert. Was ist davon zu halten, wenn am selben Tag zwei Reports über Kennedy eintreffen? Der eine entarnt ihn als Spion der Deutschen, der andere kündigt die Verleihung des höchsten polnischen Ordens, des Virtuti Militari, an. Also?

Das außergewöhnliche Paar ist zum Spielball geworden für die Auseinandersetzungen, die die britische Spezialeinheit SOE, die polnische Exilregierung und unabhängige Widerstandsgruppen in Polen mit- und untereinander führen.

Den politischen Konflikten ist Christine ausgeliefert, den persönlichen stellt sie sich. Endlich gesteht sie ihrem Ehemann, den sie in den letzten Jahren nur sporadisch gesehen hat, offen ihre Liebe zu Andrew. Jerzy Gizycki und Christine trennen sich nach einem fürchterlichen Streit, 1946 werden sie geschieden.

Christine und die Liebe, das ist eine spezielle Angelegenheit. Männer fliegen auf sie wie Motten ins Licht, immer wieder landet sie – trotz Ehe, trotz der überdauernden Beziehung zu Kennedy – zeitweilig in fremden Armen. Sicher spielt die existenzielle Erfahrung des Krieges eine Rolle: Wer nicht weiß, ob er morgen noch lebt, befreit sich leichter aus moralischen Fesseln. Christine tut es mit Leidenschaft. »Wenn sie sich hingab«, schwärmt einer ihrer Liebhaber, »war es, als würde man einen Sonnenstrahl halten oder in einem kristallklaren Gebirgsbach baden.«

Der Spionage-Verdacht gegen Christine Granville und Andrew Kennedy fällt im Juni 1941 in sich zusammen, als die Wehrmacht in Russland einmarschiert. Hätten beide für Deutschland gearbeitet, hätten sie niemals die Mikrofilme über den Truppenaufmarsch weitergegeben.

Tatendurstig klopft die Agentin erneut bei den Briten an. »Ich habe große körperliche Ausdauer, aber keine intellektuelle«, lehnt sie einen Büro-Job kurzerhand ab. Stattdessen lernt sie zu funken, absolviert eine Fallschirmspringer-Ausbildung und übt am Schießstand. Dabei hasst sie Pistolen und Gewehre schon allein wegen des Lärms. Sie kann nicht schwimmen und fährt nur unter Protest Fahrrad.

Christines Vorgesetzte sind auf der Hut: Ihr Verhalten und Temperament machen einer Diva alle Ehre, im Einsatz aber erweist sie sich als Meisterschülerin. Und sie weiß im Kriegsjahr 1944, was ihr beim Einsatz in Frankreich schlimmstenfalls droht: Ihre Vorgängerin, Cecily Marie Lefort, ist von der Gestapo inhaftiert und brutal gefoltert worden, bevor sie ins Konzentrationslager Ravensbrück deportiert wird und dort später stirbt.

Volles Risiko, das bleibt auch nach dem Massaker auf dem Vercors Christine Granvilles Motto. Ende Juli schult sie 200 italienische Widerstandskämpfer in den Hochsavoyen im Umgang mit Sprengstoff und Waffen. Auf dem gefährlichen Rückweg durch deutsche Linien klettert sie zum Col de Larche hinauf, wo gedungene polnische Soldaten einer deutschen Einheit die Stellung halten. Sie überredet die Landsleute, zu desertieren und zur Résistance überzulaufen – woraufhin amerikanische Einheiten ungehindert vorstoßen können.

Während Christine ihre Mission erfüllt, fallen Francis Cammaerts und zwei weitere Agenten den Deutschen am 11. August 1944 bei einer Straßenkontrolle in die Hände. Die Männer werden ins Gefängnis geworfen, ihre Exekution ist nur eine Frage der Zeit. Das ist Christine Granville sofort bewusst, als sie ins Basislager in Seyne zurückkehrt und dort diese Nachricht erhält. Sie schnappt sich ein Fahrrad und tritt – so gut sie eben kann – in die Pedale. Im 40 Kilometer entfernten Digne sucht sie Albert Schenck auf, den Verbindungsmann der Präfektur zur Gestapo. Christine setzt alles auf eine Karte. Die Deutschen hätten drei außerordentlich wichtige Agenten der Alliierten verhaftet, gesteht sie und fährt kaltschnäuzig fort: Einer von ihnen, Roger, sei ihr Ehemann. Sie selbst sei britische Agentin und eine Nichte von Feldmarschall Montgomery, der am D-Day die britischen und kanadischen Truppen befehligt hatte. Im Übrigen seien die alliierten Truppen bereits an der Südküste Frankreichs gelandet und nach ihrer Ankunft in Digne werde es sehr hart »für die, die meinen Mann und seine Freunde ermordet haben«.

Der Verbindungsmann glaubt ihrem Bluff, und so kann sie am 14. oder 15. August mit dem Übersetzer der Gestapo verhandeln. Wie sie ihn schützen wolle? fragt der. Christine verspricht, ihn und Schenk vor der Rache der lokalen Widerstandsgruppen zu bewahren und bei den Alliierten ihre großen Verdienste herauszustreichen. Die Männer verlangen zusätzlich Geld – und Christine gelingt es, den Abwurf von zwei Millionen Francs schon in der nächsten Nacht zu organisieren. Tatsächlich: Am späten Nachmittag des 16. August lässt der Übersetzer die feindlichen Agenten in ein wartendes Auto steigen, mit dem sie sich in Sicherheit bringen.

Dass sie ihr eigenes Leben aufs Spiel gesetzt hat, wird Christine Granville erst später vollständig bewusst. Warum sie und viele andere Spione solche gefährlichen Situationen nicht meiden, sondern geradezu zu suchen scheinen? Darüber hat sich der Schriftsteller Selwyn Jepson, der im Krieg Agenten für die SOE rekrutierte, Gedanken gemacht: »Ihr offensichtlicher Wunsch war, sich für ihr Land einzusetzen. Dahinter verborgen war bei vielen die Motivation, sich der eigenen Persönlichkeit zu versichern. Zu entdecken, ob sie auch solch außergewöhnlichen Herausforderungen gewachsen waren.«

Christine ist es. Als eine Besucherin ein glänzendes Stilett auf ihrem Kaminsims entdeckt und sie darauf anspricht, antwortet sie: »Diese Waffe ist schnell und tödlich, ich habe bei vielen Gelegenheiten Gebrauch von ihr gemacht.« Meist jedoch gelingt es der Agentin, brenzlige Situationen charmant, gewitzt und schnell zu ihren Gunsten zu wenden. So bindet sie sich eine handgemalte Landkarte auf Seide, die sie in der Tasche trägt, bei einer Straßenkontrolle als Schal um den Hals. Voilà. Und als sie in den italienischen Alpen plötzlich Deutschen gegenübersteht, hebt sie die Hände und präsentiert scharfe Handgranaten. »Wenn ihr schießt«, ruft sie, »lasse ich die fallen und sprenge uns alle in die Luft.« Die Soldaten lassen die Todesmutige ziehen.

Dass der Krieg in Europa bald aus sein wird, ahnt Christine nach Cammaerts Befreiung und der Landung der Alliierten. Sie ist bedrückt. Denn das Leben in Gefahr und Abenteuer, das sie so stimuliert, wird dann zu Ende gehen und mit ihm die außergewöhnlichen Jahre, in denen Geschlecht, Alter und Religion keine Rolle spielen. »Sie hatte eine tiefe Abneigung gegen jede Form von Anmaßung und Heuchelei. In ihrem Buch gab es nur ›gute‹ und ›schlechte‹ Menschen«, erzählt Cammaerts.

Möglicherweise unternimmt Christine Granville nach der Befreiung Frankreichs deshalb alles, um erneut als Agentin in feindliches Gebiet eingeschleust zu werden. Sie soll, entscheidet die britische SOE, die Untergrundkämpfer in ihrer polnischen Heimat vorbereiten. Doch die Mission

in Warschau wird storniert, sie kehrt – nach einem heftigen Streit mit Andrew – im Herbst nach Kairo zurück.

Am 1. Januar 1945 wird Christine Granville für die Rettung zweier britischer Agenten in Digne die George Medal verliehen, die zweithöchste Auszeichnung Großbritanniens für Zivilisten. Die Franzosen danken ihr für die Rettung ihres Agenten mit dem Croix de Guerre mit silbernem Stern. Außerdem besitzt sie den polnischen Virtuti Militari, die Chamois der Veteranen von Vercors und den Order of the British Empire.

Trotzdem: Die britische Armee hat keine Verwendung mehr für Christine Granville, egal wie untertänig sie um eine Aufgabe betteln mag. »Bitte denken Sie daran, dass ich zu gern im Dienst der Luftwaffe stehen und alles dafür tun würde. Möglicherweise finden Sie, dass ich dabei helfen könnte, Menschen aus deutschen Konzentrationslagern und Gefängnissen zu holen, bevor sie erschossen werden«, schlägt sie in einem Brief vom März 1945 vor. Am 11. Mai wird die verdiente Agentin aus dem Dienst der SOE entlassen, mit einer Abfindung von 100 Pfund – zwei Monatsgehältern.

So bemerkenswert ihr Einsatz im Krieg ist, so wenig findet Christine in das »normale« Leben zurück. Sie schlägt die Angebote des britischen Außenministeriums aus, und eine Stelle als Sekretärin interessiert sie nicht im Mindesten. Stattdessen arbeitet sie als Telefonistin, verkauft Kleider bei Harrods und übernimmt die Wäschekammer eines Hotels in Paddington.

Die Anziehungskraft der Rastlosen auf Männer bleibt ungebrochen. Ian Fleming ist nach einem arrangierten Treffen verzückt. »Sie strahlt buchstäblich den Glanz und die Qualitäten einer Romanfigur aus. Wie selten man solche Typen findet«, schreibt der Journalist, der im Krieg für den Marine-Nachrichtendienst gearbeitet hat. Er beginnt eine Affäre mit ihr, die »top secret« bleiben muss und niemals öffentlich bestätigt worden ist: Der begehrte Junggeselle ist offiziell mit Lady Anne Rothermere verbandelt. Als diese ein Kind erwartet, werden seine heimlichen Treffen mit der Spionin außerhalb Londons seltener.

Im Mai 1951 heuert Christine Granville auf einem Kreuzfahrtschiff an. Als Stewardess ist sie für die Ordnung in den Kabinen und den Komfort der Gäste zuständig, zu denen auch Madeleine Masson gehört. Die südafrikanische Schriftstellerin findet es merkwürdig, dass die luxusliebende Polin, die Hausarbeit doch nicht ausstehen kann, einen solchen Job angenommen hat. Womöglich ist sie wieder als Spionin aktiv, so spekuliert Masson in der 1975 erschienenen Biografie *Christine – SOE Agent and Churchill's favourite spy*. Diesmal als eine, die auf den langen Reisen von Australien oder Südafrika nach England ein Auge auf Crew und Passagiere hat und beobachten kann, was in fremden Häfen vor sich geht.

Ihren untrüglichen Instinkt für Gefahr scheint Christine jedoch verloren zu haben. In London wird sie von einem Auto angefahren, wenig später macht sie Dennis George Muldowney zu ihrem ständigen Begleiter. Der kleingewachsene, hochneurotische Schiffssteward entwickelt sich zu einer echten Plage. 1952 sieht Christine endlich die Chance, ihn abzuschütteln.

Sie hat sich Andrew Kennedy wieder genähert und will ein neues Leben mit ihm beginnen.

Am Abend vor ihrem Abflug, dem 15. Juni, wartet Muldowney jedoch in ihrem Hotel und verlangt die Herausgabe seiner Briefe. Dann sticht er ohne Vorwarnung mit einem Messer auf Christine ein. »Holt ihn weg«, ruft sie noch – und ist schon tot, als der Krankenwagen eintrifft. »Ich habe sie getötet, weil ich sie liebe«, stammelt ihr Mörder noch am Tatort. Er lehnt einen Verteidiger ab, bekennt sich vor Gericht schuldig und wird am 30. September desselben Jahres gehängt.

Christine Granville ist auf dem katholischen Friedhof Kensal Green in London beerdigt. Das Andenken an die schöne und wagemutige Spionin reicht über ihren Tod hinaus. Sie muss gemeint sein, wenn James Bond in *Casino Royale* über Vesper Lynd nachdenkt. »Da war etwas Rätselhaftes an ihr, das ihn konstant stimulierte. […] Sie würde sich hingeben – ohne jemals zu erlauben, dass man sie besitzt.«

G. P.

Christine
Granville

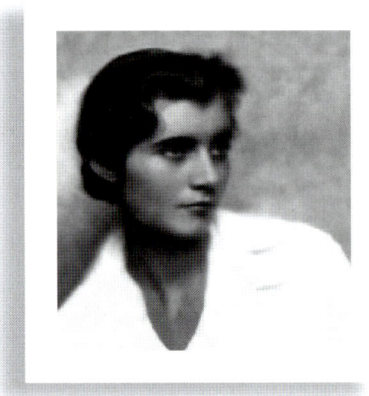

KEINE FRAGE
DER MORAL

Amy Elizabeth Thorpe

22.11.1910 - 1.12.1963

Amy Elizabeth Thorpe ist wohlerzogen, vielseitig gebildet, mehrsprachig und weitgereist. Außerdem schön und charmant. Von Kindesbeinen an hat die Amerikanerin gelernt, sich von ihren besten Seiten zu zeigen und die weniger schicklichen diskret auszuleben. Die Rolle der Diplomatengattin ist dieser Frau auf den Leib geschrieben, und mit einem leidenschaftlicheren Mann als Arthur Pack an ihrer Seite hätte die Ehe vielleicht das Stück ihres Lebens werden können. So aber bleibt sie Kulisse für einen Spionage- und Erotikthriller, für den die Londoner *Times* der Agentin, die ihre Opfer liebte, den schmeichelhaften Titel »Bond in blond« verlieh.

Die Hochzeit von Amy Elizabeth Thorpe und Arthur Pack am 29. April 1930 ist ein gesellschaftliches Ereignis in Washington. Der Bräutigam ist zweiter Sekretär im Wirtschaftsressort der englischen Botschaft. Die Braut, die alle Betty nennen, stammt aus gutem Hause. Der Vater hat sich nach seiner Militärkarriere als Anwalt für Seerecht niedergelassen, und Mutter Cora, stets bestrebt, in immer höhere Kreise aufzusteigen, ist in der Hauptstadt als perfekte Gastgeberin bekannt. Diesem Ruf wird sie auch jetzt gerecht. Obwohl ihr wenig Zeit geblieben ist, die Hochzeit vorzubereiten. Seit Betty in die Washingtoner Gesellschaft eingeführt wurde und auf den Runden von Cocktailempfängen und Bällen die Bekanntschaft von Arthur Pack machte, sind gerade einmal sechs Monate vergangen, und die Verlobung der beiden liegt nur wenige Wochen zurück.

Die Männer unter den 300 Gästen können die Eile verstehen. An Arthurs Stelle hätten sie eine so attraktive Frau wohl auch schnellstmöglich an sich gebunden. Nicht wenige werden den eher unauffälligen Beamten um diese Braut beneiden, die mit ihren 19 Jahren nur halb so alt ist wie er. Manche werden sich fragen, wie er die dunkelblonde Debütantin erobern konnte, und sie kämen nicht auf die Idee, dass Betty die treibende Kraft gewesen sein könnte. Oder ihre Mutter – wenn auch aus anderen Gründen als jenen, die Betty ihrem Biografen Harford Montgomery Hyde nennt:

»Plötzlich hatte ich die Geschichte mit Arthur Pack, plötzlich war ich verlobt. Ich glaubte nicht eine einzige Minute daran, dass er mich liebte. Und ich wusste, dass ich ihn nicht liebte … Meine Verlobung mit Arthur Pack war nichts anderes – so vermute ich – als die Erfüllung eines Wunsches, den alle Mütter in Washington für ihre Töchter hegen. Jedenfalls war ich der Meinung, dass ich auf dem Markt einfach zu billig ›verschleudert‹ worden war.«

Betty scheint vergessen zu haben, dass sie bei der Verlobung schwanger war und Arthur sie aus einer misslichen Lage befreite. Eine Lage, in die möglicherweise gar nicht er, sondern ein anderer Mann sie gebracht hatte. Arthur musste Betty heiraten, wenn er nicht in einen Skandal verwickelt werden wollte. Und nichts fürchtete der korrekte Engländer, der sich mühsam im Auswärtigen Dienst hochgearbeitet hatte, mehr.

Schon der Gedanke, andere könnten durch den Geburtstermin vom vorehelichen Geschlechtsverkehr erfahren, lässt Arthur um seine Karriere zittern. Und so verlangt der Katholik – Bettys Erinnerungen zufolge – von der jungen Gattin, eine Fehlgeburt zu provozieren. Ergebnislos. Sohn Anthony George wird im Oktober auf der ausgedehnten Hochzeitsreise der Packs in einer Privatklinik in England geboren und dort zehn Tage später Pflegeeltern übergeben.

Tochter Denise erblickt am letzten Tag des Jahres 1934 in Santiago de Chile das Licht der Welt. Arthur scheint dieses Mal keine Zweifel an der Vaterschaft zu haben, obwohl er vermutlich um die Affäre seiner jungen Ehefrau mit einem Unternehmer weiß. Während ihres ersten gemeinsamen Auslandseinsatzes sind die beiden wohl zu einem Einverständnis gekommen: Betty liebt ihren Mann nicht, aber sie mag ihn. Und sie ist bereit, ihn im Beruf zu unterstützen. Dafür drückt er bei ihren Liebschaften ein Auge zu, solange diese seine Karriere nicht gefährden. Eine Übereinkunft, die ab dem Frühjahr 1935 mit Arthurs Versetzung an die englische Botschaft in Madrid auf eine erste harte Probe gestellt wird.

Trotz Streiks, Unruhen und politischen Morden als Vorboten des heraufziehenden Bürgerkriegs fühlt sich Betty in Spanien sofort zuhause. Die Landessprache spricht sie fließend, und mit Carlos, einem spanischen Aristokraten, hat sie jemanden, der ihr die Landeskultur ganz nahe bringt. Betty verliebt sich »rückhaltlos« in den verheirateten Offizier der spanischen Luftflotte. Ob nun aus Liebe zu ihm oder ihrem Ehemann, die Protestantin tritt zum katholischen Glauben über. Tiefere Beweggründe und Konsequenzen hat der Konfessionswechsel nicht, außer dass er ein Weiteres dazu

beiträgt, dass die unkonventionelle Amerikanerin nicht mit den Republikanern der regierenden Linken sympathisiert, sondern mit den unter General Franco um die Herrschaft in Spanien kämpfenden Nationalisten.

Der Bürgerkrieg trennt Betty von ihrem spanischen Geliebten. Während er für die Sache der Faschisten streitet, wird sie 1936 zusammen mit anderen Botschaftsangehörigen nach Biarritz evakuiert. Sehr zum Ärger des Botschafters und ihres Ehemannes unternimmt Betty von dort Ausflüge nach Burgos, wo die Nationalisten ihr Hauptquartier haben und die unternehmungslustige Dame ein Krankenhaus mit Nachschubgütern versorgt. Wenig Gefallen findet insbesondere ihr Kurierdienst für Francos ersten Außenminister, mit dem die britische Regierung keinesfalls in Verhandlungen gesehen werden möchte. Damit geht die Diplomatengattin eindeutig zu weit. Ihre eigenwilligen Aktionen erregen Aufmerksamkeit – möglicherweise auch beim britischen Geheimdienst.

Im Sommer 1937 erfährt Betty, dass Arthurs nächste Station Warschau ist. Sie hat allerdings nicht die Absicht abzureisen, ohne zuvor ihren verschollenen Geliebten noch einmal gesehen zu haben. Obwohl Arthur es ihr verbietet, schlägt sie sich zum Sitz der republikanischen Regierung nach Valencia durch und von dort ins unter Beschuss liegende Madrid. Über den Verbleib von Carlos kann sie nichts in Erfahrung bringen, es gelingt ihr aber, das in der Madrider Wohnung verbliebene Hab und Gut zu packen und wieder heil nach Valencia zu gelangen. Der Leiter der dortigen englischen Mission hat Betty sichere Unterkunft, nächtliche Unterhaltung und tatkräftige Unterstützung angeboten. Dafür hilft sie ihm, einen Gefangen aus den Händen der Republikaner zu befreien. Während hier ein harmloser Trick genügt, ist in Sachen Carlos Überredungskunst gefragt. Nachdem Betty erfahren hat, wo er inhaftiert ist, macht sie sich beim Verteidigungsminister der Republik für ihn stark. Sie erreicht, dass er und 17 Mitgefangene bald freigelassen werden. Nach einem Besuch bei Carlos reist sie beruhigt nach Warschau.

Mit der kleinen Denise und dem spanischen Kindermädchen im Schlepptau kommt Betty im September 1937 in der polnischen Hauptstadt an. Bis auch Arthur eintrifft, hat sie bereits die Wohnung in ihren Lieblingsfarben Weiß und Rot eingerichtet und erste Bekanntschaften gemacht. Sie kommt sehr gut ohne Arthur zurecht, und das muss sie auch. In der Neujahrsnacht erleidet der 45-Jährige einen Schlaganfall. Von England, wohin Betty ihn zur Genesung bringt, kehrt sie als grüne Witwe zurück in das Land, das sie in kürzester Zeit schätzen gelernt hat. Ihrem Biografen erzählt Betty:

»Ich mochte die Polen. Ich fühlte mich von ihrem starken Lebenshunger und ihrem ausgesprochenen Sinn für Kunst angezogen. Ich mochte ihre wechselnde Stimmung zwischen Fröhlichkeit und Trauer, was ja meinem

Temperament durchaus verwandt war. Ich hielt die Polen, als Ganzes genommen, für sehr anziehend. Die Männer waren hübsch und attraktiv, die Frauen schön. Und mein Interesse an ihnen nahm noch zu, als ich hörte, dass beide Geschlechter in der Liebeskunst erfahren waren.«

Betty belässt es nicht beim Hören. Von den Qualitäten der polnischen Männer überzeugt sich die lebenshungrige Amerikanerin selbst. Zum Beispiel bei ihrem jungen Nachbarn Edward: »Gelegentlich machten wir Ausflüge aufs Land, fanden dann dort einen einsamen Platz an der Weichsel, wo wir unsere Kleider auszogen und uns nackt in die Sonne legten. Dann liebten wir uns wieder.« Betty diskutiert mit Edward aber auch die politische Lage Polens und Europas. Durch den Beamten des Außenministeriums erfährt sie von Hitlers noch geheimen Plänen, die Tschechoslowakei zu zerschlagen und Polen davon profitieren zu lassen. Betty behält diese Information nicht für sich.

Von Hitlers Absichten erzählt sie Jack Shelley, dem offiziell als Passbeamter in der Botschaft tätigen Kopf des britischen Geheimdienstes in Polen. Er erkennt nicht nur den Wert der Nachricht, sondern auch den der Überbringerin. Eine abenteuerlustige, verführerische und sprachgewandte Frau, die in den besten Kreisen verkehrt, ist wie geschaffen für den Geheimdienst. Shelley schlägt vor, Betty solle für den Secret Intelligence Service (SIS) mit polnischen Beamten in gehobenen Regierungspositionen anbandeln. Ein Honorar wird nicht gezahlt, aber 20 Pfund im Monat für Spesen und Bewirtungskosten. Betty ist einverstanden. Sie hat das Gefühl, ihre »Lebensaufgabe« gefunden zu haben. »Darauf«, glaubt sie, »hat alles zugesteuert.«

Ab März 1938 schläft Betty als SIS-Agentin mit Edward. »Unsere Begegnungen«, berichtet sie später, »waren sehr ergiebig. Ich gab mich ihm so oft hin, wie er nur wollte, da das den glatten Fluss der Informationen garantierte, die ich brauchte … Mein großes polnisches Liebesabenteuer kam erst später.« Es beginnt auf einem Ball der amerikanischen Botschaft. Betty lernt dort Michael kennen, einen Grafen, der dem Stab des polnischen Außenministers Joseph Beck angehört. »Als ich das erfuhr, hätte ich mich blindlings auf ihn gestürzt, auch wenn er hässlich wie der Satan selbst gewesen wäre …« Michael ist aber alles andere als das. Er sieht gut aus, ist charmant und von Betty äußerst angetan. Nach der durchtanzten Nacht schickt der verheiratete Mann einen Strauß rosaroter Rosen, und bald schon steht morgens nicht mehr der Blumenbote vor Bettys Tür, sondern der Graf persönlich.

Um fünf Uhr früh taucht er täglich bei ihr auf, um sich vor Dienstantritt im Ministerium drei Stunden zu ihr ins Bett zu legen. Um 17 Uhr schaut er auf einen Feierabenddrink vorbei, geht dann nochmals ins Büro und führt danach Betty zum Essen, ins Theater oder zum Tanzen aus. Die Geheimdienstarbeit ist ein Vergnügen. Michael hält Betty über die Vorgänge im Ministerium und die Ansichten des Deutschland zugeneigten Außenministers auf dem Laufenden. Umstritten ist, ob sie tatsächlich auch, wie ihr späterer Chef Sir William Stephenson in einer Biografie behauptet, Informationen

"Ich schloss
meine Augen
und hoffte,
dass dies für
England wäre."

in Sachen der deutschen Chiffriermaschine Enigma geliefert hat. Für den britischen Geheimdienst war es von großem Interesse zu erfahren, wie weit die gemeinsamen Bemühungen der Polen und Franzosen gediehen waren, mittels Enigma verschlüsselte Nachrichten zu knacken.

Vorübergehend erwägt das amerikanisch-polnische Liebespaar gar eine gemeinsame Reise nach Deutschland. Statt Michael zum Reichsparteitag nach Nürnberg und nach Berlin zu begleiten, besucht Betty dann aber doch ein befreundetes amerikanisches Diplomatenpaar in Prag. Bei dieser Gelegenheit könnte sie sich Zugang zum Büro von Konrad Henlein, dem Leiter der Sudetendeutschen, verschafft und geheime Dokumente entwendet haben. Jedenfalls ist sie später im Besitz von Papieren, die Auskunft darüber geben, wie Hitler in den folgenden drei Jahren Mitteleuropa zu erobern gedenkt.

Bettys Zeit in Europa läuft derweil ab. Ohne einen Grund zu nennen, fordert der britische Botschafter sie auf, Polen sofort zu verlassen und zu ihrem Ehemann zurückzukehren. Den deutschen Überfall auf ihr geliebtes Polen kann Betty deshalb nur aus weiter Ferne verfolgen. 1939 steht sie in Chile dem wieder genesenen Arthur zur Seite. Ganz tatenlos will sie dem Geschehen in Europa aber nicht zusehen. Die talentierte Schreiberin Betty wettert in flammenden Artikeln für die Zeitung *La Nación* gegen Hitler. Ihre Ansichten untermauert sie darin mit Auszügen aus Dokumenten, die vermutlich aus Henleins Prager Büro stammen. Obwohl sie unter dem Pseudonym Elizabeth Thomas veröffentlicht, ist die Urheberschaft der Artikel kein Geheimnis und die Aufregung in diplomatischen Kreisen groß. Nach einer Beschwerde des deutschen Botschafters muss sie auf Geheiß des britischen ihre journalistische Tätigkeit einstellen. Auch Betty reicht es jetzt.

Mit der Bitte, aktiv im Geheimdienst arbeiten zu dürfen, wendet sich Betty ans Kriegsministerium in London. Die Antwort ist unverbindlich. Zum geplanten Gespräch kommt es erst aus Reisegründen und dann Arthur zuliebe nicht. Erst 1941 wird sie nach New York gebeten, wo sie von der mehrere Geheimdienstorganisationen umfassenden British Security Coordination (BSC) mit einem Auftrag und dem Codenamen »Cynthia« ausgestattet wird. In Washington soll sich Betty als freiberufliche Journalistin ausgeben, ein Haus mieten und in diplomatischen und politischen Kreisen ihre Fühler ausstrecken. 300 Dollar bekommt sie dafür im Monat, nicht mehr als eine Aufwandsentschädigung.

Betty wählt ein schmuckes kleines Haus in Washingtons vornehmem Stadtteil Georgetown als neues Zuhause und Liebesnest. Ein Admiral und Militärattaché der italienischen Botschaft ist der Erste, der ihr dort in die Falle geht. Alberto ist ein alter Bekannter, der Betty zu ihren Teenagerzeiten gelegentlich im Internat besuchte und sie damals »my Golden Girl« nannte. Wie anderen Männern zuvor und danach vermittelt Betty auch dem 60-jährigen, übergewichtigen Alberto das Gefühl, Mittelpunkt des Universums zu sein. Bei ihr kann er sich entspannen und sein Herz ausschütten, als eine Anweisung aus Rom sein Gewissen zu sehr belastet. Alberto soll veranlassen, alle in amerikanischen Häfen festliegenden italienischen Handelsschiffe manövrierunfähig zu machen, damit sie für den Gegner nutzlos sind, sollte die US Regierung sie im Falle eines Kriegseintritts konfiszieren. Betty gibt diese Information unverzüglich an ihren Kontaktmann weiter, aber ein Großteil der Schiffe ist schon beschädigt, als die US-Marine schließlich eingreift. Alberto Lais wird des Landes verwiesen und zur unerwünschten Person erklärt. Seine letzten Stunden in Amerika soll er mit Betty verbracht haben.

Umstritten ist, ob Alberto Betty geholfen hat, ihre eigentliche Aufgabe zu erfüllen: den Code der italienischen Marine zu besorgen. Die Kenntnis des Codes spielt eine Rolle in der Seeschlacht bei Kap Matapan im Mittelmeer, bei der die italienische Flotte eine schwere Niederlage hinnehmen muss. Lais' Familie klagt nach seinem Tod erfolgreich gegen Autoren, die Bettys Behauptung wiederholen, er sei ihr Informant gewesen. Fraglich ist auch, ob es sich bei dem Codebuch, das Betty kopieren konnte, um das Original und nicht um eine Fälschung handelte.

Nach der italienischen nimmt Betty die Botschaft der französischen Vichy-Regierung ins Visier. Kein Geringerer als William Stephenson, kanadischer Industrieller und Leiter des BSC, erteilt der Frau mit dem kühlen Sex-Appeal den Auftrag, das Botschaftspersonal auszuspionieren. Der Geheimdienst will wissen, wie weit die Kooperation der Vichy-Politiker mit dem deutschen Nazi-Regime geht und welche Pläne für den Rest der französischen Flotte und das Gold im Wert von 300 Millionen US-Dollar existieren, das auf Martinique lagert.

»Wir haben ihn in der Tasche.« Das Bett, in dem sich Betty gerade mit dem Presseattaché der Vichy-Botschaft vergnügt hat, ist noch warm, als sie ihrem Kontaktmann in New York diese frohe Botschaft verkündet. Auch Charles Emmanuel Brousse konnte der reizenden Frau mit dem entwaffnenden Lächeln nicht widerstehen. Bereits einen Tag, nachdem sie sich dem Diplomaten als Journalistin Elizabeth Thorpe vorgestellt und um ein Interview gebeten hat, ist er in Bettys Schlafzimmer gelandet.

Der 49-Jährige erweist sich als »guter, leidenschaftlicher Liebhaber« und ist für Betty bald mehr als eine Informationsquelle. Charles ist die »Liebe ihres Lebens«. Und sie ist sich seiner Liebe so gewiss, dass sie ihm bald gesteht, für den Geheimdienst zu arbeiten. Sie verschweigt jedoch, dass es der britische und nicht der amerikanische ist, denn Charles hegt wenig Sympathien für die Engländer. Noch weniger mag er die Deutschen, und Betty kann ihn leicht davon überzeugen, dass er durch Spionage zu deren Niederlage beitragen kann. Ab Juli 1941 versorgt Charles Betty täglich mit Geheimberichten und Telegrammen, die zwischen Vichy und Washington ausgetauscht werden. Zweimal die Woche reist sie damit zu ihrem Kontaktmann nach New York. Bei diesen Fahrten regelt sie auch Privatangelegenheiten. Sie trifft sich mit Arthur, um zum wiederholen Male über eine Scheidung zu sprechen und sich über den Verbleib von Tochter Denise bei ihm zu einigen. In New York lässt Betty außerdem ein »Missgeschick« beheben, eine vor Charles verheimlichte Schwangerschaft. Die Mutterrolle

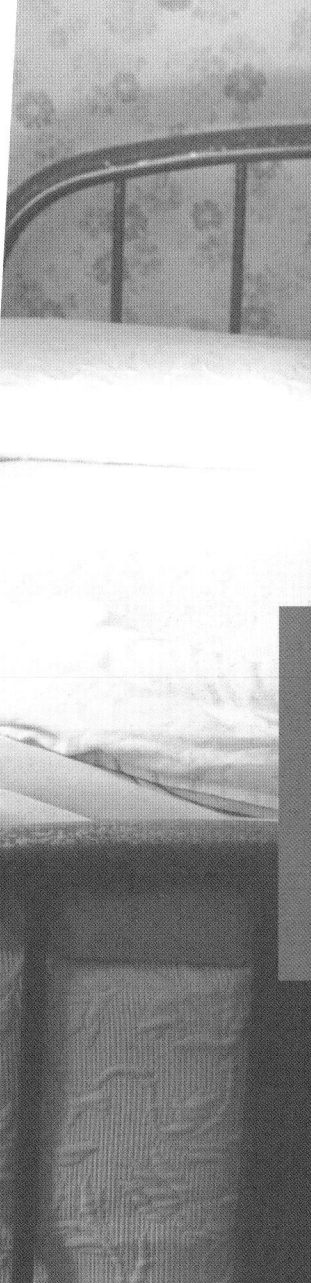

129

ist für Betty zu diesem Zeitpunkt keine Option. Es warten andere Herausforderungen.

Mit Pierre Laval als einem Hitler sehr verbundenen Ministerpräsidenten der Vichy-Regierung fürchten die Briten 1942, dass die französische Restflotte für Deutschland auslaufen könnte und bei einer geplanten alliierten Invasion in Nordafrika zum Risikofaktor würde. Sowohl der britische als auch der amerikanische Geheimdienst, das Office of Strategic Services, sind deshalb am Marine-Code der Franzosen interessiert. Betty soll ihn besorgen.

In der Vichy-Botschaft in Washington befinden sich die entsprechenden Codebücher den Tag über unter strengster Bewachung im Chiffrierraum. Nachts lagern sie im verschlossenen Büro des Marineattachés in einem Safe. Charles sieht keine Möglichkeit, an die beiden umfangreichen Codebücher heranzukommen. Da helfen auch Bettys Beschwörungen und Drohungen nichts: »… es ist Krieg, und wenn du mich liebst, dann musst du mir helfen – oder ich werde alleine arbeiten und mir vielleicht einen Menschen suchen, der mir helfen kann … Ich werde jeden Preis zahlen, aber du darfst mir hinterher keine Vorwürfe machen.«

Ihr erster Versuch, einen kurz vor der Pensionierung stehenden und Laval nicht freundlich gesonnenen Chiffrierbeamten zur Spionage zu überreden, scheitert. Seinem jungen Nachfolger stellt sie Bezahlung in Aussicht und geht in Vorleistung, genauer gesagt mit ihm ins Bett. »Ich schloss meine Augen und hoffte, dass dies […] für England wäre.« Die Hoffnung ist vergebens. Völlig umsonst riskiert Betty ihre Beziehung zu Charles, der sie ertappt und in Rage schlägt. Wofür Betty bedingt Verständnis zeigt: »Ich respektiere deine Liebe als Mann, aber wenn sie mich bei meiner Arbeit stört, dann müssen wir uns trennen.« So weit kommt es nicht. Charles steht Betty weiter treu zur Seite. Es gelingt ihm, die Spionagebeschuldigung, die der Chiffrierbeamte dem Botschafter gegenüber äußert, als unglaubwürdig darzustellen. Und bei Bettys nächstem Versuch, in den Besitz der Codebücher zu gelangen, ist er dabei.

In der Nacht des 19. Juni 1942 tauchen Charles und Betty in der Botschaft auf. Wie so oft, seit Charles den Nachtwächter vor drei Wochen zu seinem Verbündeten gemacht hat. Seine Geschichte, er habe keinen anderen Ort als die nächtlich verlassene Botschaft, wo er sich unbemerkt von seiner Ehefrau und ohne Gefahr, zufällig entdeckt zu werden, mit seiner Geliebten treffen könne, war für den Nachtwächter glaubhaft. Und das Trinkgeld sehr großzügig. Der Nachtwächter hat sich an die Besuche der beiden gewöhnt, und gerne stößt er nun mit ein paar Gläschen Champagner auf den ersten Jahrestag ihres Kennenlernens an. An mehr wird er sich am nächsten Tag nicht erinnern. Dafür sorgt das Schlafmittel in seinem Champagner, das auch der Hund verabreicht bekommt. Ungestört kann sich Georgia Cracker, der engagierte Profi-Safeknacker, an die Arbeit machen. Das Schloss der Bürotür stellt für ihn kein Hindernis dar, die Safekombination schon. Erst um vier Uhr morgens hat er sie geknackt. Zu diesem Zeitpunkt sollten die Codebücher eigentlich schon in Bettys Wohnung kopiert worden und zurück in die Botschaft gebracht worden sein. Dieser Plan ist gescheitert, die Aktion wird abgebrochen.

Zwei Tage später wird sie wiederholt – diesmal ohne Schlafmittel und ohne Georgia Cracker. Nachdem der Nachtwächter seine Runde beendet hat, macht sich Betty selbst ans Werk. Ohne Schwierigkeiten gelangt sie ins Büro, aber was sie Georgia Cracker abgeschaut hat, genügt nicht, um den Safe zu öffnen.

Ein dritter und letzter Versuch wird gewagt. Vom Nachtwächter ist dieses Mal bei ihrer Ankunft weit und breit nichts zu sehen. Das ist ungewöhnlich. Betty traut dem Frieden nicht. Was, wenn er plötzlich auftaucht? Für diesen Fall kennt Betty nur eine Lösung: Sie wirft alle Kleider ab und fordert Charles auf, dies auch zu tun. Ein geschickter Akt. Tatsächlich schaut der Nachtwächter wenig später auf seiner Runde bei den beiden vorbei. Und so peinlich, wie ihm der Anblick des nackten Paares ist, kann davon ausgegangen werden, dass er sich für den Rest der Nacht nicht mehr blicken lässt. Wieder ist der Weg frei für Georgia Cracker, und nun läuft alles wie geschmiert. Der Safe öffnet sich, die Bücher werden weggebracht, und während Betty, nur mit Höschen bekleidet, im Foyer der Botschaft kettenrauchend auf und ab geht, werden sie in ihrem Appartement kopiert. Um 4.40 Uhr kann Betty die Bücher wieder im Safe einschließen und sich mit Charles auf den Heimweg machen. In ihrem Zuhause findet sie Berge von Fotokopien und ist sich sicher: »Das ist der stolzeste Augenblick in meinem Leben.« Bei der Landung der alliierten Truppen im November 1942 in Nordafrika war der französische Marine-Code von großem Nutzen. Auch wenn Betty nicht die Einzige war, die ihn geliefert hat, so ist der Einbruch in den Safe des Marineattachés ihr vielleicht größer Triumph als Agentin. Und ihr letzter.

Dafür sorgt Kay Brousse. Charles' amerikanische Ehefrau kann nicht fassen, was sie im Februar 1943 sieht: Charles im Bett mit der Frau, die sich seit einiger Zeit als ihre Tochter und seine Stieftochter ausgibt. Betty hat die Identität einer als Baby verstorbenen Tochter Kays aus einer früheren Ehe angenommen, um unauffällig mit Charles nach Frankreich reisen und dort weiter spionieren zu können. Kay war in diesen Plan eingeweiht, fühlte sich gar geschmeichelt, mit von der Geheimpartie sein zu dürfen. Als sie ihr Einverständnis gab, hat sie allerdings nicht gewusst, dass Betty die Geliebte ihres Mannes ist. Kay tobt, macht eine Szene und vereitelt damit Bettys Reisepläne. Ihre spezielle Spionagetechnik ist ihr zum Verhängnis geworden. Oder auch nicht. Denn Betty wäre in Frankreich von der deutschen Abwehr, die um ihre Identität und Absichten wusste, sofort verhaftet worden. Das Abenteuer ihres Lebens hätte zum Drama werden können. Dank Kay findet es ein Happy End.

Die »vollendete Landstreicherin«, wie ein Diplomat sie einmal nannte, wird Herrin einer einsam gelegenen Burg in den Pyrenäen. Mit Charles erwirbt sie das renovierungsbedürftige Gemäuer aus dem 10. Jahrhundert im Frühjahr 1945. Nach ihrer Scheidung von Arthur und Charles' Scheidung von Kay heiraten die beiden, und nach Arthurs Selbstmord im November

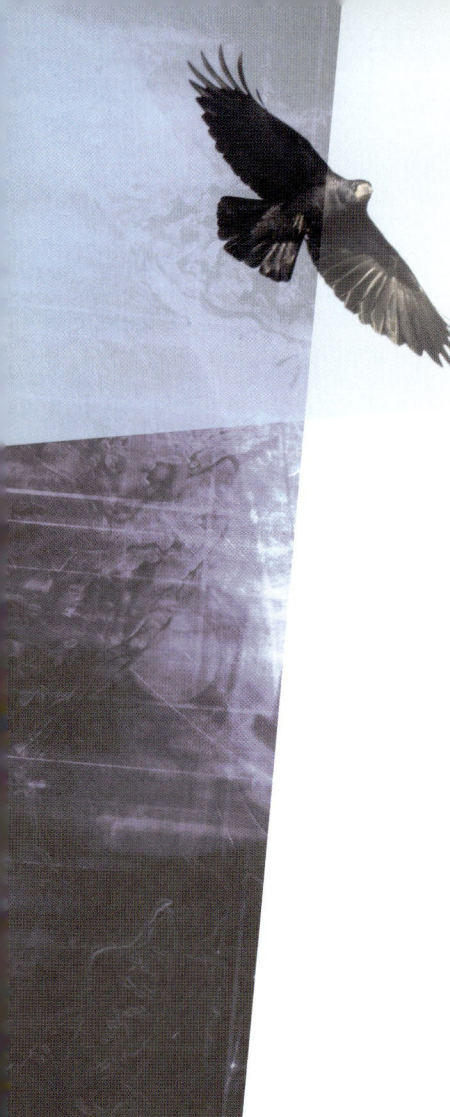

1945 zieht Bettys Tochter Denise bei ihnen ein. Zum dritten und letzten Mal in seinem Leben trifft Betty in ihrer Burg auch Sohn Tony. Er fällt 1952 im Koreakrieg. Betty überlebt ihn um elf Jahre. Am 1. Dezember 1963 stirbt sie im Alter von 53 Jahren an Kehlkopfkrebs.

Zeit ihres Lebens hat Betty nie einen Hehl daraus gemacht, fürs Vaterland geliebt zu haben. Und ganz bestimmt würden ihr nicht nur die Männer, mit denen sie geschlafen hat, zustimmen, dass diese Methode der Informationsbeschaffung nicht unmoralischer ist als die der Folter. Zu ihrem Biografen sagt Betty: »Ich war in der Lage, einige Männer zu veranlassen, sich in mich zu verlieben. Ich glaube wenigstens, dass sie in jedem Fall verliebt waren. Als Gegenleistung für meine ›Liebe‹ versahen sie mich mit Informationen. – Beschämend? – Ach, nicht im Geringsten. Meine Vorgesetzten sagten mir einmal, dass das Ergebnis meiner Arbeit tausenden von Engländern und Amerikanern das Leben gerettet hat. Die Rettung eines einzigen Lebens wäre schon dieser Mühe wert gewesen […]. Kriege werden nicht durch achtbare Methoden gewonnen. Man versucht jeden Krieg zu gewinnen – auf jede Art und Weise.«

U. M.

Amy Elizabe
Thorpe

DIE BLAUE SPIONIN DER ROTEN

Elizabeth Bentley

1.1.1908 – 3.12.1963

Die Trauergemeinde ist überschaubar. Der Personenkreis, der Elizabeth Bentley in den letzten 15 Jahren ihres Lebens lieber tot als lebendig gesehen hätte, dürfte erheblich größer sein als jener, der sie an einem Dezembertag im Jahr 1963 eher aus Pflichtgefühl denn aus wahrer Verbundenheit zu Grabe trägt. Zur Beerdigung der 55-Jährigen erscheinen nur wenige Verwandte – und ein paar FBI-Agenten.

An ihrem Grab weinen keine Freunde. Wenn es Anerkennung und Zugehörigkeit waren, die sie zeitlebens suchte, dann ist Elizabeth Bentley grandios gescheitert. Was sie gefunden hat, ist zweifelhafter Ruhm als »Rote Spionage-Königin«, FBI-Informantin und Kronzeugin der Kommunistenjäger. Elizabeth Bentley hat es geschafft, in den USA der Nachkriegszeit den sowjetischen Geheimdienst für geraume Zeit kalt zu stellen und das kommunistenfeindliche Klima aufzuheizen. Die in der Presse mal als »sexhungrige, männerfressende Verführerin«, mal als »sexuell frustrierte, männerhassende Jungfer« verschriene Frau hat mit ihren wahren und falschen Beschuldigungen Menschen in den Abgrund gerissen, in den sie selbst so oft blickte.

Im Juli 1934 steht eine 26-jährige Frau an der Reling eines Schiffes. Es ist das dritte Mal, dass sie nach einem Studienaufenthalt in Italien im Hafen von New York einläuft. Die erste Reise hat sie gleich nach dem unerwarteten Tod der Mutter unternommen. Seither sind drei Jahre vergangen, in deren Verlauf auch der Vater verstarb. Drei bewegte Jahre. Denn mit jedem Tag, der seit dem Tod ihrer Eltern vergangen ist, und mit jeder Seemeile, mit der sie sich von Amerika entfernt hat, wurde die junge Frau eine neue Person. Die Frau heißt Elizabeth Bentley.

Schulkameraden erinnern sich später an eine Elizabeth, die unauffällig und nicht sonderlich beliebt war. Sie selbst empfindet sich als »einsames, zurückhaltendes Kind«. Ihre Eltern, als »gute, ehrliche Christen« bekannt, sind streng und tugendhaft. Der Vater, ein erfolgloser Kaufmann, widmet seine ganze Kraft dem Kampf gegen den Teufel Alkohol. Die Mutter, eine vorbildliche Grundschullehrerin, unterstützt Bedürftige. Auf ihr einziges Kind können sie stolz sein. Intelligent und fleißig in der Schule, verdient es sich ein Stipendium für Vassar, das überwiegend von Töchtern

Eine unglückliche Frau

aus wohlhabenden Familien besuchte älteste und renommierteste Frauencollege der USA. Bei ihren Kommilitoninnen hinterlässt Elizabeth wenig
Eindruck – und einen wenig glücklichen. Sie fällt weder durch besondere
akademische Leistungen noch durch ihre Freizeitaktivitäten auf. Die 1,80
Meter große Dunkelhaarige wird als blass und langweilig beschrieben,
»eine traurige Gestalt«, die man nie mit einem Jungen sieht. Kaum hat
sie ihren Magister in Englisch, Italienisch und Französisch in der Tasche,
ändert sich das.

Auf der ersten Seefahrt nach Italien verliert die 22-Jährige ihre Unschuld.
Sie entdeckt den Spaß am Leben, den sie bald immer mehr im Exzess suchen wird. An der Uni Florenz, wo sie sich 1933 zu einem einjährigen Stipendium einfindet, spricht sich bald herum, dass die Doktorandin wahllos
und nicht sehr diskret herumschläft. Ihr werden wöchentlich wechselnde
Liebhaber jeden Alters, jeder Nation und Herkunft nachgesagt, auch mehrere illegale Abtreibungen. Bentley gilt als Schlampe, die zu viel trinkt und
zu selten das Geld zurückzahlt, das sie sich borgt.

Männer bestimmen Bentleys Leben und ihre politische Einstellung.
Eben noch aktives Mitglied der Gruppo Universitate Fascisti, wird sie
durch eine Liebschaft mit Literatur- und Regimekritiker Mario Casella zur
Anti-Faschistin. Der über 20 Jahre ältere Liebhaber hilft ihr auch beim
Studium weiter, das sie sträflich vernachlässigt. Casella beauftragt seinen
Assistenten, die von ihr recherchierte Doktorarbeit zu schreiben. Nach ei-
ner wegen mangelnder Prüfungsleistung drohenden Suspendierung vom
Studium und einem Selbstmordversuch kommt Bentley mit dieser Doktor-
arbeit im Gepäck 1934 in New York an.

Niemand wartet auf sie. Elizabeth Bentley hat keine Familie mehr, nur
noch wenig Geld und geringe Aussichten, in den USA Arbeit zu finden.
Das Land steckt nach dem Börsenkrach von 1929 immer noch in der größten Wirtschaftkrise seiner Geschichte. Bald hat Bentley gar keine Hoffnung
mehr, eine Anstellung als Lehrerin zu finden. Sie lernt Steno und Maschine
schreiben. Mut macht ihr das Beispiel ihrer Nachbarin. Lee Fuhr, alleinerzie-
hende Mutter einer kleinen Tochter, hat sich von der einfachen Arbeiterin
zur Krankenschwester hochgearbeitet und lässt sich nun zur Lehrerin fort-
bilden. Bentley ist beeindruckt von der tatkräftigen Frau, die so freundlich
zu ihr ist und auch noch Zeit findet, sich sozial und politisch zu engagieren.

Lee ist Mitglied der American League Against War and Fascism, und für die kann sie auch ihre einsame Nachbarin gewinnen. Die glühende Anti-Faschistin Elizabeth freut sich, dort Menschen zu finden, die noch an Brüderlichkeit und eine bessere Welt glauben. Und die sie langsam, aber sicher an den Kommunismus heranführen. Auch Lee ist, wie sie Bentley gesteht, Mitglied der Kommunistischen Partei der USA. Zögerlich und, wie sie in ihrer beschönigenden Biografie später erklärt, moralisch unter Druck gesetzt, entschließt sich die zu diesem Zeitpunkt arbeitslose und deprimierte Lehrerin an einem grauen Märztag 1935, ebenfalls der KPUSA beizutreten. Sie ist nicht die Einzige.

Die von Deutschland ausgehende Gefahr des Faschismus und die von Moskau verordnete gemäßigtere Haltung machen die Partei für Anti-Faschisten und liberalere Geister attraktiv. Nie zuvor und nie mehr danach hat die KPUSA so viel Zulauf wie Mitte der 1930er-Jahre. Wurden ihre Mitglieder bislang überwiegend aus dem Kreis im Ausland geborener Staatsbürger rekrutiert, so sind 1936 erstmals gebürtige Amerikaner in der Mehrheit. Besonders vom Kapitalismus enttäuschte Akademiker und Intellektuelle sehen im Kommunismus ein zukunftsfähiges Konzept.

Parteimitglied zu werden, will dennoch gut überlegt sein. Die Zeit, in der amerikanische Kommunisten Repressalien fürchten mussten und ihre Mitgliedschaft verleugneten, liegt gerade einmal 15 Jahre zurück. Außerdem verlangt die Partei viel. Bis zu vier Gruppentreffen in der Woche, der Unterricht in Marxismus-Leninismus, die Lektüre von Parteizeitung und Propagandamaterial nehmen viel Zeit in Anspruch. Außerdem wird von Mitgliedern erwartet, dass sie Petitionen verteilen, an Parteiveranstaltungen und Demonstrationen teilnehmen und Partys für neue Rekruten geben. Elizabeth Bentley stürzt sich voll und ganz in diese Arbeit. Bereits im Sommer 1936 hat sie das Gefühl, »nicht nur dem Namen nach, sondern im Geiste immer mehr zur Kommunistin zu werden.« Neben ihrem Job auf einem Sozialamt und ihren Parteiämtern bleibt keine Zeit mehr für andere Dinge oder andere Menschen als die Genossen.

Bentleys Welt ist die Partei. Die Sozialarbeit gibt sie nach einem Zusammenbruch auf. Danach hält sich die Akademikerin mit verschiedenen Bürojobs über Wasser. 1938 findet sie einen solchen bei der »Italian Library of Information«, die sich als Abteilung des italienischen Propaganda-Ministeriums entpuppt. Kein Grund für Bentley zu kündigen. Im Gegenteil. Sie bleibt, um möglichst viel über die Absichten der Faschisten in Erfahrung zu bringen und von ihren Erkenntnissen die KPUSA profitieren zu lassen. Der erste Schritt als Agentin ist getan. Er führt sie zu »Timmy«.

So nennt sich der Mann, den die Partei Bentley als Genossen von der Kommunistischen Internationalen vorstellt. Sie ist zunächst wenig beeindruckt von dem 1,60 Meter großen Mann mit dem alten braunen Hut und den ausgelatschten Schuhen. Erst auf den zweiten Blick bemerkt sie, was für breite Schultern, strahlend blaue Augen und leuchtend rote Haare er hat. Timmy hört zu, was Elizabeth zu berichten hat – und er erklärt ihr geduldig das Einmaleins der Spionage. Mit jedem Treffen bewundert sie

ihn mehr. Vor allem, nachdem sie seine Geschichte kennt. Als Jude in Russland geboren, war er in seiner Heimat schon als Jugendlicher für die Kommunisten aktiv. Er wurde inhaftiert, ist einer Erschießung nur durch Glück entkommen, um später nach Sibirien deportiert zu werden. Nach zwei Jahren im Arbeitslager gelang ihm die Flucht über Japan in die USA, wo er sich einbürgern ließ. Timmy hat viel gelitten für den Kommunismus. Vergleichsweise wenig verlangt er von Elizabeth: Sie soll den offenen Kontakt zur Partei aufgeben und für ihn im Untergrund arbeiten. Ein beängstigender Gedanke, aber Elizabeth stimmt zu.

Sie ist verliebt in Timmy. Und Timmy mag sie. Ihren Memoiren zufolge gestehen sie sich das in einer Hollywood-reifen Szene. In einer kalten, verschneiten Nacht berühren sich beim Reifenwechsel auf einsamer Straße ihre Hände, der Funke springt über, und bei Sonnenaufgang küssen sie sich zärtlich zum ersten Mal. »Ich liebe dich sehr und sollte jetzt sehr glücklich sein. Doch Schmerz überschattet mein Herz, weil ich weiß, was auf uns zukommt«, dämpft Timmy die Stimmung. Der 48-Jährige erklärt Elizabeth, dass ihre Beziehung geheim bleiben muss. »Ich halte zu dir«, verspricht sie. Ein Versprechen, das sie bis zu seinem Tod hält. Er ist der einzige Mann, so sagt Bentley später, den sie jemals liebte.

Bentley weiß nichts von Timmys Ehefrau, die mit dem gemeinsamen Sohn in der Sowjetunion lebt. Erst im Lauf der nächsten Jahre erfährt sie, dass sein richtiger Name Jakob Raisin, sein Tarnname Jacob Golos und er einer der wichtigsten Mitarbeiter des sowjetischen Geheimdienstes in den USA ist. Er nimmt eine Sonderstellung ein unter den sowjetischen Geheimdienstmitarbeitern, die in den USA operieren. Als amerikanischer Staatsbürger und Gründungsmitglied der KPUSA hat er ganz andere Möglichkeiten als die Kollegen aus der Sowjetunion. Golos rekrutiert seine Agenten aus der Partei.

Wie Bentley melden sich bei der KPUSA immer wieder Mitglieder, die glauben, mit Informationen von ihrem Arbeitsplatz dem Fortschreiten des Kommunismus und den Interessen der Sowjetunion dienen oder zum Weltfrieden beitragen zu können. Parteiführer Earl Browder vermittelt diese an Golos, der die Kontakte pflegt und seine Erkenntnisse – nach eigenem Gutdünken – sowohl mit Browder als auch mit dem sowjetischen Geheimdienst teilt. Front für seine Geheimdiensttätigkeit, zu der neben Spionage auch Urkundenfälschung gehört, ist das Reisebüro World Tourist, dessen Direktor er ist.

Im Frühjahr 1939 wird Bentley von der Italian Library gefeuert. Doch Golos hat weiter Arbeit für sie. Ihre neue Adresse in Greenwich Village fungiert als Briefkasten für die Korrespondenz mit Informanten, neben ihren Broterwerbstätigkeiten als Sekretärin und Übersetzerin recherchiert sie für ihn, und sie gibt stolz an seiner Seite die Gastgeberin, wenn er Genossen aus Kanada oder Mexico empfängt, die in Wirklichkeit Top-Agenten des Sowjet-Geheimdienstes NKWD sind.

Bentley ist Golos treu ergeben. Zweifel an der Politik Moskaus, die sie wie viele amerikanische Kommunisten nach dem Hitler-Stalin-Pakt und dem

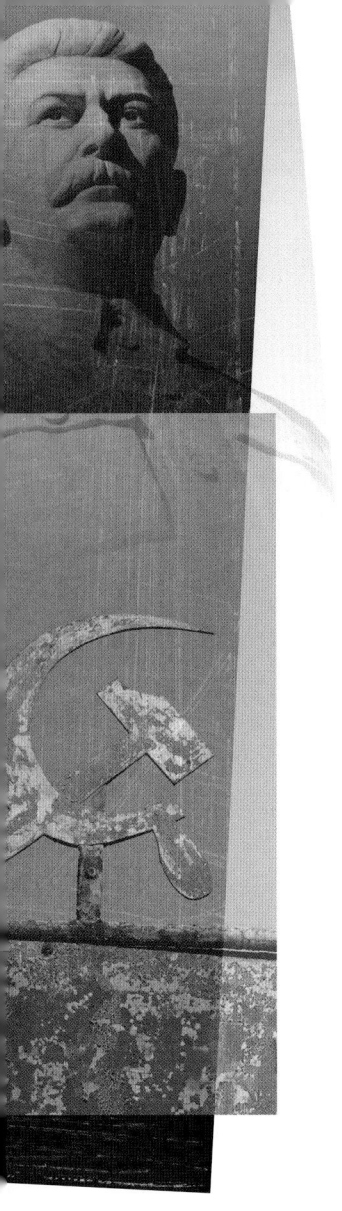

deutschen Überfall auf Polen plagen, weiß er zu zerstreuen. »Ich liebte ihn so sehr und wollte so gerne eine gute Kommunistin sein.« Deshalb sträubt sie sich kaum, als Golos sie bittet, als Sekretärin bei Richard Waldo, dem Präsidenten des McClure Newspaper Syndicate, anzuheuern, um herauszufinden, wie eng dessen Verbindungen zu Hitler-Deutschland sind. Wie so viele zuvor behält sie auch diesen Job nicht lange. Die einzige Konstante in ihrem Leben ist Golos, und der verhilft ihr zu einem Karrieresprung.

1940 gerät World Tourist ins Visier der amerikanischen Behörden. Bei einer Durchsuchung der Geschäftsräume stoßen die Beamten auf Dokumente, die beweisen, dass Earl Browder bei einer seiner Reisen mit gefälschtem Pass unterwegs war. Er wird festgenommen und wegen Urkundenfälschung zu einer Haftstrafe verurteilt. Auch Golos bleibt nicht ungeschoren. Weil er World Tourist trotz enger Verbindungen zur UdSSR nicht als ausländische Agentur registrieren ließ, wird er zu einer Geldstrafe von 500 Dollar und vier Monaten auf Bewährung verurteilt. Das schadet nicht nur dem Geschäft, sondern auch seiner Geheimdiensttätigkeit. World Tourist ist als Front untauglich und Golos auffällig geworden. Er braucht ein neues Tarnunternehmen und jemanden, der seine Informanten betreut, ihre Unterlagen entgegennimmt, sie beruhigt und betüttelt. Elizabeth bekommt den Job ihres Lebens.

Im Januar 1941 nimmt in New York eine neu gegründete Firma die Arbeit auf: die U.S. Service & Shipping Corporation. Finanziert wurde das Unternehmen, das sich auf den Fracht- und Passagierverkehr in die UdSSR spezialisiert, mit Geldern der KPUSA. Was niemand vermuten würde, der das mit Ölgemälden aus Familienbesitz ausgestattete Büro des Geschäftsführers betritt. John Hazard Reynolds, ein wohlhabender, ehemaliger Wall-Street-Makler, gibt dem Unternehmen eine respektable Fassade. Die Fäden zieht allerdings die von Golos geschulte stellvertretende Geschäftsführerin: Elizabeth Bentley. Dafür zahlt ihr die Firma ein für die damalige Zeit und für eine Frau sehr stattliches Gehalt. Es steigt im Lauf der kommenden Jahre auf 800 Dollar im Monat. Mit diesem Geld leistet sich Bentley Urlaube in der Karibik, Mittagessen in teuren Hotels, Kosmetikbehandlungen – und die unbezahlte Arbeit als Kontaktperson für Golos' Agenten.

Einmal im Monat fährt Bentley etwa nach Washington, um Mary Price zu besuchen. Übers Wochenende kopieren die beiden Material, das sich die hübsche Sekretärin von ihrem Arbeitgeber, dem Autor und politischen Kolumnisten Walter Lippmann, ohne dessen Wissen ausleiht. In New York trifft sich Bentley mit Abe Brothman, einem Ingenieur, der Industriespionage betreibt. Bentley nennt ihn »Pinguin«. Sie findet ihn langweilig und ist froh, ihn an eine andere Kontaktperson abgeben zu können: Harry Gold, der eine entscheidende Rolle bei der Festnahme des Atomspions David Greenglass und seines Schwagers Julius Rosenberg spielen wird.

Bei Price und Brothman bleibt es nicht. Golos muss seiner Geliebten immer mehr Agenten zuteilen. Nachdem Anfang 1941 kurz nach einem Treffen mit ihm der langjährige Chef des NKWD in den USA auffliegt und des Landes verwiesen wird, muss Golos davon ausgehen, dass er vom FBI beobachtet wird. Tatsächlich wird auch Bentley beschattet, die

Überwachung nach kurzer Zeit aber wieder eingestellt, weil sie unauffällig ist. Bentley hat zu dieser Zeit schon alle Vorsichtsmaßnahmen verinnerlicht und weiß, wie sie Verfolger abschütteln kann. Beim NKWD wird sie unter dem Codenamen »Umnitsa« geführt: schlaues Mädchen.

Nicht nur aus Sicherheitsgründen muss Golos Arbeit an Bentley abgeben. Ein Arzt rät dem schwer herzkranken Mann dringend, sich zu schonen. Und das zu einem Zeitpunkt, als Moskau mehr Informationen denn je verlangt. Nach dem deutschen Angriff auf die UdSSR lautet der Auftrag, in den USA so viele Genossen wie möglich in Regierungsämter einzuschleusen. Und das ist leichter als gedacht. »Manchmal waren wir entsetzt«, sagt später ein Geheimdienstmitarbeiter, »wie leicht berüchtigte, bekannte Kommunisten in sensible Positionen kommen konnten.«

Eine ganze Gruppe von Parteimitgliedern und -sympathisanten in interessanten Regierungspositionen betreut auch Bentley: den Agentenring um Nathan Gregory Silvermaster, der anfangs im Landwirtschaftsministerium und später im Amt für wirtschaftliche Kriegsführung tätig ist. Neben ihm gehören dazu seine Ehefrau Helen, William Ludwig Ullman vom Pentagon, Harry Dexter White, Staatssekretär im Finanzministerium, George Silverman, der für die Luftwaffe arbeitet, Lauchlin Currie, Wirtschaftsberater im Weißen Haus, und verschiedene Wirtschaftsexperten der Regierung. Alle zwei Wochen besucht Bentley die Silvermasters in ihrem Haus in Washington. Meist trifft sie am späten Nachmittag ein und plaudert ein wenig mit Helen. Nach dem Abendessen beginnt der geschäftliche Teil. Bentley verteilt die russischen Zeitungen und Parteiliteratur, die sie mitgebracht hat, kassiert die Parteimitgliedsbeiträge und teilt der Gruppe dann mit, wofür sich der Geheimdienst besonders interessiert. Anschließend wird das gesammelte Material zusammengestellt. Man trinkt noch einen Tee, reißt ein paar Witze, und dann verschwindet Bentley – mit Mikrofilmen und Kopien im Handarbeitskorb. Gelegentlich ist der ganz schön ausgebeult. Wenn sie mit genügend Filmmaterial versorgt wurden, woran es oft hapert, liefert die Silvermaster-Gruppe bis zu 40 Mikrofilme an Bentley.

Mitte 1942 betreut Bentley über ein Dutzend Agenten für Golos: neben der Silvermaster-Gruppe etwa Bill Remington vom War Production Board, J. Julius Joseph und Ehefrau Bella, Helen Tenney sowie Duncan C. Lee und Maurice Halperin vom amerikanischen Geheimdienst OSS. Bentley pflegt zu ihren Agenten ein fast freundschaftliches Verhältnis und vergisst nicht, ihnen Weihnachtsgeschenke zu machen. Ein Honorar erhält keiner von ihnen. Sie alle spionieren aus Überzeugung oder Idealismus.

Je wichtiger die Spionage für Moskau wird und je mehr Interesse das FBI an gewissen Vorgängen zeigt, desto mehr sind der so eigenwillig und unabhängig operierende Golos und seine Geliebte den Vorgesetzten vom NKWD ein Dorn im Auge. Sie verlangen von Golos, alle seine Agenten abzugeben. Golos sträubt sich, fühlt sich sabotiert und ungewollt. Er ist der Meinung, dass amerikanische Agenten von einem Amerikaner kontrolliert werden sollten. Und vorerst bleibt es dabei. Golos kann allerdings nicht verhindern, dass Bentley nun direkt an einen russischen Kontaktmann

rapportieren muss. Der Erste in einer Reihe, die Bentley allesamt für gefühllos, arrogant und eher dumm hält, ist »John«, ein nervöser junger Mann. Er entpuppt sich als Anatoli Antonovich Yatskow, Militärattache der russischen Botschaft, leitender Geheimdienstmitarbeiter in Sachen Atomspionage und dafür später gefeierter Held des russischen Geheimdiensts. Mit ihm trifft sich Bentley zu verabredeten Zeiten in einem Kino, wo die beiden unauffällig Aktentaschen austauschen.

Im Herbst 1943 stellt der nun als NKGB operierende Geheimdienst Golos ein Ultimatum: Entweder gibt er innerhalb von drei Wochen alle seine Agenten ab, oder er muss den Geheimdienst verlassen. Er tut beides, aber nicht freiwillig und anders als gedacht: Nach einem gemeinsamen Abendessen stirbt er in Bentleys Wohnung an einem Herzinfarkt. Wenige Tage zuvor soll er noch zu ihr gesagt haben: »Eines der Dinge, die ich immer bereut habe, ist, dass wir keine Kinder haben.« Nun liegt er tot auf ihrer Couch. Am nächsten Morgen leert Elizabeth seinen Tresor im Büro und schwört dabei dem Geliebten: »Du hast mir ein Erbe hinterlassen, und ich werde dich nicht enttäuschen.« Sie ist allein und verlassen und gibt dafür dem Geheimdienst die Schuld. Elizabeth ist wütend.

Ihr neuer Kontaktmann »Bill« meldet nach Moskau: »Durch ihre Bemerkungen habe ich manchmal das Gefühl, dass sie uns im Grunde ihres Herzens nicht mag.« Tatsächlich ist ihr Bill zutiefst unsympathisch. Ihren Kummer und ihre Trauer ertränkt Bentley in Alkohol, häufig erscheint sie nicht zur Arbeit bei U.S. Service & Shipping. Der NKGB ist beunruhigt über diese launische, unausgeglichene, verbitterte Agentin, die sich immer häufiger darüber beschwert, dass es ihr an Männerbekanntschaften zur Befriedigung ihrer natürlichen Bedürfnisse fehlt. Er glaubt aber, sie in den Griff bekommen zu können. Ein Fehler.

Bill versucht Bentley zu beschwichtigen. Er bietet ihr Geld an – bis zu 300 Dollar im Monat, eine Klimaanlage und eine Lammfelljacke. Er erwägt sogar, ihr einen Ehemann zu besorgen. Nach Moskau schreibt er: »Ich würde gerne ihre privaten Probleme lösen. Wenn ich könnte, würde ich sie mit einem unserer Leute verheiraten, und wenn hier keiner ist, warum sollten wir nicht einen von zuhause schicken?« Was Moskau schickt, ist die Kopie eines Ordens. Anatoly Gorsky, Erster Sekretär der Botschaft und Leiter des NKGB in den USA, teilt Bentley stolz mit, dass ihr mit dem Roten Stern die höchste Auszeichnung der UdSSR zuteil wurde. Bentley findet das zum Kotzen, macht aber gute Miene zum bösen Spiel.

Mit Zustimmung von Parteiführer Earl Browder überlässt Bentley den Sowjets wie verlangt zuerst die Silvermaster-Gruppe, Anfang 1945 dann auch ihre übrigen Agenten. Nicht ohne zuvor einige Personen diskreditiert zu haben: So berichtet sie etwa, Browder hätte Kritik an der UdSSR geübt und Mary Price eine Affäre mit Duncan C. Lee. In ihren Memoiren behauptet sie später, gelogen zu haben, um ihre Agenten für die Sowjets wertlos zu machen und sie so zu schützen. Was in manchen Fällen zutreffend gewesen sein mag, in anderen – wie bei Browder – sicher nicht. Auch Rachegelüste und der Gedanke, die NKGB-Leute beeindrucken und von ihrer Loyalität überzeugen zu können, dürften eine Rolle gespielt haben.

Bentley ist enttäuscht – von allen und allem. Sie ist physisch und psychisch am Ende. Und nun verlangt der NKGB auch noch, sie solle ihre Arbeit in der Firma aufgeben, ihr Appartement kündigen und in die UdSSR reisen. Erst einmal wird Bentley aber zur Erholung ans Meer geschickt. In einem kleinen Seestädtchen in Connecticut hat sie viel Zeit nachzudenken – über die vergangenen Monate und aktuelle Ereignisse: Der Krieg, in dem die UdSSR als Verbündeter betrachtet werden konnte, ist zu Ende. Und in Kanada ist ein Chiffrierbeamter der Sowjet-Botschaft mit geheimen Dokumenten übergelaufen, die Hinweise auf verschiedene Agenten und ein großes Spionagenetzwerk in den USA geben. Bentley plagen Alpträume. Zur Angst vor dem Sowjet-Geheimdienst kommt nun die Angst vor dem FBI. Er scheint jedoch das kleinere Übel.

Im August 1945 betritt Bentley ein FBI-Büro in New Haven, Connecticut. Unter dem Vorwand, Erkundigungen über eine ihr suspekte Männerbekanntschaft einholen zu wollen, streckt sie die Fühler aus. Das FBI zeigt sich nicht sonderlich interessiert an ihrer Person. Sie kehrt zurück nach New York und nimmt dort zum Ärger des NKGB wieder ihre Arbeit bei U.S. Service & Shipping auf. Bei einem Treffen mit Gorsky kommt es zur Eskalation. Sie ist betrunken, macht eine Szene, bezeichnet den Russen als Gangster, droht und deutet an, dass sie mit dem Gedanken gespielt habe, zum FBI zu gehen. Gorsky sieht nun die Gefahr und nur eine Lösung: Liquidation. Aber Moskau lehnt ab. Dort kann man sich nicht vorstellen, dass diese jämmerliche Frau sich mit einem der gefürchtetsten Geheimdienste der Welt anlegen würde. Moskau täuscht sich.

2000 Dollar, die Gorsky ihr zusteckt, erkaufen dem NKGB nur Bedenkzeit. Und die ist abgelaufen, als ein Funktionär der KPUSA erscheint und unter Androhung von Gewalt die 15 000 Dollar Geschäftseinlage in U.S. Service & Shipping von ihr zurückfordert. Am 7. November nennt Bentley dem FBI Ross und Reiter. An diesem und jedem weiteren Tag des Monats redet sie offen. Sie verrät dem FBI alle ihre Agenten, legt die 2000 Dollar von Gorsky auf den Tisch und unterzeichnet am Ende ein 107-Seiten Protokoll, in dem sie namentlich über 80 Sowjet-Spione nennt. Einige waren dem FBI schon verdächtig, aber erst durch Bentley kommt der größte Spionagefall in der Geschichte des FBI richtig ins Rollen. Ab Dezember arbeiten auf Geheiß von FBI-Direktor J. Edgar Hoover über 72 Agenten daran, die von Bentley genannten Personen zu überwachen und abzuhören. Bentley stimmt zu, »aus patriotischen Gründen« und ohne Bezahlung für das FBI als Doppelagentin zu arbeiten. Trotz ihrer und aller Bemühungen des FBI finden sich bis Frühjahr 1947 aber keine Belege für eine Agententätigkeit der von ihr genannten Personen. Aus gutem Grund.

Einer der besten und treuesten Agenten der Sowjets ist Kim Philby, Leiter der Gegenspionage Russland beim britischen Geheimdienst. Wenige Tage, nachdem Bentley beim FBI ausgepackt und vermutlich Hoover selbst dies dem britischen Geheimdienst mitgeteilt hat, gibt Maulwurf Philby diese heiße Nachricht an den NKGB weiter. Über Nacht stellt er alle Spionagetätigkeit in den USA ein. Verantwortliche werden nach Moskau zurückberufen, die Agenten gewarnt. Nur zu einem ringt sich Moskau auch jetzt nicht durch: Bentley für immer zum Schweigen zu bringen.

Ein Jahr lang versucht Bentley vergeblich, ihre alten Agenten und Kontakte zu aktivieren, die so tun, als wüssten sie nicht, dass Bentley nur vorgibt, für die Sowjets zu arbeiten. Zu vereinbarten Treffen erscheinen sie nicht oder geben sich dabei kühl und zurückhaltend. Ein absurdes Spiel, an dessen Ende Hoover nichts gerichtlich Verwertbares gegen die von Bentley Beschuldigten in der Hand hat. Hoover zögert deshalb, Anklage zu erheben. Er lässt Inhalte der Akte Bentley aber zu Mitgliedern des »Ausschusses für unamerikanische Umtriebe« im Repräsentantenhaus durchsickern. Und obwohl er es für unwahrscheinlich hält, dass sie aufgrund der Beweislage für eine Anklageerhebung stimmt, bringt er den Fall vor eine Grand Jury. Hier hat Bentley ihren ersten großen Auftritt.

Sie ziert sich allerdings. Nachdem im Herbst 1946 die U.S. Shipping abgewickelt wurde, sie ihren hochdotierten Job verloren hat und nur mit Hilfe des FBI eine Abfindung in Höhe eines Jahresgehalts erstreiten konnte, ist sie wieder einmal knapp bei Kasse, deprimiert und häufig blau. Bentley bittet das FBI, ihr einen Urlaub in Puerto Rico zu spendieren, und fragt an, ob sie nicht die 2000 Dollar von Gorsky wiederhaben könne. Bentley testet, was sie dem FBI wert ist. Als bislang einziger Zeugin kann ihr schließlich nicht mit einer Anklage gedroht werden. Bentley legt das Fundament für ihre Karriere als professionelle FBI-Zeugin und Ex-Kommunistin. Und ihr Marktwert erhöht sich enorm, als öffentlich wird, dass vor der Grand Jury eine unbekannte Frau in einem Spionagefall aussagt. Die Sowjets wissen, wer sie ist. Die Zeitungen müssen dagegen noch spekulieren, bis Bentley zu Hoovers Entsetzen ihre Geschichte dem New York World Telegram erzählt und diese dort mit einigen Übertreibungen veröffentlicht wird. Bis die ersten Fotos von Bentley erscheinen, wird sie etwa als »blonde Königin« oder »hübsche Blonde« den Lesern schmackhaft gemacht.

Bentley, die das FBI auch erfolglos um einen hochbezahlten Job gebeten hat, ist ab jetzt gefragt – bei den Medien, in diversen Regierungsausschüssen, als Vortragsrednerin und, nachdem anderes Beweismaterial ihre Anschuldigungen untermauert hat, als Zeugin in den Gerichtsprozessen gegen Abe Brothman, Bill Remington und die Rosenbergs. Niemand weiß so gut wie sie zu berichten, welche Gefahr von den Kommunisten ausgeht, die dabei sind, die amerikanische Regierung und Gesellschaft zu unterwandern. Insofern ist sie für Hoover, der Präsident Truman vergeblich vor dieser roten Gefahr gewarnt hat, äußerst nützlich. Wie schon für den NKGB ist sie aber auch für das FBI unberechenbar.

Die von ihr beschuldigten Personen lassen keine Gelegenheit aus, Bentleys Glaubwürdigkeit in Frage zu stellen, was sie ihnen wiederum leicht macht. In ihrer Biografie stellt sie sich als biedere Frau dar und beschönigt ihre Vergangenheit, die längst in allen schmutzigen Einzelheiten ans Licht gekommen ist. Und bei ihren – wie Freund und Feind gleichermaßen anerkennen müssen – beeindruckenden Aussagen beginnt sie erfindungsreich zu werden. Sie schmückt aus, erinnert sich an Gegebenheiten, von denen sie dem FBI nie berichtet hat, übertreibt ihre eigene Bedeutung und Blauäugigkeit. Um Komiteemitgliedern und Presse zu gefallen, um im Gespräch zu bleiben, scheut die 1947 frisch getaufte Katholikin auch Lügen nicht. Ihrem 18 Jahre jüngeren, auch nicht immer sehr der Wahrheit verpflichteten Lover Harvey Matusow soll sie nach dessen Angaben anvertraut haben: »Du bist ein Mann, du bist jung und du kannst Arbeit finden. Ich nicht. Ich muss mit dem jetzt weitermachen. Aber wie oft kann ich noch die gleiche Geschichte erzählen, um im Geschäft zu bleiben?« Und sie klagt: »Ich muss weiter Informationen finden, über die ich aussagen kann.«

Ihr neuer Glaube und die damit verbundenen Kontakte zu religiösen Anti-Kommunisten verhelfen Bentley zu verschiedenen Anstellungen an katholischen Schulen. Da diese aber stets nur von kurzer Dauer sind und ihre Biografie kein kommerzieller Erfolg war, ist ihre finanzielle Lage trotz Vortragshonoraren von bis zu 300 Dollar immer prekär. Arbeitslosigkeit und Finanzsorgen nähren die Depressionen, die sie nur mit Alkohol zu lindern weiß. Retter in der Not ist das FBI. Ob ein Liebhaber sie krankenhausreif schlägt, das Finanzamt eine stattliche Steuernachzahlung verlangt oder ihr die Polizei wegen Trunkenheit am Steuer und Fahrerflucht auf den Fersen ist: Stets lösen die Beamten die Probleme. Bentley erhält Aufwandsentschädigungen und wird für 50 Dollar die Woche auch eine Zeit lang zur bezahlten Informantin. Das FBI ist großzügig, die Beamten sind nachsichtig. Wenn Elizabeth sich wieder einmal unvernünftig, undankbar und beleidigend gibt, entschuldigen sie es mit den »Wechseljahren«.

Nach einem besonders schweren Absturz, der sie in die Psychiatrie bringt, beschließt Bentley 1958, nicht mehr für das FBI auszusagen. Sie bittet Hoover um einen letzten Gefallen: ein Empfehlungsschreiben. Damit bewirbt sie sich als Lehrerin in einer Besserungsanstalt für Mädchen. An Unterleibskrebs erkrankt, arbeitet sie dort bis zu ihrem Tod am 3. Dezember 1963. Die Trauerfeier findet in einer episkopalen Kirche statt. Nach Faschismus und Kommunismus hatte Bentley nach dem Rausschmiss aus einer konfessionellen Schule 1956 auch dem Katholizismus abgeschworen.

U. M.

Elizabeth Bentley

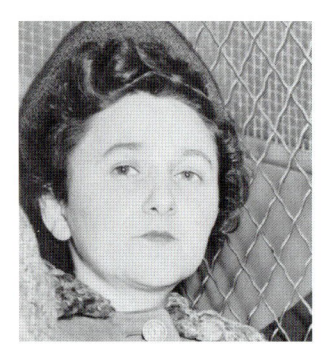

IM ZWEIFEL GEGEN DIE ANGEKLAGTE

Ethel Rosenberg

28.9.1915 - 19.6.1953

"Wenn du nicht redest, wirst du mit deinem Mann in der Hölle schmoren." Tessie Greenglass

Am 19. Juni 1953 verabschiedet sich Ethel Rosenberg gegen 19.30 Uhr von ihrem Ehemann. Es ist das letzte Mal, dass sie ihn sieht. Weniger als eine Stunde später sind beide tot. Im Abstand von Minuten sterben Ethel und Julius Rosenberg auf dem elektrischen Stuhl. Die 37-jährige Hausfrau und der 35-jährige Ingenieur sind die ersten Menschen, die in den Vereinigten Staaten von Amerika in Friedenszeiten wegen Spionage hingerichtet werden. Am Nachmittag haben die Rosenbergs einen Brief an ihre kleinen Söhne geschrieben. Sie mögen nie vergessen, dass ihre Eltern unschuldig sind und nicht gegen ihr Gewissen handeln konnten.

Zum Zeitpunkt ihres Todes sind Ethel und Julius Rosenberg weltweit bekannt. Prominente wie Jean-Paul Sartre, Marc Chagall und Pablo Picasso haben sich für sie eingesetzt. Auch der Papst ließ die amerikanische Regierung wissen, dass sich bei ihm viele über das Schicksal des Paares besorgte Stimmen gemeldet haben. In amerikanischen Städten, aber auch in London, Rom und Paris sind Zehntausende auf die Straßen gegangen, um gegen die Hinrichtung zu protestieren. Diese Menschen akzeptieren das Todesurteil und seine Begründung nicht. Für sie sind Ethel und Julius keine skrupellosen Gesinnungstäter, die durch Atomspionage die Existenz ihres Landes und das Leben seiner Bürger gefährdet haben. Sie halten die Rosenbergs für Opfer einer Regierung, die zur Rechtfertigung ihrer Politik ein Feindbild braucht und in Ethels Bruder einen nützlichen Handlanger gefunden hat. Die Öffentlichkeit ist in der Schuldfrage gespalten, und es wird Jahrzehnte dauern, bis im Fall Rosenberg die unter Bergen von Lügen begrabene Wahrheit und mit ihr das ganze Ausmaß einer Familientragödie ans Licht kommt.

Amerikanische Zeitungsleser lernen Ethel Rosenberg im Sommer des Jahres 1950 kennen. Die 34-Jährige hat Nachrichtenwert. Sie ist die Schwester von David Greenglass, der im Gefängnis sitzt, weil er dem sowjetischen Geheimdienst Einzelheiten über das britisch-amerikanische Atomwaffenprojekt »Manhattan« verraten hat. Vor allem ist Ethel aber die Ehefrau von Julius Rosenberg, den der Schwager nun beschuldigt, ihn zur Spionage angestiftet zu haben. Einen Tag nach seiner Festnahme lädt Ethel am 18. Juli

Eine außergewöhnliche Hausfrau

die Presse ein. Im geblümten Trägerkleid empfängt die knapp 1,50 Meter große Dunkelhaarige die Reporter in ihrer Zweizimmerwohnung im elften Stock einer Wohnanlage.

Scheinbar ruhig und gelassen schildert Ethel, wie am Abend zuvor FBI-Beamte an die Tür geklopft haben, wie sie das Appartement durchsucht und es mit Julius verlassen haben. Bereitwillig beantwortet sie die Fragen der Reporter. Nein, in den elf Jahren ihrer Ehe habe es für sie niemals Anlass gegeben zu vermuten, ihr Mann hätte Verbindungen zu einem Geheimdienst. Und sie mag auch nicht glauben, dass ihr Bruder Landesverrat begangen hat. Kommunisten, versichert Ethel, seien sie und ihr Mann nicht. Klaus Fuchs und Harry Gold? Diese Namen, sagt Ethel, habe sie noch nie gehört. Fuchs und Gold sind die wegen Atomspionage verhafteten Männer, deren Geständnisse das FBI zu David Greenglass führten. Seit Februar des Jahres ist in den Medien umfangreich über den deutsch-britischen Wissenschaftler Fuchs und den Kurier Gold berichtet worden. Aber vielleicht liest Ethel tatsächlich nur die Elternmagazine und Erziehungsratgeber, die sie den Reportern zeigt. Selbst in diesen, erklärt Ethel immer noch verwundert, hätten die FBI-Beamten nach Beweismaterial gesucht.

Das Lächeln für die Pressefotografen wirkt gezwungen. Insgesamt erweckt Ethel aber nicht den Eindruck, sonderlich beunruhigt über die Festnahme ihres Mannes zu sein. Während sie mit den Reportern spricht, bereitet sie das Abendessen vor. So wie sie das vermutlich an jedem anderen Tag auch tut. Ethel scheint eine typische Hausfrau der 50er-Jahre zu sein, die das Heim in Ordnung hält, während der Ehemann seinen Geschäften nachgeht. Wobei Ethel offenbar keinen allzu großen Wert auf eine gemütliche Einrichtung oder eine blitzblanke Küche legt. Staubwischen, Schrubben und Putzen stehen, dem fettverkrusteten Gasherd und der schmutzigen Spüle nach zu urteilen, nicht sehr weit oben auf ihrer Prioritätenliste. Die Mütter unter den Zeitungslesern werden, wenn sie das Foto sehen, vielleicht Verständnis dafür haben. Und dabei ahnen sie nicht einmal, wie sehr insbesondere der siebenjährige Michael seit seiner Geburt die Mutter auf Trab hält.

Im Anschluss an das Pressegespräch wird Ethel den Jungen auch an diesem Tag zu seiner Therapiestunde bringen. Ethel, die, anders als ihre eigene Mutter, bei der Erziehung ihrer beiden Söhne nicht auf Härte und

Strenge setzt und auf jede Art von Disziplinierungsmaßnahmen verzichtet, ist an dem Jungen, der heute wohl als hyperaktiv und hochbegabt eingestuft würde, verzweifelt. Seit zwei Jahren nimmt sie deshalb professionelle Hilfe in Anspruch – für Michael, aber auch für sich. Dreimal die Woche besucht sie selbst einen Psychotherapeuten. In den eigenen Augen als Mutter gescheitert, versucht Ethel mit seiner Hilfe, ihre eigene Kindheit aufzuarbeiten. Vielleicht als Einzigem vertraut Ethel ihm ihre Angstzustände an, ihre Schlaf- und Essstörungen, die Wut auf die Mutter und den Neid auf die bevorzugt behandelten Brüder.

Ethel ist nicht weit von ihrem jetzigen Zuhause entfernt in recht bescheidenen Verhältnissen aufgewachsen. Wie viele Bewohner der Lower East Side sind auch ihre Eltern mittellos aus Osteuropa eingewandert, der Vater aus Russland, die Mutter aus Galizien. Obwohl Barney Greenglass unermüdlich in seiner Werkstatt Nähmaschinen repariert, mangelt es der sechsköpfigen Familie an vielem. Was Ethel in ihrer Kindheit und Jugend jedoch am meisten fehlt, sind Liebe und Anerkennung. Wertschätzung erfährt die fleißige, begabte Ethel nur außerhalb der Familie: von Lehrern, die ihre guten Noten loben, und vom Publikum, das der talentierten Amateurschauspielerin und Sängerin applaudiert, von Kollegen, Freunden und schließlich von Julius, der sie über alles verehrt und den sie dafür grenzenlos liebt.

Nach seiner Festnahme muss sich Ethel neben den Kindern nun auch noch um Pitt Machine Products kümmern, die letzte in einer Reihe von unprofitablen Firmen, die Julius nach Kriegsende zusammen mit David und Bernie Greenglass gegründet und betrieben hat. Wegen anhaltender Erfolglosigkeit und zunehmendem Streit insbesondere zwischen David und Julius sind Ethels Brüder aus der Firma ausgestiegen. Nun liegt es an Ethel, die kleine Firma abzuwickeln. Buchhaltung und Bürotätigkeiten sind ihr vertraut. Ethel, die von einer Bühnenkarriere träumte, blieb nach ihrem Highschool-Abschluss nichts anderes übrig, als damit Geld zu verdienen. Ohne ihre moralische Unterstützung und Schreibmaschinenkenntnisse hätte Julius wohl auch sein Ingenieur-Studium nicht beendet. Denn viel mehr und leidenschaftlicher als diesem widmete sich der belesene Student politischen Diskussionen und dem Kampf gegen Faschismus und soziale Ungerechtigkeit. Und bis Julius nach dem Studium einen gutbezahlten Posten bei der Armee fand, hat Ethel den Lebensunterhalt für beide finanziert. Julius kann sich auf Ethel verlassen. Auch jetzt. Ethel klagt nicht darüber, dass die Besuchszeit im Gefängnis zu knapp und wertvoll ist, um über mehr als geschäftliche und juristische Angelegenheiten zu reden. Nur beim ersten Treffen hinter Gittern weint sie fast ununterbrochen.

Noch berät eine Grand Jury, ob Anklage erhoben wird gegen Julius, der alle Beschuldigungen seines Schwagers bestreitet. Auch Ethel wird als Zeugin geladen. Bei den meisten Fragen nimmt sie das Aussageverweigerungsrecht in Anspruch. Sie macht keine Angaben zu ihrer politischen Gesinnung, gesteht lediglich ein, einmal eine Petition für die Kommunistische Partei unterschrieben zu haben. Ethel kann davon ausgehen, dass dies dem

FBI ebenso bekannt ist wie Julius' Mitgliedschaft in der Kommunistischen Partei. Während der fünf Jahre, in denen er für die Armee gearbeitet hat, war beides Gegenstand von Loyalitätsüberprüfungen und Letzteres Grund für seine Entlassung.

Tessie Greenglass ist erbost über das Verhalten ihrer Tochter. »Wenn du nicht redest«, prophezeit sie Ethel, »wirst du mit deinem Mann in der Hölle schmoren.« Sie hat den politikbesessenen Schwiegersohn nie gemocht. Bis zur Hochzeit war er in der Greenglass'schen Wohnung nicht erwünscht, und bis zu Michaels Geburt 1943 hatte Ethel kaum noch Kontakt mit ihrer Familie. Eine engere Beziehung bestand lediglich zu Bruder David und seiner jungen Frau Ruth. Dass die beiden mittlerweile mit dem FBI auch über sie geredet haben, weiß Ethel nicht, als sie zum zweiten Mal vor der Grand Jury erscheint und danach auf dem Weg zur U-Bahn verhaftet wird.

Wie Julius wird nun auch sie beschuldigt, an einer Verschwörung zur Spionage beteiligt gewesen zu sein. Ihr Anwalt Alexander Bloch kann nicht verhindern, dass für die bislang unbescholtene Mutter die enorme Summe von 100 000 Dollar Kaution festgesetzt wird. Zum ersten Mal hört Ethel, dass sie das Leben eines jeden Mannes, einer jeden Frau und eines jeden Kindes im Land in Gefahr gebracht haben soll. Nur durch Spionage, so die Argumentation, sei die UdSSR früher als erwartet oder überhaupt in der Lage gewesen, eine Atombombe zu bauen. Und nur mit dieser Drohwaffe im Rücken, so wird weiter spekuliert, hätte sich das kommunistische Land auf den Krieg in Korea eingelassen, in dem seit Juni amerikanische Soldaten sterben.

Bevor Ethel ins Frauengefängnis überstellt wird, ist ihr ein Telefonat erlaubt. Sie ruft Michael an. Sie fragt ihren Sohn: »Erinnerst du dich, was mit Daddy passiert ist?« Seinen herzerschütternden Schrei wird Ethel nie mehr vergessen.

Am Tag der Festnahme sind Michael und der dreijährige Robert bei Ethels Mutter. Fürs Erste müssen sie dort bleiben. Die 66-Jährige ist jedoch überfordert mit den Enkeln. Sie verhält sich ablehnend und bringt die beiden gegen Ethel auf. Die häusliche Situation ist untragbar, und auch deshalb macht die gesamte Familie Ethel zunehmend Druck, gegen ihren Mann auszusagen.

Ihr Halbbruder Sam – ein bekennender Kommunistenhasser, der nach einem Streit vor Jahren geschworen hat, die Rosenbergs nie wieder zu sehen und der später sagen wird, die Todesstrafe sei noch zu gut für sie – meldet sich bei Ethel, um sie zur Kooperation mit dem FBI zu überreden. Und auch Tessie lässt nichts unversucht, Ethel davon zu überzeugen, das zu tun, was Bruder David und seine Frau Ruth getan haben: auspacken. Bei einem Besuch im Gefängnis verlangt sie, ihre Tochter solle sich von Julius scheiden lassen. Doch Ethel, die sich noch nie in ihrem Leben von Tessies Meinung oder Kritik hat beirren lassen, bleibt dabei: Julius und sie sind unschuldig. Der Mutter verbietet sie jeden weiteren Besuch im Gefängnis, und da Julius' Familie nicht willens oder in der Lage ist, sich um die Söhne zu kümmern, bleibt Ethel am Ende nichts anderes übrig, als Michael und Robert in einem Kinderheim unterbringen zu lassen.

Von Sorgen, Migräneanfällen und Rückenschmerzen überwältigt, weint Ethel manchmal stundenlang. Allerdings nur, wenn sie in ihrer Gefängniszelle unbeobachtet ist. Vor ihren Mitgefangenen zeigt sie sich tapfer und rührend besorgt um deren Schicksal. Von Julius spricht sie nur in den höchsten Tönen. Die kurze Zeit, die sie bei den Sitzungen mit den Anwälten zusammen verbringen, und die Fahrten zum Gericht, die es ihnen erlauben, sich durch den trennenden Maschendrahtzaun zu küssen, geben Ethel immer wieder Kraft. Ebenso Julius' Briefe. Er versichert ihr seine Liebe, macht ihr Mut und bestärkt sie immer neu in ihrer Mission: Der Name Rosenberg dürfe niemals dafür herhalten, dass Kommunisten und Spione in einem Atemzug genannt werden.

Kein Verhör kann Ethel und Julius dazu bewegen, etwas über den Agentenring preiszugeben, dem sie nach Ansicht des FBI und der Staatsanwaltschaft angehört haben sollen. Auch nicht die Aussicht auf einen Prozess, in dem Julius zum Tode und Ethel zu einer Gefängnisstrafe von bis zu 30 Jahren verurteilt werden könnten. Am 6. März 1951 wird dieser Prozess eröffnet. Auf der Anklagebank sitzt neben den Rosenbergs Morton Sobell. Wie die Rosenbergs ist der Ingenieur der Verschwörung zur Spionage angeklagt, und wie sie leugnet er jede Schuld.

Der Prozess ist eine Sensation. Scharen von Zuschauern und Medienvertretern sind erschienen. Ethel, der ein Klassenkamerad einmal eine Zukunft als Amerikas führende Schauspielerin in den 50er-Jahren vorhersagte, mag in diesem Prozess zwar nur eine Nebenrolle spielen. Als Frau und Mutter und als Schwester des Hauptbelastungszeugen steht sie jedoch für viele Beobachter im Rampenlicht.

Ethel erscheint gefasst und konzentriert. Ihre Blicke ruhen auf den Zeugen und, wenn die Anwälte das Wort haben, auf den zwölf Geschworenen. Angst und Nervosität frisst Ethel in sich hinein. Sie kann in dieser Zeit ihr Essverhalten nicht kontrollieren und nimmt, wie sie einer Mitgefangenen erzählt, im Lauf des Prozesses fünf Kilo zu. Den Menschen im Gerichtssaal bleibt Ethels wahre Gemütslage verborgen. Nur einmal lässt sich erahnen, was in ihr vorgeht. Ethel wird leichenblass, als ihr Bruder David sie im Zeugenstand zum ersten Mal belastet.

Schon als Kind hat sich Ethel um den sechs Jahre jüngeren Bruder gekümmert. Im Greenglass'schen Haushalt hatten David und Ethel Zimmer im Appartement über der elterlichen Wohnung. Dort ist David dem Freund seiner Schwester erstmals begegnet. Der angehende Ingenieur Julius wird für den technisch begabten Jungen zum Vorbild. Bald begeistert sich David auch für Julius' politische Ideale. Durch ihn, erklärt David, sei er zur Liga Junger Kommunisten gekommen, der sich später auch Ruth anschloss.

Tagelang hält David die Menschen im Gerichtssaal in Atem. Er sagt aus, Julius habe sich selbst den Sowjets als Agent angedient und ihm gegenüber

auch kein Hehl daraus gemacht. Ebenso, wie David im Sommer 1944 trotz Verpflichtung zu strengster Geheimhaltung seiner damals 18-jährigen Ehefrau mitteilt, wohin ihn die Armee nach der Grundausbildung versetzt hat: in die Wüste von New Mexico. Höchstens Julius, so beschwor er Ruth, dürfe sie erzählen, dass er in Los Alamos sei. Das tut sie denn auch, und von Julius erfährt die ahnungslose Ruth, dass Briten und Amerikaner an diesem Ort an der Atombombe arbeiten. Julius schlägt vor, David solle ihm Informationen über das Projekt zukommen lassen, die er dann an die Sowjets weiterleiten würde. Ruth habe Bedenken gehabt, sagt David, aber Ethel habe sie überzeugt, dass ihr Mann selbst entscheiden solle, ob er der kriegsverbündeten UdSSR damit helfen möchte oder nicht. Auf Kosten von Julius fährt Ruth nach New Mexico. Sie unterbreitet David den Vorschlag, und er stimmt ihm zu.

David berichtet, wie, wann und an wen er welche Informationen geliefert hat. Was er als einfacher Soldat und Mechaniker über das Projekt in Erfahrung bringen kann, gibt er weiter: über Ruth oder bei Heimaturlauben direkt an Julius, einmal an den Kurier Harry Gold, der sich durch ein mit Julius vereinbartes Zeichen zu erkennen gibt, sowie an einen mysteriösen Sowjet, den Julius ihm vorstellt. David erinnert sich, dass die Rosenbergs kleine Geschenke vom sowjetischen Geheimdienst erhalten haben, und er schildert in Einzelheiten die Zeit nach der Festnahme des Physikers Klaus Fuchs. Als zu befürchten steht, dass David auffliegt, gibt ihm Julius genaue Anweisung zur Flucht über Mexiko in die UdSSR. Die Greenglasses lassen Passfotos machen und nehmen von Julius Geld für die Reise, die sie nie ernsthaft in Erwägung ziehen.

Im Kreuzverhör erfahren die im Gerichtssaal Anwesenden noch etwas von David. Er mag seine Schwester, ja, auch jetzt in diesem Moment, wo er weiß, dass seine Aussagen sie auf den elektrischen Stuhl bringen könnten. Und er liebt seine Ehefrau Ruth. Wie sehr? Mehr als sein Leben.

Einige von Davids Aussagen werden im Lauf des Prozesses durch Beobachtungen anderer Zeugen untermauert. Allerdings können nur er, seine Frau Ruth und Max Elicher die Angeklagten direkt mit Spionage in Verbindung bringen. Elicher, der zusammen mit Julius und Morton Sobell studiert und während des Krieges als Elektroingenieur für die Marine gearbeitet hat, berichtet, wie Julius und Sobell ihn für die Kommunistische Partei geworben haben und später versuchten, ihn als Spion zu rekrutieren. Für Morton Sobell ist er der Hauptbelastungszeuge, für Ethel sind es David und Ruth.

Niemand außer ihnen behauptet, dass Ethel von der Spionagetätigkeit ihres Mannes wusste und diese aktiv unterstützte. Keiner außer ihnen war dabei, als Ethel angeblich Informationen von David abgetippt hat, weil dessen Handschrift unleserlich war. Keiner hat gehört, wie Ethel ihrer Schwägerin anvertraut hat, dass sie des öfteren bis spät in die Nacht Geheimdienstberichte für Julius tippt. Nur Ruth kann bezeugen, dass Ethel anwesend war, als sie zum ersten Mal mit Julius über Los Alamos sprach. Nur Ruth kann aussagen, Ethel hätte sie zu überzeugen versucht, dass es

besser wäre, wenn David in seinen Gesprächen mit dem FBI die Rosenbergs nicht erwähnen würde. Nur Ethel oder Julius könnten bestätigen, dass Ruth und David die Wahrheit sagen. Doch das bestreiten sie vehement.

Wie Julius vor ihr nimmt Ethel im Zeugenstand mehrmals das Aussageverweigerungsrecht in Anspruch. So macht das Paar etwa keinerlei Angaben zu seiner politischen Haltung und Verbindungen zur Kommunistischen Partei. Aus Prinzip nicht. Die Rosenbergs sind der Meinung, dass ihre politische Einstellung Privatsache und nicht Gegenstand des Prozesses sei. Aus diesem Grund kommen auch keine Menschen zu Wort, die Ethel als warmherzig und fürsorglich, selbstlos und hilfsbereit erlebt haben. Angesichts der kommunistenfeindlichen Stimmung verzichten die Rosenbergs darauf, gleichgesinnte Freunde als Charakterzeugen zu ihrer Verteidigung aussagen zu lassen.

Ethel und Julius dürften deshalb entsetzt gewesen sein, deren Namen auf der langen Zeugenliste der Staatsanwaltschaft zu finden. Die Weggefährten werden am Ende aber ebenso wenig aufgerufen wie die ebenfalls angekündigten prominenten Atomwissenschaftler Robert Oppenheimer und Harold Urey. An ihrer Stelle werden andere Experten darüber Auskunft geben, wie bedeutend die von einem jungen Mechaniker in Los Alamos gesammelten Informationen für die Sowjets überhaupt gewesen sein konnten. Auch Elizabeth Bentley kommt zu Wort. Die FBI-Informantin kann als ehemalige Agentin und Geliebte eines sowjetischen Top-Agenten Julius zwar kaum belasten. Bentley ist aber dennoch eine wichtige Zeugin der Anklage, weil sie über die Verbindungen zwischen amerikanischen Kommunisten und dem Sowjet-Geheimdienst aussagen kann.

Am 28. März ist die Beweisaufnahme beendet. In seinem abschließenden Plädoyer lässt Ethels Anwalt kein gutes Haar an den Eheleuten Greenglass. Einen Bruder, der gegen die eigene Schwester aussagt, betrachtet er als Abschaum. Ruth ist für ihn der Teufel in Person. Der Anwalt bittet die Jury, sich nicht wie das FBI und die Staatsanwaltschaft von einem bekennenden Spion täuschen zu lassen.

Staatsanwalt Irving Saypol, den das *Time Magazine* zur »Nummer eins unter den Juristen-Jägern der Top-Kommunisten« gekürt hat, ist naturgemäß anderer Meinung. Seiner Ansicht nach haben die Rosenbergs gelogen, betrogen, den Schwager und Bruder in Schwierigkeiten gebracht. Sie sind des größten Verbrechens schuldig, das man den Menschen eines Landes antun kann. Sie haben für eine fremde Macht spioniert und dieser eine Waffe in die Hand gegeben, die Amerika zerstören kann. Niemand, findet Saypol, hat weniger Mitgefühl verdient als sie. Die Jury stimmt ihm zu. Sie befindet alle drei Angeklagten für schuldig.

An einem milden Frühlingstag werden Ethel und Julius zum Gericht gebracht. Es ist der 5. April. Bevor der Richter sein Urteil spricht, hat noch einmal Anwalt Bloch das Wort. Er macht darauf aufmerksam, dass seine Mandanten immer ihre Unschuld bekräftigt haben, dass die UdSSR während des Krieges Verbündete und nicht Feind waren. Er vergisst auch nicht

zu erwähnen, dass ein harsches Urteil Auswirkungen auf internationale Beziehungen haben könnte und andere Verräter und Kriminelle in der Vergangenheit vergleichsweise geringe Strafen erhalten haben. Richter Irving Kaufman hat sein Urteil jedoch schon gefällt.

Der jungenhaft wirkende 41-Jährige verurteilt Julius und Ethel zum Tod auf dem elektrischen Stuhl. Morton Sobell bekommt eine 30-jährige Haftstrafe, weil ihm Spionage, aber nicht Atomspionage nachgewiesen werden konnte. David Greenglass, dem in einem separaten Verfahren der Prozess gemacht wurde, wird am folgenden Tag zu 15 Jahren Haft verurteilt. Seine Ehefrau Ruth war zu keinem Zeitpunkt angeklagt.

Kaufman begründet die Todesurteile mit der Schwere des Verbrechens. Er hält es für schlimmer als Mord. Diese Tat habe den Verlauf der Geschichte zuungunsten Amerikas verändert. Julius sei dabei eindeutig der Anführer gewesen. Ethel, die ihren Mann ermutigte und unterstützte, hält Kaufman jedoch für einen gleichwertigen Partner der Tat. »Sie waren sich bewusst«, so Kaufman, »dass sie ihre Sicherheit und Kinder opfern. Liebe zu ihrer Sache hat ihr Leben bestimmt, sie war größer als die Liebe zu ihren Kindern.« Ein vernichtendes Urteil.

Julius ist sichtlich schockiert. Mit dem Todesurteil für Ethel hat niemand gerechnet. Ethels Anwalt Alexander Bloch kann die Tränen nicht zurückhalten. Ethel nimmt ihn in den Arm. Und sie versucht auch Julius zu trösten. Während das Paar in getrennten Zellen auf den Rücktransport ins Gefängnis wartet, singt sie für ihn: Arien aus *Madame Butterfly* und den Schlager *Good Night Irene*. Durch Ethels Gesang hat das Paar einst zusammengefunden - Ende 1936, als Ethel ihre Bühnenträume noch nicht ganz aufgegeben hatte und mit Auftritten bei Benefizkonzerten und Protestveranstaltungen politisches Engagement und künstlerische Ambitionen unter einen Hut brachte.

Sechs Tage nach ihrer Verurteilung wird Ethel nach Sing Sing, der am Hudson gelegenen Haftanstalt im Norden von New York City, verlegt. Im Todestrakt für Frauen ist sie allein mit den Wärterinnen, die abwechselnd vor ihrer Zelle Wache schieben. Einmal in der Woche darf Ethel Julius sehen, einmal im Monat ihre Söhne. Ihre Besuche erlaubt Ethel erst, als gewährleistet ist, dass sie die beiden in einem gewöhnlichen Raum treffen kann. Sie will nicht, dass Michael und Robby ihre Mutter durch Gitterstäbe sehen müssen. Auf das erste Treffen mit den Kindern bereitet sie sich akribisch vor, um für jede ihrer Fragen gewappnet zu sein.

Die Söhne sind auch Thema der Briefe, in denen sich Julius und Ethel zwischen den Besuchen ihre Gedanken und Gefühle mitteilen. In diesen Briefen ermutigen und bestärken, verteidigen und erklären sie sich. Der private Briefverkehr des Paares mutet stellenweise befremdend unpersönlich an, was daran liegt, dass er von Anfang an für die Öffentlichkeit bestimmt ist. Ethel und Julius duplizieren jeden Brief in Hinblick auf eine spätere Publikation, und Ethel gibt sich deshalb besondere Mühe. Sie macht Entwürfe und schreibt die Briefe mehrfach um.

Briefe der Rosenbergs erscheinen schließlich im *National Guardian*, einer progressiven Zeitung, die sich ihres Falls angenommen hat und nach

eigener Recherche zum dem Schluss gekommen ist, dass die Rosenbergs unschuldig sind. Ein Komitee wird gegründet, das Gerechtigkeit im Fall Rosenberg fordert. Eine Aktion, die das Paar hoffen lässt, dass nun ein Aufschrei durch die Bevölkerung gehen würde. Die Kampagnen, denen sich immer mehr auch die linke Presse anschließt, die den Prozess und das Urteil auffällig ignoriert hat, bleiben jedoch ebenso erfolglos wie die Bemühungen der Rosenberg-Anwälte. Sie schöpfen alle juristischen Möglichkeiten aus, um ihre Mandanten vor dem Tod zu bewahren.

Auch Tessie Greenglass ist das ein Anliegen. Sowohl Präsident Truman als auch seinen Nachfolger Eisenhower bittet sie, die Todesstrafe zu erlassen. Schon deshalb, weil sie glaube, dass die Rosenbergs als Märtyrer den Kommunisten tot mehr wert seien als lebendig. Im März 1953 erscheint sie im Gefängnis, um Ethel noch einmal ins Gewissen zu reden. Sie soll dem FBI endlich die Wahrheit über Julius sagen und so ihre Haut retten. Den Söhnen zuliebe, die mittlerweile bei einem mit den Rosenbergs befreundeten Ehepaar leben. Nach Aussagen ihrer Schwägerin Ruth soll Ethel darauf geantwortet haben: »Erwähne die Kinder nicht. Kinder werden jeden Tag geboren.«

Stundenlang versucht auch der Direktor der Bundesgefängnisse, Ethel und Julius zur Kooperation mit dem FBI zu überreden. Zwei Wochen vor ihrer für Mitte Juni festgesetzten Hinrichtung macht er ihnen klar, dass sie nur so den Kopf aus der Schlinge ziehen können. Vergeblich. Ethel und Julius bestehen auf ihrer Unschuld und darauf, nichts aussagen zu können.

Am 16. Juni besuchen Michael und Robby ihre Eltern im Gefängnis. Ethel umarmt die Söhne zur Begrüßung, spielt dann mit ihnen. Dem sechsjährigen Robby mag der Besuch wie jeder andere erscheinen, der zehnjährige Michael weiß jedoch, dass es der letzte sein könnte. Was niemand auszusprechen wagt, schreit er hinaus: »Noch einen Tag zu leben, noch einen Tag zu leben ...« Ethel, den Tränen nahe, küsst ihre Söhne und geht.

Den Vor- und Nachmittag des 18. Juni dürfen Ethel und Julius zusammen verbringen. Es ist ihr 14. Hochzeitstag. Eigentlich sollten sie am Abend sterben, stattdessen beraten Richter zum wiederholten Male über einen Vollstreckungsaufschub. Er wird abgelehnt. Nur Präsident Dwight D. Eisenhower kann jetzt noch das Leben der Rosenbergs retten. Oder sie selbst.

Für den Fall, dass Ethel oder Julius im Angesicht des Todes in letzter Minute noch etwas aussagen möchten, hat das FBI eigens ein Büro in Sing Sing eingerichtet. Stenotypisten stehen bereit, Telefonleitungen wurden geschaltet, Fragen vorbereitet. Eine für Julius bestimmte verrät, wie wenig sich das FBI tatsächlich über Ethels Rolle im Klaren ist: »Was wusste ihre Frau?«

Für Präsident Eisenhower ist diese Frage längst beantwortet. Er hält Ethel für die treibende Kraft hinter Julius' Aktivitäten. Am 19. Juni lehnt er ein Gnadengesuch ab. In seinen Augen haben die Rosenbergs die Wahrscheinlichkeit eines Atomkriegs unvergleichbar erhöht und damit Millionen unschuldiger Menschen auf der ganzen Welt zum Tode verurteilt.

Ein Rabbi begleitet die Rosenbergs auf ihrem Weg in die Todeskammer. Erst Julius und nach seiner Hinrichtung Ethel. Auch er fragt noch einmal, ob sie etwas aussagen möchte. »Nein«, antwortet Ethel, »ich kann keine Namen nennen. Ich bin unschuldig.« Drei Stromstöße von 2000 Volt werden durch ihren Körper gejagt. Ihr Herz, das in den vergangenen 801 Tagen in der Todeszelle tausendfach gebrochen sein müsste, schlägt jedoch weiter. Erst nach zwei weiteren Stromstößen stirbt Ethel um 20.16 Uhr.

In einem letzten Brief an den Anwalt ließ Ethel wissen, dass ihr ganzes Herz jenen gehöre, die sie liebten. Und dass sie sich und Julius als »erste Opfer des amerikanischen Faschismus« betrachte.

Tausende Menschen verfolgen die Beerdigung der Rosenbergs. Tessie Greenglass sehen sie dort nicht. Ethels Mutter lässt wissen: »Ich nehme an keinen politischen Veranstaltungen teil.« Einem FBI-Beamten vertraut Tessie später an, dass sie nicht um ihre Tochter traure, weil Ethel weder sie noch die Familie oder ihre Söhne geliebt hätte. Ethel und Julius, glaubt Tessie, wollten nur Stalins Soldaten sein. In ihren Augen hat Ethel Selbstmord begangen. Ihrem Sohn David versichert Tessie, dass er sich nichts vorzuwerfen habe. Aber hat David wirklich die Wahrheit gesagt und sich nicht doch aus Eigennutz zum Helfer der Regierung gemacht, die mit den Rosenbergs den Kommunismus an den Pranger stellen wollte? Dieser Vorwurf wird den USA nach der Hinrichtung von Seiten der Ostblock-Staaten und linker Gruppierungen gemacht. Aber auch Menschen, die den Fall ideologiefrei betrachten, haben Zweifel am Schuldspruch und dem so harten Urteil. Erst als sich mit dem Ende des Kalten Krieges Archive öffnen und Hauptakteure zu Wort melden, wird ansatzweise verständlich, weshalb die Rosenbergs gestorben sind.

In den 1990er-Jahren veröffentlicht die US-Regierung Telegramme der Sowjets, die in den Kriegsjahren zwischen Moskau und der sowjetischen Botschaft in Washington sowie dem Konsulat in New York unterwegs waren. Mitte der 40er-Jahre war es den amerikanischen Kryptografen von Arlington Hall im sogenannten Venona-Projekt gelungen, diese Telegramme zu entschlüsseln. Aus ihnen geht hervor, dass Julius ab 1943 für den sowjetischen Geheimdienst gearbeitet hat, während seiner Tätigkeit für die Armee in großem Umfang für ihn spioniert und andere Personen, darunter ihm bekannte Ingenieure sowie seine Schwägerin Ruth und Schwager David als Agenten geworben hat. Da die Sowjets jedoch nicht erfahren sollten, dass ihr Code gebrochen war, und die dem FBI aus dem Funkverkehr bekannten Informationen alleine nicht ausreichten, um Verdächtige anklagen und verurteilen zu können, musste die Behörde andere belastende Quellen erschließen. David Greenglass erwies sich in dieser Hinsicht als Glücksfall. Bereits im ersten Verhör nennt er Namen: den von Julius und den seiner Ehefrau Ruth.

Die Möglichkeit, dass sein Geständnis gegen Ruth verwendet werden und auch die Mutter seiner Kinder im Gefängnis landen könnte, hängt danach wie ein Damoklesschwert über dem Ehepaar. Sich in vollem Umfang schuldig zu bekennen und als Kronzeugen gegen andere Beschuldigte

aufzutreten, verspricht den Greenglasses die größte Aussicht auf Strafmilderung für David und Freiheit für Ruth. Ebenso wie das FBI gehen die beiden davon aus, dass auch Julius und Ethel diese Option wählen würden.

Von Julius erwartet das FBI, dass er fünfzehn den Beamten verdächtige Agenten belastet. Für den Fall, dass er dies nicht tun sollte, war schon zum Zeitpunkt seiner Festnahme geplant, Ethel als Druckmittel zu benutzen. Ihr Erscheinen vor der Grand Jury, ihre Verhaftung und Anklage sollen Julius dazu bewegen auszusagen. Doch Julius und Ethel sind aus anderem Holz geschnitzt als David und Ruth. Sie denken überhaupt nicht daran, ihre Ideale zu verraten. Selbst dann nicht, als Ethel trotz fragwürdiger Beweise tatsächlich der Prozess gemacht und sie zum Tode verurteilt wird, worauf es FBI-Chef J. Edgar Hoover eigentlich nicht ankommen lassen wollte. In den Gesprächen, die nach dem Schuldspruch hinter den Kulissen geführt werden, äußert er Bedenken, eine Frau und Mutter auf den elektrischen Stuhl zu bringen.

Und bis zum bitteren Ende glaubt auch niemand, dass sie dort sterben würde. Während die Rosenbergs bis zuletzt darauf vertrauen, dass die amerikanische Öffentlichkeit und das Rechtssystem die Vollstreckung des Urteils verhindern werden, verlassen sich FBI und Staatsanwalt ebenso lange darauf, dass das Paar sein Schweigen bricht.

Amerikanischen Autoren erzählt David Greenglass, dass ihm nicht klar war, dass das FBI außer seinen und Ruths Aussagen nichts gegen Ethel in der Hand hatte. Sam Roberts, dem Verfasser der 2001 erschienenen Biografie *The Brother*, gesteht er sogar, unter Eid gelogen zu haben. Dass Ethel etwa in seiner und Ruths Anwesenheit Spionagematerial abgetippt hätte, entspräche nicht der Wahrheit. Er habe geglaubt, eine Entscheidung zwischen seinen und den Interessen der Rosenbergs treffen zu müssen. Das FBI habe keinen Druck auf ihn ausgeübt. Seiner Ansicht nach hätten die Rosenbergs nichts anderes tun müssen als das, was er auch getan hat: ein Gespräch mit dem FBI führen. David Greenglass wird 1960 nach neun Jahren aus der Haft entlassen.

Morton Sobell verbüßt 18 Jahre seiner Strafe im Gefängnis. Erst im Alter von 91 Jahren gibt er nach der Freigabe weiterer Akten 2008 zu, gemeinsam mit Julius Militärspionage betrieben zu haben. Sobell bestätigt, was Julius' Verbindungsmann zum sowjetischen Geheimdienst zuvor schon beteuerte: Ethel habe die Überzeugungen von Julius geteilt und zweifellos von seiner Geheimdiensttätigkeit gewusst. Allerdings sei sie nicht daran beteiligt gewesen. Alexander Feklisov berichtet auch, dass das Material, das Julius und seine Agenten geliefert haben, für den sowjetischen Geheimdienst von unschätzbarem Wert war. Zu den Erkenntnissen über die Atombombe haben allerdings andere wesentlich mehr beigetragen: Klaus Fuchs, der dafür neun Jahre inhaftiert ist, und der Wissenschaftler Theodore Hall, der nie angeklagt wurde und dessen Name erst nach Veröffentlichung der Venona-Telegramme bekannt wird.

Zu den Menschen, die sich für eine Rehabilitation der Rosenbergs eingesetzt haben, gehören auch ihre Söhne. Mitte der 1970er-Jahre geben sie die Anonymität auf, die ihnen der Name ihrer Adoptiveltern bis dahin geboten hat. Sie klagen gegen einen Autor, der ohne Genehmigung aus den Briefen ihrer Eltern zitiert, sie verlangen die Freigabe von Akten und nichts weniger, als die Wahrheit zu erfahren. Fühlen sie sich von den Unschuldsbeteuerungen ihrer Eltern betrogen? In einem Interview mit der *New York Times* verneint Robert Meeropol 2008 diese Frage. »Man hat von Julius verlangt, seine besten Freunde ins Gefängnis zu schicken, und das konnte er nicht tun. Um mich nicht zu betrügen, hätten meine Eltern einen größeren Verrat begehen müssen, und ehrlich gesagt, betrachte ich mich nicht als so wichtig.«

U. M.

Ethel Rosenberg

DAS GEHEIMNIS DER MARMELADENKÖCHIN

Melita Norwood

25.3.1912 - 2.6.2005

"Ich empfand keinen Druck, wenn ich Informationen sammelte; es war kein bedeutender Teil meines Lebens. Mit der Wäsche, dem Einkauf und dem Kind hatte ich ganz andere Sorgen."

Fast hätte Melita Norwood es geschafft. 39 Jahre lang hat sie für die Sowjetunion in Großbritannien spioniert und ist unerkannt in Rente gegangen. Doch dann, mit 87 Jahren, wird sie enttarnt und macht in allen britischen Blättern Schlagzeilen. »Wie sie die Spionin des Jahrhunderts fanden«, meldet die BBC. Und der Independent schreibt: »Spionage-Skandal: Das Doppelleben einer ruhigen alten Dame«.

Die Kluft zwischen dem Verrat von Atomgeheimnissen und dieser so gänzlich normalen Rentnerin, die im Supermarkt einkauft und Marmelade für den Wohltätigkeitsbasar kocht, könnte kaum größer sein. Als sich Melita Norwood nach ihrer Entdeckung am 10. September 1999 der Presse stellt, steht sie zwischen Margeriten im Garten. Eine Spange hält ihre grauen Haare aus der Stirn, sie trägt eine weiße Bluse mit großem Kragen und einen dezenten grauen Rock, dazu bequeme Tennisschuhe. Das Blatt mit der vorbereiteten Rede umklammert sie wie eine Zwölfjährige das selbstgeschriebene Weihnachtsgedicht, ihre Wangen sind gerötet und der Blick durch die große Brille ist eindringlich.

»Ich wollte kein Geld. Daran war ich nicht interessiert. Ich wollte, dass Russland auf gleicher Höhe mit dem Westen war«, erklärt sie den Journalisten. Dafür hat sie geheime Akten über das britische Atomprogramm an das sowjetische Innenministerium und den Geheimdienst KGB weitergegeben. An einen Staat, der nach ihrer Überzeugung »unter großen Opfern den kleinen Leuten Nahrungsmittel zu günstigen Preisen, Bildung und das staatliche Gesundheitswesen gegeben hat«.

Am Tag nach dem Trubel hat sich Melita Norwood wieder gefasst. »Ich fürchte, ich war ein schlimmes Mädchen«, kokettiert sie gegenüber David Burke, der die Geschichte russischer Einwanderer in Großbritannien recherchiert und die 87-Jährige zu ihrer Familie befragen will. Dass sie eine Spionin ist, trifft den Historiker völlig unerwartet und lässt ein geplantes Interview platzen. »Macht nichts«, sagt Melita Norwood. »Kommen Sie dann nächste Woche.« Bei den Gesprächen in ihrem Haus in Bexleyheath kredenzt sie Fischstäbchen, Grünzeug aus dem eigenen Garten und Tee in Che-Guevara-Tassen.

Spionin bis ins Rentenalter

In vieler Hinsicht ist Melita Norwood absolut unauffällig: Sie lebt als Witwe in einem Londoner Vorort, hegt und pflegt ihren großen Garten – und verteilt täglich 32 Exemplare des *Morning Star*, der »einzigen sozialistischen Tageszeitung Großbritanniens«, in der Nachbarschaft. Ein bisschen spleenig, aber das gehört sich für Briten so.

Nach ihrer Enttarnung, die die Regierung später in einen Polit-Skandal stürzt, erzählt sie dem Wissenschaftler aus ihrem Leben. Aufnehmen darf er nichts, Notizen aber sind erlaubt – und schließlich schreibt David Burke ihre Biografie und betitelt das Buch mit einer Schlagzeile der Times: *Die Spionin, die aus dem Co-op kam.*

Melita wird am 25. März 1912 als zweites Kind von Gertrude Stedman und Alexander Sirnis in Pokesdown im Südwesten Englands geboren. Ihre Mutter stammt aus einer Arzt- und Anwaltsfamilie, sie setzt sich für Frauenrechte ein und unterstützt die Labour Party. Der Vater ist ein Lette, der aus dem zaristischen Russland geflohen ist und sich 1903 in Großbritannien niedergelassen hat. Der Revolutionär und Sozialist lernt seine Frau in Tuckton House kennen. In dem großen Haus bei Christchurch tauschen politische Flüchtlinge aus Osteuropa radikale linke Ideen aus, leben nach pazifistischen Grundsätzen und haben sich der vegetarischen Ernährung verpflichtet. Alexander Sirnis übersetzt Tolstois Tagebücher, arbeitet an Maxim Gorkis Erinnerungen und druckt während des Ersten Weltkriegs die Werke von Lenin. Er leidet an Tuberkulose und stirbt am 12. November 1918, einen Tag nach Unterzeichnung des Waffenstillstands von Compiègne.

Gertrude Sirnis ist mit Carl, ihrem zwölfjährigen Sohn aus erster Ehe, der sechsjährigen Melita und der vierjährigen Gerty auf sich gestellt. Um Geld zu verdienen, nimmt sie Untermieter auf, tippt Manuskripte ab, gibt Klavierstunden und unterrichtet Spanisch. 1923 zieht die Familie zu Gertrudes Schwester in die Nähe von Southampton.

Melita, die alle Lettie nennen, gerät ganz nach ihrer Großmutter. Sie interessiert sich für Literatur und Philosophie und beweist großes Selbstvertrauen. »Sie hat immer behauptet, sie fürchte sich vor nichts auf der Welt«, erinnern sich ihre Freunde, »aber sie grauste sich vor großen Spinnen.« Mit 16 Jahren gewinnt sie ein Stipendium für die weiterführende Itchen School, wird Schulsprecherin und studiert 1929 Latein und Logik. Aber die Wissenschaft liegt Melita nicht. Schon nach einem Jahr nimmt sie Reißaus

und fährt mit dem Motorrad nach Paris, verbringt 1931 mit Mutter und Schwester einige Monate in Heidelberg. Dort sehen die Sirnis-Töchter die ersten Braunhemden der Nazis marschieren, was ihre linke Einstellung festigt: Nach der Rückkehr wird Melita Mitglied der Independent Labour Party, Gerty tritt der Kommunistischen Partei bei.

Melita studiert nicht weiter. Sie besucht einen Sekretärinnenkurs, arbeitet zunächst bei einer Firma für Bäckerei-Technik und wechselt dann zur Forschungsgemeinschaft für Nicht-Eisen-Metalle, der British Non-Ferrous Metals Research Association. Die junge Frau ist weiterhin politisch aktiv und nimmt Ende 1934 Kontakt zu Andrew Rothstein auf, dem Presseoffizier der sowjetischen Botschaft in London und Gründungsmitglied der Kommunistischen Partei in Großbritannien. Zuerst habe sie nur daran gedacht, dass Unterlagen aus dem Büro – »kein geheimes Zeug« – der eigenen Sache nützlich sein könnten, erinnert sich die »Super-Spionin« im Gespräch mit ihrem Biografen: »Ich dachte nicht gleich daran, es zu stibitzen.«

Wichtiger als Spionage ist zu dieser Zeit ihr Privatleben. Melita heiratet Ende 1935 Hilary Norwood, einen Lehrer, der nebenan wohnt und ihre politische Einstellung teilt. Ihre Schwester Gerty studiert und hat sich mit dem Statistik-Professor Robert René Kuczynski angefreundet – dem Vater von Ursula, die bereits für den KGB arbeitet. Wichtiger noch: Die Immigranten mit linker Gesinnung ziehen in die Lawn Road Flats in London, ein architektonisches und soziales Experiment. Neben Künstlern wie Agatha Christie und Henry Moore gehören vor allem kommunistische Dissidenten zu den Bewohnern, auch Spione finden in dem vierstöckigen Komplex Unterschlupf.

Was Melita Norwood in ihrem Büro für die sowjetische Spionage tut, klingt zunächst unspektakulär. »Manchmal, wenn ich etwas schrieb, machte ich einen zusätzlichen Durchschlag. Ich übergab die Kopien bei arrangierten Treffen, ließ sie irgendwo liegen oder traf jemanden, nicht regelmäßig jede Woche oder jeden Monat«, erinnert sich die Frau, die unter dem Decknamen »Hola« agiert, später. Sie fotografiert Dokumente und gibt die Bilder an – ihr angeblich unbekannte – Kuriere weiter. »Ich kannte nicht den Namen oder sonst etwas und unterhielt mich auch nicht mit ihnen.«

Wenn das wahr ist, ist es besser so. Denn Melita Norwood sitzt an einer Schaltstelle: Anfang der 40er-Jahre arbeitet die Forschungsgemeinschaft für Nicht-Eisen-Metalle unter anderem über die Korrosion von Uran. Sie spielt damit für die Konstruktion von Atomreaktoren und die Produktion von bombenfähigem Uran eine wichtige Rolle. Ab März 1945 ist Melitas Arbeitgeber ganz offiziell am britischen Geheimprojekt »Tube Alloys« beteiligt, das die Entwicklung einer eigenen Atombombe zum Ziel hat.

Zu wichtigen Informationen hat Melita, die zur Sekretärin des Direktors aufgestiegen ist, praktisch uneingeschränkten Zugang. Bis 1943 ihre Tochter Anita geboren wird – doch schon 1944 geht sie wieder ins Büro: »Ich wurde zur Rückkehr gedrängt, weil ich mich auskannte.« Es trifft sich gut, dass die Forschungsgemeinschaft für Nichteisen-Metalle wegen der

Bombenangriffe auf London nach Berkhamstead evakuiert worden ist – nicht weit entfernt von Cheshunt, wo Melita mit Mann und Kind wohnt. Obwohl ihr eigenes Heim nahe liegt, bleibt sie nach langen Arbeitstagen zuweilen über Nacht im Haus ihres Chefs G. L. Bailey.

Die außergewöhnliche Konstellation wird, als die Öffentlichkeit 55 Jahre später über Norwoods Bedeutung als Spionin diskutiert, zum neuralgischen Punkt. Sie habe auch Zugang zum Safe gehabt, behauptet der Historiker David Burke. Dagegen führt der renommierte Journalist Phillip Knightley an, Melita Norwood habe nicht einmal gewusst, dass es einen Safe im Haus gab. Überhaupt sei sie zwischen 1943 und 1946 doch vollauf mit dem Wechseln von Windeln beschäftigt gewesen.

Melita selbst gibt die Unschuldige: »Ich empfand keinen Druck, wenn ich Informationen sammelte; es war kein bedeutender Teil meines Lebens. Mit der Wäsche, dem Einkauf und dem Kind hatte ich ganz andere Sorgen.« Hier widerspricht Burke entschieden. In Norwoods Akte beim Vorläufer des KGB ist festgehalten, dass sie ab März 1945 »viel wertvolles Material über das Geheimprojekt Tube Alloys zum Bau der ersten Atombombe« beigebracht hat.

Im Mittelpunkt steht hierbei die Ummantelung der Brennstäbe: Die Abbauprodukte der Kernspaltung und Neutronen sollen nicht ins Kühlwasser der Atomreaktoren gelangen. Ob Melita Norwood die technischen Details und ihre Bedeutung versteht? »Ich persönlich habe nur in der Verwaltung gearbeitet. Ich bin keine Technikerin«, redet sie sich in ihrer denkwürdigen Erklärung im Garten heraus.

Im Prinzip gibt ihr der Journalist David Rose recht. »Sie ist keine Intellektuelle. Sie hat keine durchdachte politische Haltung dazu, ob sie die Welt gerettet oder möglicherweise ihre Zerstörung riskiert hat«, urteilt er über die alte Dame. »Sie versucht, die Bedeutung dessen, was sie getan hat, herunterzuspielen. Es gibt keinen Zweifel: Sie war ein wichtiger Spion. Doch sie ist eine Dame, die Täuschung über Jahrzehnte erfolgreich praktiziert hat.«

Mindestens zehn Sicherheitsüberprüfungen hat Melita Norwood zwischen 1938 und 1999 überstanden, ohne dass ihre geheime Tätigkeit entdeckt wird. Die heikelste im Jahr 1945: Nach Abwurf der Atombomben auf Hiroshima und Nagasaki ist der Nachrichtenoffizier Igor Guzenko aus der russischen Botschaft in Ottawa zu den Kanadiern übergelaufen, rund 100 Dokumente in seinem Gepäck lassen Rückschlüsse auf die Spionage-Aktivitäten der Sowjetunion zu. Melita rückt ins Blickfeld – auch weil der Chef der Forschungsgemeinschaft enge Kontakte zum Atom-Versuchsreaktor im kanadischen Chalk River unterhält und Unterlagen dazu über den Schreibtisch seiner Sekretärin gehen.

Melita Norwood muss sich deshalb einer Befragung durch einen Offizier des britischen Geheimdiensts MI5 stellen. »Ein netter Kerl«, erzählt sie Jahrzehnte später und beruft sich auf ihr schwaches Gedächtnis. »Ein sehr angenehmes Gespräch, erinnere ich mich. Ich musste ein paar Aspirin vorher nehmen. Es war ein freundliches Interview – aber wenn man die Wahrheit von jemandem hören will, ist das der beste Weg.« Die

Spionin übersteht die Prüfung. Als die Forschungsgemeinschaft 1945 in den Verantwortungsbereich des Versorgungsministeriums wechselt, unterzeichnet sie wie verlangt auch die Geheimhaltungsvereinbarung zu »Tube Alloys«.

Wichtige Informationen gibt sie natürlich nach wie vor an ihren Führungsoffizier weiter. Sie sammelt noch, als die Amerikaner ihre Atombombe schon eingesetzt haben, denn die Briten konzentrieren jetzt ihre Anstrengungen. Unter dem Deckmantel eines »Forschungszentrums für Atomenergie« errichten sie vier Standorte: einen luftgekühlten Reaktor in Harwell, die Plutoniumproduktion in Windscale, Anlagen für Gasdiffusion in Capenhurst und ein Zentrum für Waffenkonstruktion in Aldermaston.

Das Projekt ist so geheim, dass der damalige Premierminister Clement Attlee – der von 1945 bis 1951 zwischen zwei Amtsperioden Winston Churchills regiert – nicht einmal das eigene Parlament darüber informiert. Doch die Sowjets wissen längst über die Fortschritte in England Bescheid. Nicht zuletzt dank der Unterlagen, die Melita Norwood besorgt hat, testen sie am 29. August 1949 – zwei Jahre vor den Briten – ihre erste eigene Atombombe. Eine Schockwelle geht durch die ganze Welt.

Sie erschüttert auch die britischen Kommunisten, die eine ideologische Achterbahnfahrt erlebt haben. Zuerst der für sie unvorstellbare Pakt, den Stalin 1939 mit Hitler geschlossen hatte, und 1941 der Einmarsch der Deutschen in Russland. Dann forderte Churchill die Briten auf, Russland und seinem Volk »jede mögliche Hilfe« zu geben. Bis, kurz nach Kriegsende, der Kommunismus zum größten Feindbild des Westens erklärt wird.

Selbst glühenden Anhängern des sowjetischen Gesellschaftsentwurfs fällt es schwer, solche Wechselbäder auszuhalten. Warum bleibt Norwood bei der Stange? »Melita war eine Idealistin, eine Marxistin, die sich ihr langes Leben hindurch geweigert hat, an die Entehrung der sowjetischen Demokratie und das Scheitern des sowjetischen Experiments zu glauben«, urteilt Historiker Burke. Obwohl die Russen im August 1949 ihre eigene Atombombe testen, auch wenn der Atomspion Klaus Fuchs 1950 enttarnt wird und Ursula Kuczynski, genannt »die rote Sonja«, in letzter Minute noch nach Ostberlin ausreisen kann.

In dieser sensiblen Phase muss Melita wegen Sicherheitsbedenken ihren Posten räumen. »Die neue Sekretärin des Direktors war sehr gewissenhaft. Ich erinnere mich daran, dass ich nach einer Akte fragte und diese verweigert wurde«, erzählt sie rückblickend. »Ich wusste, da passierte etwas, aber im Büro wurde nicht offen darüber geredet. Ich habe mit meiner Arbeit weitergemacht, hatte genug zu tun.« Zwar gehen ab diesem Zeitpunkt keine als »geheim« klassifizierten Akten mehr über ihren Schreibtisch, doch Melita Norwood gelangt weiter in den Besitz nützlicher Informationen – beispielsweise über die Energieerzeugung in Atomkraftwerken.

Ihre geheime Tätigkeit ist durchaus riskant. Bereits 1938 wurden drei Männer im Woolwich Arsenal Case verurteilt, die Blaupausen für Waffen geschmuggelt hatten. Melita Norwood hielt zumindest losen Kontakt zu ihnen, wurde aber damals nicht weiter überprüft.

Anfang der 60er-Jahre dann werden russische Spione wie Gordon Arnold Lonsdale und George Blake zu 25 beziehungsweise 42 Jahren Haft verurteilt – keine schöne Aussicht für eine Frau, die sich mit Mann und Kind in einem gemütlichen Mittelschichtsleben eingerichtet hat. Wer von ihren Nachbarn in Bexleyheath ahnt schon, dass Melita Norwood 1958 der Rotbanner-Orden verliehen wird, die höchste militärische Auszeichnung der Sowjetunion? »Sie selbst sagt, sie hätte keine Ahnung gehabt, wie wichtig er war«, berichtet der Journalist David Rose. »Aber man weiß nicht, ob sie die Wahrheit sagt oder nicht. Oder ob sie sich selbst ebenso täuscht, wie sie es mit so vielen Menschen in der Vergangenheit getan hat.«

Noch 1967 rekrutiert sie einen »Kerl namens Hunt« für den KGB, einen Staatsbeamten. »Ich frage mich, ob er einen anderen Namen hatte. Ich will keinen anderen hineinziehen, ich übernehme die komplette Verantwortung und Schuld«, bekennt sie gegenüber David Burke. Hunt jedenfalls gilt als Ass im Ärmel der Sowjetunion: Er soll Informationen über den britischen Waffenhandel weitergegeben und Technologie besorgt haben, die unter das Embargo fiel.

Wie tief der Einblick sowjetischer Spione in die geheimen Angelegenheiten Großbritanniens tatsächlich ist, wird den Briten erst klar, als Wassili Mitrochin 1992 überläuft. Der ehemalige Chefarchivar des KGB bringt 25 000 Seiten handschriftlicher Notizen mit nach England, darunter auch Hinweise auf »Hola«. Melita Norwood, die bis zu ihrer Pensionierung im Jahr 1972 unter diesem Decknamen aktiv war, kann schließlich identifiziert werden. Doch der britische Geheimdienst entscheidet sich, sie nicht einmal zu befragen. Man hält die Gefahr für zu groß, andere Agenten zu warnen. Außerdem ist »Hola« schon 80 Jahre alt, ihre Spionage-Karriere hat sie vor 20 Jahren beendet.

Und was macht eine Agentin im Ruhestand? 1979 reist Melita Norwood erstmals in die Sowjetunion, unter anderem nimmt sie ihren Rotbannerorden entgegen. Ihr Ehemann Hilary pflegt schon länger intensive Kontakte ins Riesenreich: 1964 ist er der Britischen Gesellschaft für russische Philatelie beigetreten, 1976 zum Presseoffizier der Briefmarkensammler aufgestiegen und fungiert – bis zu seinem Tod im Oktober 1986 – fast zwei Jahre lang sogar als Vorsitzender. Dass seine Frau für die Sowjets spionierte, hat er nie gutgeheißen. »Im Allgemeinen halte ich von Spionage gegen das eigene Land nichts«, hat Melita Norwood nach ihrer Entdeckung selbst gesagt. Im Besonderen aber hat sie 39 Jahre lang anders gehandelt. Das ist rekordverdächtig: Wahrscheinlich ist sie die Sowjet-Spionin, die am längsten in Großbritannien gedient hat.

Ihr Fall macht mächtig Wirbel und löst 1999 eine Regierungskrise aus. Der Cambridge-Professor Christopher Andrew, ein bekannter Geheimdienstexperte, hat mit Billigung des Außenministers Rifkind im Archiv des Überläufers Mitrochin geforscht und schildert in seinem *Schwarzbuch des KGB* ausführlich auch Melita Norwood und ihre Arbeit. Die Frage, warum sie nie verfolgt worden ist, drängt sich nicht nur dem Historiker auf. Auch die Medien haken nach.

Der britische Sicherheitsdienst gerät in Erklärungsnot. Melita Norwood sei irgendwie »aus dem Blickfeld geraten«. Als ihr Fall endlich dem Generalstaatsanwalt vorgetragen wird, weist der jede mögliche Strafverfolgung als »unangemessen« zurück. Immerhin seien die Behörden seit Jahren schon über ihre frühere Spionagetätigkeit informiert gewesen und untätig geblieben. Inmitten des ganzen Kuddelmuddels: Innenminister Jack Straw, der sich deswegen vor einer Untersuchungskommission verantworten muss. Eine Blamage fürs ganze Land.

Melita Norwood lässt das anscheinend ziemlich kalt. Nachdem ihr Geheimnis aufgeflogen ist, legt sie in ihrem blühenden Garten quasi ein Geständnis ab und erhält Tage später per Post die englische Ausgabe von *Sonjas Rapport*. Darin eine Widmung: »To Lettie. Sonja salutes you« schreibt Ruth Werner. Die geborene Ursula Kuczynski hatte ebenfalls in England spioniert und unter dem Decknamen »Sonja« von 1941 bis 1943 zwei Atomspione geführt: Klaus Fuchs – und Melita Norwood. Ihre Erkenntnisse sollen dazu beigetragen haben, dass die Sowjetunion viel früher als geplant in den Besitz »der Bombe« kam.

Die 87-Jährige wird von der Öffentlichkeit als Verräterin angefeindet, doch das währt nur kurz. Sie hat noch fünf ruhige Jahre vor sich, bevor sie in einem Pflegeheim in den Westmidlands am 2. Juni 2005 friedlich einschläft und im Familienkreis beigesetzt wird. Ihr Tod wird von ihrer Tochter bekanntgegeben, die sich weitere Journalistenfragen verbittet: »Es ist schon jede Menge gesagt worden.«

G. P.

Literaturverzeichnis

Belle Boyd Scarborough, Ruth: Belle Boyd – Siren of the South. Macon, Georgia, 1983.

Johanna Brandt Brandt, Johanna: The Petticoat Commando – or Boer Women in Secret Service. Maryland, 2006 (Erstausgabe 1912). • Nasson, Bill: The South African War 1899–1902. New York & London, 1999.

Edith Cavell Baumann, Felix: Der Fall Edith Cavell. Berlin, 1933. • Hoehling, Adolph A.: Edith Cavell. London, 1958. • Johnson, Thomas M.: Dunkle Wege Amerikas im Weltkrieg. Stuttgart, ca. 1935.

Mata Hari Kupferman, Fred: Mata Hari – Träume und Lügen. Berlin, 1992. • Ostrovsky, Erika: Eye of Dawn. The Rise and Fall of Mata Hari. New York, 1978. • Shipman, Pat: Femme Fatale. Love, Lies and the Unkown Life of Mata Hari. London, 2007. • Wheelwright, Julie: The Fatal Lover. Mata Hari and the Myth of Woman in Espionage. London, 1992.

Elsbeth Schragmüller Schragmüller, Elsbeth: Aus dem deutschen Nachrichtendienst, in: Was wir vom Weltkrieg nicht wissen. Berlin und Leipzig, o.J. (1929). • De Smeht, Maria: Die Rolle der »Mademoiselle docteur« im ersten Weltkrieg, in: Die Deutsche Soldatenzeitung, Nummer 15, 8. April 1953. • Hieber, Hanne: »Mademoiselle Docteur« alias Elsbeth Schragmüller. Eine Geheimdienst-Karriere im 1. Weltkrieg, in: Heimatblätter – Beilage Nr. 6, 4. September 2004. • Ostrovsky, E.: Eye of Dawn. The Rise and Fall of Mata Hari. New York, 1978.

Louise de Bettignies Proctor, Tammy M.: Female Intelligence – Women and Espionage in the First World War. New York & London, 2003. • Redier, Antoine: The Story of Louise de Bettignies. London, 1926 • Rowan, R.W.: The Spy »School« of Alice Dubois, in: Ders.: The Story of Secret Service. New York, 1937.

Elizebeth Friedman Clark, Ronald William: The Man Who Broke Purple. London & Boston, 1977. • Kahn, D.: The Codebreakers. New York, 1996. • National Security Agency, Internetseite: Artikel über »Rum-runners« und »Sharing the burden«.

Yoshiko Kawashima Deacon, Richard: Kempei Tai. A History of the Japanese Secret Service. New York, 1983. • Nash, Jay Robert: Look for the Woman – A Narrative Encyclopedia. New York, 1981. • Lindley, Maureen: The Private Papers of Eastern Jewel. London, 2008 (Fiktion). • Bertolucci, Bernardo: Der letzte Kaiser, 2005 (Film).

Ursula Kuczynski Werner, Ruth: Sonjas Rapport. Berlin, 1977. • Panitz, Eberhard: Treffpunkt Banbury. Berlin, 2003.

Virginia Hall Binney, Marcus: The Women Who Lived for Danger. Behind Enemy Lines during WW II. New York, 2002. • Pearson, Judith L.: The Wolves at the Door. The True Story of Americas Greatest Female Spy. Guilford, Connecticut, 2005.

Mathilde-Lily Carré Carré, Mathilde-Lily: I Was The Cat. London, 1961. • Young, Gordon: The Cat with Two Faces. London, 1957.

Christine Granville Binney, Marcus: The Women Who Lived for Danger. Behind Enemy Lines during WW II. New York, 2002. • Masson, Madeleine: Christine – SOE Agent and Churchill's Favourite Spy. A Search for Christine Granville. London, 2005 (Erstauflage 1975). • Nurowska, Maria: Wie ein Baum ohne Schatten. Bern, München, Wien 1999 (Fiktion). • Campbell, Martin: James Bond 007 – Casino Royale, 2006 (Film).

Amy Elizabeth Thorpe Hyde, H. Montgomery: Cynthia. Velbert und Kettwig, 1966. • Lovell, M. S.: Cast No Shadow. The Life of the American Spy Who Changed the Course of World War II. New York, 1992.

Elizabeth Bentley Bentley, Elizabeth: Out of Bondage. The Story of Elizabeth Bentley. New York, 1951. • Olmsted, Kathryn S.: Red Spy Queen. A Biography of Elizabeth Bentley. University of North Carolina, 2002.

Ethel Rosenberg Roberts, Sam: The Brother. New York, 2001. • Philipson, Ilene: Ethel Rosenberg – Beyond the Myths. New Brunswick / NJ, 1988. • Meeropol, Robert and Michael: We Are Your Sons. The Legacy of Ethel and Julius Rosenberg. New York, 1975.

Melita Norwood Burke, David: The Spy Who Came in from the Co-op. Woodbridge, 2008.

Allgemein Knoll, Reinhold: Spione, Spitzel und Agenten. St. Pölten, 2001. • Mahoney, M. H.: Women in Espionage. Santa Barbara, 1993. • Nash, Jay Robert : Look for the Woman – A Narrative Encyclopedia. New York, 1981. • Proctor, Tammy M.: Female Intelligence. Women and Espionage in the First World War. New York & London, 2003. • Singer, Kurt: Die größten Spioninnen der Welt. Bern, München, Wien, o.J. • Wilhelm, Margot: Spione – Wanzen und Waffen, Geheimcodes und Beschattung, Doppelagenten und Überläufer, James Bond und Mata Hari. Hildesheim, 1997.

Übersicht der Kriege und Konflikte

Sezessionskrieg bzw. amerikanischer Bürgerkrieg, USA, 1861–1865

Der mit über 600 000 Toten blutigste Krieg auf amerikanischem Boden entzündet sich an der Frage der Sklavenhaltung. Sie wird vom industriellen Norden abgelehnt, während der agrarische Süden auf die billigen Arbeitskräfte angewiesen ist. Insgesamt treten 11 Staaten aus der Union aus. Die ersten schließen sich am 4. Februar 1861 zu den Konföderierten Staaten von Amerika zusammen. Der Krieg beginnt im April 1861 mit dem Angriff auf Fort Sumter, am 1. Januar 1863 lassen die Nordstaaten ihre Sklaven frei und errichten eine Seeblockade, der Süden kapituliert am 9. April 1865. Die Sezessionsstaaten werden bis 1877 wieder in die USA eingegliedert.

Burenkrieg, Südafrika, 1899–1902

Es geht um Bodenschätze, die fehlende Gleichstellung der »Uitlanders« (Ausländer) und die Unabhängigkeit der südafrikanischen Republiken Oranje-Freistaat und Transvaal, als am 12. Oktober 1899 die Kämpfe ausbrechen. Zunächst verzeichnen die Buren Erfolge, dann schickt Großbritannien 60 000 Mann Verstärkung. Die Hauptstädte der beiden Republiken fallen: am 13. März 1900 Bloemfontein, am 5. Juni Pretoria. Danach greifen die Buren mit Guerilla-Taktik an, die Briten zerstören im Gegenzug Farmen und internieren Frauen und Kinder in Lagern. Der Widerstand bricht: Am 31. Mai 1902 endet der Krieg mit der Eingliederung der Burenrepubliken ins Britische Empire.

Erster Weltkrieg, 1914–1918

Der erste industrialisierte Krieg beginnt mit der Kriegserklärung Österreich-Ungarns an Serbien am 28. Juli 1914. Aus seiner Bündnisverpflichtung heraus folgt Deutschland, das Russland am 1. August und Frankreich am 3. den Krieg erklärt. Großbritannien tritt am 4. August ein. Am 6. August greift Deutschland Lüttich an, überrennt das unabhängige Belgien und marschiert in Frankreich ein. Die Schlachten an der Marne und in Flandern und der Stellungskrieg in Verdun fordern hunderttausende Tote und Verletzte. Im Osten wird an der Memel und in den Karpaten gekämpft, auch Italien ist Kriegsschauplatz. In Russland bricht am 8. März 1917 die Revolution aus, am 6. April 1917 treten die Vereinigten Staaten von Amerika in den Weltkrieg ein. Im November 1918 dankt der deutsche Kaiser ab, am 11. November wird in Compiègne der Waffenstillstand unterzeichnet. Mit dem Friedensschluss von Versailles ist der Erste Weltkrieg am 28. Juni 1919 endgültig beendet.

Prohibition, USA, 1919–1933

Das Verbot von Verkauf, Herstellung und Transport von Alkohol, das der US-Kongress am 28. Oktober 1919 beschließt, hat schlimme Folgen: Die Zahl illegaler Kneipen steigt dramatisch, Alkoholschmuggel wird für die Mafia zum lukrativen Geschäft – selbst in der Weltwirtschaftskrise. Als die Prohibition am 5. Dezember 1933 aufgehoben wird, lautet die Bilanz: weniger Alkoholtote, mehr Kriminalität.

Mandschurei, 1931–1945 Die fruchtbare Tiefebene im heutigen Nordosten Chinas ist umkämpft. Sie gehört zuerst zu Russland, dann zu China und wird im September 1931 nach dem »Zwischenfall« von Mukden von Japan besetzt. 1932 wird das unabhängige Mandschukuo – ein Marionettenstaat – ausgerufen, der frühere chinesische Kaiser Pu Yi zunächst als Präsident eingesetzt und 1934 zum Kaiser ernannt. 1938 wird an der Grenze zu Russland gekämpft, am Zweiten Weltkrieg ist die Mandschurei nicht beteiligt. Sie fällt 1946 an China zurück.

Zweiter Weltkrieg, 1939–1945 Er beginnt mit dem Angriff Deutschlands auf Polen am 1. September 1939. Zwei Tage darauf erklären Großbritannien und Frankreich den Krieg gegen Deutschland, das 1940 in Belgien, den Niederlanden, Luxemburg und Frankreich einmarschiert. Am 14. Juni 1940 fällt Paris, der am 22. Juni unterzeichnete Waffenstillstand teilt das Land in den besetzten Norden und den unbesetzten Süden mit Regierungssitz in Vichy. Am 22. Juni 1941 greift Deutschland die UdSSR an. Als am 8. Dezember 1941 die USA eintreten, greift der Krieg auf die ganze Welt über. Im Sommer 1943 beginnt die russische Gegenoffensive, am 10. Juli landen die Alliierten in Sizilien. Die Wende markiert ihre Invasion der Normandie am 6. Juni 1944 (»D-Day«). Im August landen sie an der Südküste Frankreichs. Von Westen und Osten marschieren Truppen auf Deutschland zu, das am 8. Mai 1945 kapituliert. Im Pazifik dauert der Krieg, der mit dem Angriff der Japaner auf den US-Flottenstützpunkt Pearl Harbor am 7. Dezember 1941 begonnen hat und gegen den fanatischen Widerstand der Japaner geführt wird, an. Am 6. August 1945 werfen die Amerikaner die erste Atombombe über Hiroshima ab, am 9. August die zweite auf Nagasaki. Am 2. September unterzeichnet Japan die Kapitulation. Der Zweite Weltkrieg fordert – geschätzt – 30 bis 55 Millionen Todesopfer.

Koreakrieg, Korea, 1950–1953 Die Auseinandersetzung gilt als Stellvertreterkrieg: Am 25. Juni 1950 überschreitet Nordkorea (mit Unterstützung der UdSSR und Chinas) die Demarkationslinie des seit 1948 am 38. Breitengrad geteilten Landes, Südkorea setzt sich mit Hilfe der UNO (und der USA) zur Wehr. Bombardements, unter anderem mit Napalm, fordern 500.000 bis eine Million Opfer, geschätzt wird, dass zusätzlich zehn Prozent der Zivilbevölkerung sterben. Der Waffenstillstand wird am 27. Juli 1953 unterzeichnet.

Kalter Krieg, 1945–1980er-Jahre Nach dem Ende des Zweiten Weltkriegs treten die Unterschiede des kapitalistischen und des kommunistischen Systems deutlich zutage. Sie bekämpfen sich, ohne offen Krieg zu führen: Der Westen wie der Ostblock setzen auf Abschreckung, dies- und jenseits des Eisernen Vorhangs beginnt das Wettrüsten. Und mit ihm der Versuch, den Gegner auszuspionieren. .